मेरी नज़र से

मेरी नज़र से

चुनिंदा लेख

गौरी लंकेश

संपादक

चंदन गौड़ा

अंग्रेज़ी से हिंदी अनुवाद

अनूप कुमार भटनागर

juggernaut

जगरनॉट बुक्स
केएस हाउस, 118 शाहपुर जाट, नई दिल्ली 110049

अंग्रेजी में प्रथम प्रकाशनः डीसी बुक्स और नवयाना पब्लिशिंग प्रा. लि. द्वारा नवंबर, 2017,
हिंदी में प्रथम प्रकाशनः जगरनॉट बुक्स द्वारा फरवरी, 2018

10 9 8 7 6 5 4 3 2 1

ISBN 9789386228635

टाइपसेट : कम्प्यूटेक सिस्टम, शाहदरा, दिल्ली

मुद्रकः थॉमसन प्रेस इंडिया लिमिटेड

अनुक्रम

रेखाचित्र

स्तंभकार के रूप में

गौरी के बारे में

भूमिका

पॉल ज़कारिया

गौरी लंकेश को उस भारत में भरोसा था जहां वह रहती थी। उसे विरासत में मिले लोकतंत्र पर भरोसा था। यहां तक कि जब वह दोनों को नियंत्रित करने वाली ताकतों की कठोर आलोचक के रूप में काम करती तो वह अपने सहज भरोसे के मामले में किसी भी अन्य नागरिक की भांति ही होती थी। यह कह सकते हैं कि इसी वजह से इतनी आसानी से उसे अपने ही घर के दरवाज़े पर उस दुनिया के बीच में खत्म किया जा सका जिसमें वह बंद आंखों से आवाजाही करती थी। यदि उसे डर था फिर भी उसने मैदान छोड़ने की बजाए भरोसे का रास्ता अपनाया। करोड़ों भारतीयों की तरह उसने भी उस राष्ट्र में अपना विश्वास बनाए रखा जिसने सात दशक पहले लोकतंत्र, आज़ादी और अपने सभी नागरिकों की भलाई का सपना देखा था। यह विश्वास उसके हर कथन और उसके किए गए कार्यों में अंतर्निहित था। यह उसकी परिचर्चाओं, बहसों और संघर्षों सभी में अंतर्निहित था। दूसरे नागरिकों की तरह उसने भी भारतीय नागरिकों की तरह उस स्वप्न पर विश्वास किया जो उसे अपने राष्ट्र निर्माताओं-मोहनदास करमचंद गांधी, भीमराव रामजी आंबेडकर और अन्य-से विरासत में राष्ट्रीयता के आधुनिक दस्तावेज के रूप में मिला थाः संविधान। यह वह भारत था जिसके लिए उसने जी जान से संघर्ष किया।

लेकिन, करोड़ों भारतीयों की तरह ही, उसके विश्वास के साथ धोखा हुआ। देश पर हुकूमत करने वालों की चुप्पी को देखिए। यह दलील दी

जा सकती है कि हर एक नागरिक की हत्या उनकी महत्वपूर्ण घटनाओं की सूची में दर्ज नहीं की जा सकती है। परंतु गौरी की विचारधारा धर्मनिरपेक्ष, लोकतांत्रिक, बुद्धिजीवी के रूप में भारत के बुनियादी सिद्धांत का प्रतिनिधित्व करती थी। उसकी हत्या की घटना को सामान्य मानने की बजाए देश के शासकों को इसका संज्ञान लेने की आवश्यकता थी क्योंकि वह तो लोकतांत्रिक सिद्धांतों को संप्रेषित करने वाली एक वरिष्ठ पत्रकार और जनता की ओर से आजादी तथा ईमानदारी की एक प्रखर प्रवक्ता थी। इस रूप में उसकी हत्या एक व्यक्ति की हत्या से कहीं अधिक महत्वपूर्ण थी। यह उसे खत्म करने और उन मूल्यों को नष्ट करने का एक सोचा समझा कृत्य था जिसके लिए वह डटी रहीं। यह हत्या का तरीका अपनाकर असहमति की आवाज को खामोश करने का एकदम फासीवादी और कायरता पूर्ण कृत्य था।

गौरी की हत्या दुःखद रूप से इस देश की खतरनाक स्थिति को दर्शाती है जिसने नफरत, लालच, हिंसा और युद्धोन्माद के अंधे कुएं में धकेल दिया है। अपने राष्ट्र के 70वें वर्ष में हम एक ऐसे खतरनाक दौर में पहुंच गए हैं जहां लोकतांत्रिक और विविधता वाले जिस भारत में हम विश्वास रखते थे और प्यार करते थे वह शायद नहीं बच पाएगा।

हां, एक भारतीय होने के नाते, मेरा दृढ़ मत है कि गौरी की हत्या भी फ़ासीवाद के खिलाफ राष्ट्र के संघर्ष का एक निर्णायक पड़ाव है। यह दुर्भाग्यपूर्ण है कि गौरी अब कभी भी हमारे साथ नहीं चलेगी। लेकिन एक नागरिक के रूप में जो इस देश के रहस्यमय तरीकों को देख रहा है, मेरा दिल मुझसे कहता है गौरी ने अपने जिन विचारों की कीमत अपनी जान देकर अदा की, उनका महत्व है और वे अनपेक्षित तरीके से उन दिलों में भी गूंजेंगे जहां अपनी मृत्यु के समय तक वह अंजानी थी। अभी भी एक ऐसा भारत है जो उसके हमलावारों जैसे दुष्टों को कभी आसानी से माफ नहीं करता है। वह भारत अभी तक सक्रिय नहीं हुआ है जो मायने रखता है।

यह प्रशंसनीय है कि चंदन गौड़ा ने गौरी के कन्नड़ और अंग्रेज़ी के चुनिंदा लेखों का यह संग्रह संजोया है ताकि गौरी हमारे बीच भले न हो लेकिन स्वतंत्रता, मानवता और लोकतंत्र के बारे में उसके असंदिग्ध विचार हर जगह पाठकों तक पहुंचते रहें। गौरी के ये लेख एक नागरिक-एक्टिविस्ट

के रूप में, जो मुखर होकर बोलने के लिए बाध्य हुई, निर्बाध तरीके से उसके सरोकारों को प्रतिबिंबित करते हैं। उसका मानना था कि अपनी बात रखना उसका अधिकार है और उसने यह माना कि ऐसा करना उसका कर्तव्य भी है, मैं भी वैसा ही सोचता हूं। गौरी उन दीप्तिमान महिलाओं और पुरुषों की सूची में शामिल हो गई जिन्होंने मानवता के इतिहास में बताए गए सर्वश्रेष्ठ सिद्धांतों के लिए आवाज उठाई और इस प्रक्रिया में अपनी जान गंवाई। मेरा दृढ़ विश्वास है कि वह जीवन जो उसने गंवाया-और जिसे उसने प्यार किया-उस भारत पर गहरी छाप छोड़ेगा जो इस समय घेरेबंदी में है।

कोल्लम
22 अक्तूबर, 2017

परिचय

सही मुद्दों के लिए हमेशा तैयार सहयोगी

चंदन गौड़ा

द वे आई सी इट गौरी लंकेश के जीवन और उनके कार्य से परिचय कराने का प्रयास है। दुनिया के प्रति उनका क्या दृष्टिकोण था? उनके आदर्शवाद का क्या स्वरूप था जिसने उन्हें इतने लोगों का प्रिय बना दिया था?

इस पुस्तक में गौरी के लेख उनके शुरुआती दिनों में 1990 के दौरान अंग्रेज़ी में पत्रकारिता शुरू करने से लेकर उनका निधन होने तक की अवधि में, जब वह कन्नड़ भाषा की एक महत्वपूर्ण साप्ताहिक पत्रिका की संपादक थीं, उनके सामाजिक, राजनीतिक दृष्टिकोण और गतिविधियों जैसे विभिन्न विषयों के बारे में विचारों को संप्रेषित करते हैं। ये लेख, विशेषकर उनके संपादक बनने के बाद, उनकी नैतिक जुनून, उनकी निराशा और आशाओं को समझने में मदद करते हैं। गौरी के आत्मकथा सरीखे लेख उनके बचपन के अनुभवों और व्यक्तिगत संबंधों के प्रति उनकी संजीदगी और स्नेह की महत्वपूर्ण झलक पेश करते हैं। श्रद्धांजलि के कुछ लेख उनके एक खिलंदड़ किशोरी से प्रतिबद्ध सामाजिक कार्यकर्ता के रूप में हुए परिवर्तन की कहानी भी बयां करते हैं।

सत्ता के प्रति अनादर, हौसला प्रदान करने वाला विवेक, और स्थिति को मानवीय बनाने की प्रवृत्ति जो उत्साह पत्रकारिता के प्रारंभिक दौर में उनमें आया वह गौरी के साथ जीवनपर्यंत तक रहा। सत्य साई बाबा के बारे में उनका लेख उनकी शक्तियों का बेरहमी से तिरस्कार करता है। और एक सीरियल हत्यारे के शोषण के बारे में उससे जेल में मुलाकात का दिलचस्प

लेखा जोखा, विशेषकर जब अपराधी पूछता है कि क्या वह उसकी तस्वीर लेने से पहले चेहरे पर लगी पट्टियां हटा सकता है। कर्नाटक के मुख्यमंत्री पद से वीरेन्द्र पाटिल को हटाने के बारे में कवर स्टोरी भी दिलचस्प और विस्तृत है : जब राजीव गांधी राज्य में अपनी यात्रा के लिए हेलीकाप्टर की मांग करते हैं तो मुख्यमंत्री कार्यालय का जवाब होता है कि हेलीकाप्टर की मरम्मत हो रही है और वह जानना चाहता है कि इसकी बजाए क्या कार से काम चल सकता है? उनकी पैनी नज़र और धाराप्रवाह अंग्रेज़ी की रिपोर्ट का नज़र से चूकना मुश्किल है।

पंद्रह साल तक '1985-2000' अंग्रेज़ी भाषा के पत्रकार के रूप में काम करने के बाद—इसका विवरण पुस्तक के शुरू में ही जीवन वृत्त में है—गौरी ने 2000 के प्रारंभ में अपने पिता के निधन के बाद उनकी साप्ताहिक पत्रिका *लंकेश पत्रिके* के संपादक का कार्यभार संभाला। परंतु अपने पिता की विरासत को आगे बढ़ाने के प्रति उनकी दिलचस्पी ने उन्हें कन्नड़ पत्रकारिता में काम शुरू करने के लिए प्रेरित किया। बाद के सत्रह सालों में उनकी कन्नड़ भाषा में काफी सुधार हुआ परंतु वह कभी भी अंग्रेज़ी भाषा में उनकी दक्षता और सहजता तक नहीं पहुंच सकी। एक विचलित करने वाले लेख में, जो बड़ी संख्या में अंग्रेज़ी में शिक्षित भारतीयों के लिए आईना है, वे यह बताती हैं कि स्कूल में अपनी भाषा के संपर्क से दूर होने के बाद किस तरह से इसे दुबारा हासिल करने के लिए वह संघर्ष करती रहीं।

साप्ताहिक पत्रिका होने की वजह से *लंकेश पत्रिके* को वर्गीकृत करना मुश्किल थाः इसमें चातुर्य भरी राजनीतिक टिप्पणियां, संजीदगी भरी साहित्यिक आलोचना और साहित्य की काल्पनिकता, सशक्त राजनीकि व्यंग्य, और सिनेमा की खबरों के मनोरंजन वाले पन्ने भी थे। आधुनिक कन्नड़ के अग्रणी लेखकों में से एक पाल्यादा लंकेश (1935-2000) के लिए राजनीति, साहित्य और सिनेमा सभी महत्वपूर्ण थे। उनके साहित्य के समृद्ध संकलन के अलावा उन्होंने 1987 में एक राजनीतिक दल 'प्रगति रंग' भी शुरू किया था जो कुछ समय ही रहा। उन्होंने चार फीचर फिल्मों का निर्देशन भी किया था, इनमें से एक *पल्लवी* (1976) को सर्वश्रेष्ठ कन्नड़ फिल्म के लिए राष्ट्रीय पुरस्कार भी मिला था। *लंकेश पत्रिके* के बारे में यह महत्वपूर्ण है कि वह

न तो विज्ञापन और न ही सरकार का संरक्षण स्वीकार करती थी और यह पूरी तरह ग्राहकों से मिलने वाले धन से चलती थी। जब यह पत्रिका अपने उत्कर्ष पर थी तो इसकी दो लाख प्रतियों की बिक्री होती थी।

औपचारिक और मुख्य धारा की मीडिया के थकाऊ गद्य की परंपरा से हटकर पत्रिका की लेखन शैली ने अपने समुदाय के पाठकों के बीच आत्मीयता प्राप्त कर ली थी। इसकी राजनीतिक भाषा के बारे में बोलचाल के तीखेपन को इसके संदर्भ के बाहर नहीं समझा जा सकता था। राजनीतिक हस्तियों को दिए गए छोटे नाम—गुण्डूराव के लिए गम, या फिर बंगारप्पा के लिए बम, या राम कृष्ण हेगड़े के लिए गुल्ले नारी (लोमड़ी)-अपने ही तरीके से इन मुख्यमंत्रियों के व्यक्तित्व की झलक देते थे, सत्ता को उसकी बुलंदियो से नीचे लाई, इसमें उत्साह भरा और इसे एक समुदाय का मामला बनाया। सत्ता और शासन का संक्षिप्त महत्व *लंकेश पत्रिके* के सारे पन्नों में नज़र आता था।

गौरी ने इस परंपरा को जारी रखा। सरकार, पथभ्रष्ट नेताओं और दूसरी ताकतवर हस्तियों, शातिर कारोबारियों के गैरजिम्मेदार कृत्यों की इसमें जांच पड़ताल और आलोचना हुई। शुरुआती वर्षों में गौरी ने यह सुनिश्चित करने का प्रयास किया कि इसमें साहित्यिक सामग्री भी हो। कई बार जब कहानियां नहीं मिलीं तो पत्रिका के साहित्यिक पन्नों की ज़रूरतों को सुनिश्चित करने के लिए उन्होंने खुद ही लघु कथाओं को अनूदित किया।

उन्होंने साप्ताहिक पत्रिका चलाने के साथ ही अपने लेखन के कार्य में भी खुद को व्यस्त रखा। उन्होंने बेनजीर भुट्टो की जीवनी लिखी और इदरीस शाह की *टेल्स ऑफ दर्विशेज़,* और कप्पू माल्लिग : काली चमेली :, फ्रैन्कोसिस सागन खुशवंत सिंह, इस्मत चुगताई, गाय द मोपासां, ओ हेनरी और केट चॉपिन की कथाओं का अनुवाद भी किया। अमेरिका में 1997 में अपने अल्प प्रवास के दौरान उन्होंने पूरनचन्द्र तेजस्वी के उपन्यास *जुगारी क्रॉस* का अंग्रेज़ी में अनुवाद किया। (हमें अब इसकी पांडुलिपि देखनी होगी)।

गौरी के करियर में *लंकेश पत्रिके* की संपादक बनने की प्रक्रिया उस दौर में हुई जब कर्नाटक में हिंदू अधिकार को लेकर लोगों के एकजुट किया जा रहा था। सूफी संत बाबाबूदन के धर्मस्थल और हिंदू देवता दत्तात्रेय की प्रतिमा को हिंदू दक्षिणपंथियों के कब्जे से हासिल करने के लिए 2003 में

उसके संघर्षों के बारे में उनके लेखन की मुसलमानों और हिंदुओं दोनों ने ही सराहना की। ये संघर्ष दर्शाता था कि राजनीति की कठिन दुनिया में एक नए एक्टिविस्ट का पदार्पण हो रहा है। इसके बाद में वर्षों में राज्य में हिंदू दक्षिणपंथियों की बढ़ती हिंसा का मुकाबला करना गौरी का प्रमुख कार्यक्षेत्र बन गया। कर्नाटक सांप्रदायिक सद्भाव मोर्चे के काम में सक्रिय भागीदार के रूप में उन्होंने उनके एकजुट होने के जवाब में दर्जनों विरोध प्रदर्शन आयोजित किए। उनका आखिरी संपादकीय, वास्तव में, देश में फर्जी खबरों की चिंताजनक घटना के बारे में था।

इस खंड में गौरी के लंबे समय के कार्यकर्ता सहयोगी के. फणिराज और रहमत तारिकेरे द्वारा लिए गए लेख एक एक्टिवस्टि के रूप उसके उद्भव के बारे में बहुमूल्य जानकारी देते हैं। प्रारंभ में कन्नड़ भाषा पर नियंत्रण के अभाव ने बाबाबूदनगिरि में बड़ी संख्या में विरोध प्रदर्शन के लिए लोगों को एकजुट करने की उसकी क्षमता को प्रभावित नहीं किया। महिलाओं, दलितों, आदिवासियों, मुसलमानों और दूसरे कमजोर समूहों की समस्याओं की जानकारी प्राप्त करने में गहरी दिलचस्पी रखने वाली गौरी में सामाजिक न्याय के लिए अधिक गहराई से समझने की क्षमता आ गई थी।

गौरी के साप्ताहिक ने दुस्साहसी और अधिक जोखिम वाली पत्रकारिता को जन्म दिया। उनके संवाददाता बेहद स्पष्ट खबरें देते थे। ताकतवर लोगों के काले कारनामों का पर्दाफाश करने की वजह से मानहानि के अनेक मुकदमों का सामना करना पड़ा। इसका नतीजा यह हुआ कि गौरी का अधिकांश कीमती समय कर्नाटक के विभिन्न तालुक और जिलों की अदालतों के चक्कर लगाने में ही बीतता। उनके आदर्शवाद की प्रशंसा की वजह से राज्य में अनेक वकीलों ने उनके लिए मुफ्त में काम किया।

लोकतंत्र की ओर से असहमति व्यक्त करके वह महसूस करती थीं कि वह अपने पिता की बेखौफ, आलोचनात्मक पत्रकारिता की विरासत को आगे बढ़ा रही हैं और संघर्ष करने के उनके उत्साह को जीवित रखे हुए हैं। उनके पिता द्वारा राजनीतिक साप्ताहिक में साहित्यिक संवेदनशीलता का सृजन करने के तथ्य के प्रति सचेत वह इस बात से सहज थीं कि अपने पिता की तरह ही उन्होंने भी अभी तक साफगोई के साथ अपने विचारों

की अभिव्यक्ति और लोकतांत्रिक मूल्यों को अपनाने में कोई समझौता नहीं किया है। इससे उन्हें कोई परेशानी नहीं हुई कि उनकी साप्ताहिक पत्रिका का झुकाव राजनीतिक चर्चाओं पर पहले से अधिक हो गया था। वह स्मरण करती हैं, ''जैसा कि मेरे पिता कहा करते थे कि पत्रिका को उसी तरह बदलाव करते रहना है जैसे कि सांप अपनी केंचुली अलग करता है।''

धर्मनिरपेक्षता के आदर्शों के प्रति उत्साहित, गौरी ने अपने पिता की भांति ही लिंग, और जाति समता, शांतिपूर्ण धार्मिक सह-अस्तित्व और किसानों तथा आदिवासियों के कल्याण के मामलों में दृढ़ विचारों के लिए अपना पर्याप्त स्थान बनाया। सामाजिक चिंतक राम मनोहर लोहिया के प्रशंक लंकेश ने कम्युनिस्ट और वाम उग्रवादी राजनीति के लिए कोई जगह नहीं रखी थी, परंतु गौरी ने अपने पाठकों से 2004 और 2005 के बीच दो साल की अवधि में, जब कर्नाटक में नक्सलवाद की उपस्थिति बहुत कम थी, कहा कि वे नक्सली समस्या के प्रति संवेदनशील बनें। हालांकि, उन्होंने नक्सलवादियों के चुनावों का बहिष्कार करने की नीति का कभी समर्थन नहीं किया क्योंकि एक लोकतंत्र के एक वैध तरीके के रूप में चुनावों में उसका विश्वास था। उनके लिए अहिंसा मोल भाव के लिए नहीं थी। हकीकत तो यह है कि दिसंबर, 2016 में नौ नक्सलियों के समर्पण में उन्होंने मध्यस्थता की थी। इस सवाल पर शुरू से ही उनके लेख गंभीरता के साथ उन्हें राजनीति की मुख्यधारा में लाने के बारे में थे।

कर्नाटक में नक्सलियों के प्रति उन्होंने खुलापन दर्शाया, उसकी वजह से उनके अपने भाई के साथ, जो साप्ताहिक के मालिक थे, मतभेद हो गए और इस वजह से उन्हें 2005 में *गौरी लंकेश पत्रिके* नाम से नया साप्ताहिक शुरू करना पड़ा।

राजनीतिक विषयों पर गौरी के बेलाग विचारों पर घटिया किस्म की प्रतिक्रियाएं आईं। राज्य में कमजोर जातियों और धार्मिक समुदायों के लिए संघर्ष को समर्थन का मामला भी यहां आया। पहले तो इससे परेशान हुई गौरी शीघ्र ही धमकी भरे पत्रों और फोन काल की पर्याप्त अभ्यस्त हो गईं। सरकार से अपने लिए सुरक्षा मांगना आसान था परंतु इसका मतलब इसके लिए उनका ऋणी होना और अपनी स्वतंत्रता के साथ समझौता करना था।

इसी नैतिक साफगोई ने उन्हें बेंगलुरू में पत्रकारों के लिए आवासीय भूखंड की राज्य सरकार की पेशकश से भी उदासीन रखा।

अपने पिता की तरह ही गौरी की दिलचस्पी भी काफी व्यापक था : पत्रकारिता, राजनीति, फिल्म, साहित्य, नाटक। पत्रकार के रूप में उनका दिल्ली में काम और अमेरिका, दक्षिण अफ्रीका और यूरोप की उनकी यात्राओं—वह 1993-94 में पत्रकारिता में अध्ययन के लिए एक छात्रवृत्ति पर पेरिस में भी रहीं—ने भी उन्हें ऐसा अनुभव कराया जो आमतौर पर कन्नड़ मीडिया के संपादकों को नहीं मिलता है। यह उन चीज़ों में परिलक्षित होता था जिनके बारे में वह लिखती थीं। उन्होंने ओबामा की चुनावी जीत का स्वागत किया, जलवायु परिवर्तन पर अल गोर की फिल्म और पर्यावरण पर केन्या के एक्टिविस्ट वांगारी माथाई के काम की इस तरह भूरि भूरि प्रशंसा की कि मानो वह इनसे परिचित थीं।

गौरी ने अपने साप्ताहिक के लिए 850 से भी ज्यादा विभिन्न विषयों पर संपादकीय लिखे। इसमें राज्य और राष्ट्रीय राजनीतिक विषयों पर प्रतिक्रिया, स्थानीय विवादों, देश और विदेश के विभिन्न हिस्सों में शानदार सामाजिक एक्टिविज़्म, फिल्म समीक्षा, पुस्तक समीक्षा, खेल कार्यक्रमों, और कभी कभी आत्मकथा और जीवनी के रेखाचित्रों या सार्वजनिक हस्तियों और अपने समाचार पत्र से लंबे समय तक जुड़े रहे सहयोगियों को समर्पित श्रद्धांजलि लेख शामिल थे। उनके लेखों से यह एकदम साफ था कि सत्ता से उनकी असहमति पूरी तरह निष्पक्ष थी और वे प्रत्येक राजनीतिक दल से एक जैसा व्यवहार करती थीं।

इन लेखों में विभिन्नता नज़र आती है। अधिकतर वे किसी एक नजरिए के समर्थन में पूरी तार्किकता के साथ होते थे। कभी कभी विस्तृत दलीलों का बिंदुवार प्रतिवाद होता था। अक्सर उनके ऑपेड्स को नैतिक संदेशों के साथ, कभी दस्तावेज़ी-कथा की शैली में, कभी लोक कथाओं की शक्ल में लिखा गया होता था। और, किसी व्यक्ति के साथ काल्पनिक वार्तालाप, या एक काल्पनिक पत्र को व्यंग्य अथवा सामाजिक टीका टिप्पणी के रूप में भी देखा जा सकता है। अपनी दलीलों को स्पष्ट करने के लिए प्रतिकूल दलीलें पेश कना उनका पसंदीदा तरीका था : अंतरिक्ष अनुसंधान पर हज़ारों

करोड़ रुपए खर्च करने वाला देश शहरों में सिर पर मैला ढोने की प्रथा खत्म करने की सुध कैसे नहीं ले सकता? तुलनात्मक दृष्टि से यांत्रिक तरीके से सफाई का काम कम खर्चीला है। यदि एक पुराने क्लब का शराब के लाइसेंस को निलंबित करने को मीडिया में इतनी अधिक प्रमुखता मिल सकती है, तो फिर एक झुग्गी बस्ती को हटाने को क्यों नहीं? सामाजिक अन्याय को नहीं भूलने की बात करके हमारे आसपास की हिंसा को स्वीकार करना होगा। गौरी के लेखों में व्यक्तिगत तत्परता का भाव था और ये कभी भी भी महज बढ़ाचढ़ा कर पेश किया हुआ मुद्दा नहीं था।

उनकी एक्टिविस्ट के रूप में की गई अधिकांश मांगें भारतीय संविधान की नैतिकता के पैमाने के दायरे में ही थीं। वे तर्क देती थीं कि हरियाणा विधान सभा की बैठक में एक जैन भिक्षु को मुख्यमंत्री और अध्यक्ष से उच्च स्थान पर बिठाना अस्वीकार्य है। कमज़ोर वर्ग के लोगों के अधिकारों के प्रति गंभीरता से ध्यान रखने वाली उनकी एक्टिविस्ट के रूप में मांगें अक्सर कानून के अनुपालन के लिए होती थीं।

यद्यपि कानून ने उनकी सामाजिक कल्पनाओं को सीमित नहीं होने दिया। उनके अधिकांश लेखों में समस्याओं के प्रति मानवीय दृष्टिकोण अपनाने की अपील करते हुए सोच में बदलाव लाने पर ज़ोर होता था। विवेक के इस्तेमाल का अनुरोध करते हुए इनमें से अनेक लेख उन कथाओं को फिर से बताने वाले स्वरूप में होती थीं कि किस तरह से इंसान ने सामाजिक और राजनीतिक मतभेदों को दरकिनार किया। कृपा अथवा बर्बरता की कहानी बताने के बाद, इस सवाल के साथ खत्म होते थे कि क्या पाठक के दिल को इसने झकझोरा नहीं या आवेश से वह फटा नहीं। उनके अनेक स्तंभों के शीर्षकों में निश्चित ही 'मनुष्य' और इंसानियत समाहित होते थे। "वे जो जाति से ऊपर नहीं उठ सकते, इंसान नहीं हैं", "इंसानियत की क्रूरता पर जीत होती है।"

गौरी के इसी मानवतावाद ने नैतिकता वाली परिस्थितियों को विकसित करने के लिए उन्हें हमेशा तैयार रखा और इसने इसे एक वैचारिक रूढ़ि में बदलने से रोका। इंसानियत के प्रति उनका रुझान किसी मानवीय परंपरा के प्रति वचनबद्धता की बजाए अपनी आंतरिक विचार धारणा से अधिक

प्रेरित होता था। अपनी समाजसेवी की जिंदगी के दौरान उन्होंने भारतीय समाज में धार्मिक परंपराओं के प्रति उदासीन और तिरस्कार का भाव रखने की बजाए इसे स्वीकार किया। बाद के वर्षों में वह सहज हो गई थीं, मसलन, उन मठों के प्रमुखों के साथ मंच साझा किया जिनके सामाजिक कार्यों की वह प्रशंसा करती थीं। उन्होंने उन लोगों को अपने कार्यक्रमों के आयोजनों में आमंत्रित भी किया। ऐसा लगता है कि उनके प्रति गौरी का सम्मान उनकी सामाजिक गतिविधियों की आध्यात्मिक बुनियाद की बजाए उनकी लोकतांत्रिक उदारता पर आधारित था। लिंगायत को एक अलग धर्म के रूप में वर्गीकृत करने की हाल की मांग के प्रति उनका उत्साहपूर्वक समर्थन आध्यात्मिक पहलुओं की बजाए एकीकृत हिंदू समाज के विचार को निष्फल बनाने की राजनीतिक अभिलाषा से प्रभावित था।

प्रकाशक के रूप में गौरी के उल्लेखनीय कार्य की ओर ध्यान दिया जाना अभी बाकी है। अपने पिता के असाधारण साहित्य कार्य- लघु कथाएं, नाटक, कविताएं, आत्मकथा, उपन्यास और आलोचनात्मक लेख- प्रिन्ट में पूर्ववत मौजूद रखने के अलावा, उन्होंने अपने पिता के पहले एक ही स्थान पर एकत्र नहीं किए गए लेखों के अनेक खंडों में प्रकाशित किया। नई कन्नड़ कथाओं और कथेतर का प्रकाशन करने के साथ ही उन्होंने अनेक भारतीय भाषाओं से कन्नड़ में रूपांतरण का भी काम किया। उदाहरण के लिए, खुशवंत सिंह, जी. कल्याण राव, पेरुमाल मुरुगन, डी. एन. झा, सआदत हसन मंटो, फैज़ अहमद फैज़, कमला दास, जिम कार्बेट और केनेथ एंडरसन जैसे प्रसिद्ध व्यक्तियों और के. बालगोपाल, ए. रेवती और आनंद तेलतुंबड़े जैसे सामाजिक कार्यकर्ताओं के कार्य शामिल थे।

इन सालों में गौरी अपने कामों की वजह से कर्नाटक और बाहर के सैकड़ों कार्यकर्ताओं, इनमें से अधिकांश उसके व्यक्तिगत मित्र बन गए, के नजदीक आ गईं। ऐसे समय में जब कन्नड़ के कुछ ही लेखक राजनीतिक परिचर्चा में शामिल होते थे, एक पत्रकार गौरी ने पूरे उत्साह के साथ इस दायित्व को अंगीकार किया। जब कोई उनके रवैए से असहमत होता या उन्हें बहुद कठोर पाता तो उनका निस्वार्थ आदर्शवाद, स्नेहमय स्वभाव और साहस उन्हें राज्य के संवेदनशील युवकों की चहेती बनाते। जो लोग, किसी

मुद्दे के लिए संघर्ष कर रहे थे, वे उनमें सदैव तत्पर सहयोगी देख सकते थे। मुख्यधारा की मीडिया ने भले ही उन्हें नज़रअंदाज़ किया हो परंतु उनकी साप्ताहिक में उन्हें स्थान मिलता था।

यह देखकर चिंता हो रही थी कि गौरी को उनके काम और सामाजिक प्रतिबद्धताओं ने उन्हें पूरी तरह अपने में समा लिया था। इन प्रतिबद्धताओं ने महीनों तक अवकाश नहीं लेने दिया। हाल ही में एक बातचीत के दौरान मैंने एक नई दिशा चुनने का प्रयास किया : "लोहिया का यह दृढ़ मत था कि राजनीतिक व्यस्तता के बीच भी व्यक्ति को अपने लिए समय निकालना चाहिए। और आपके पिता भी अपनी शामें मित्रों के लिए ही रखते थे।" उन्होंने जवाब दिया, "हां, हो सकता है मुझे भी एक दिन की छुट्टी लेनी चाहिए।" उन्होंने ऐसा नहीं किया। पिछले साल दिल्ली की एक विरल यात्रा के दौरान उन्होंने जवाहरलाल नेहरू विश्वविद्यालय जाने के लिए समय निकाला था और इस परिसर की जीवंतता ने उनमें एक नया जोश भर दिया था: "काश मैंने भी यहां पढ़ाई की होती।"

हाल के वर्षों में साप्ताहिक पत्रिका निकालना आर्थिक दृष्टि से, विशेषकर इसकी विज्ञापन नहीं लेने और चंदा स्वीकार नहीं करने की नीति की वजह से, बहुत ही मुश्किल, काम हो गया था। गौरी ने प्रतियोगी परीक्षाओं में बैठने वाले छात्रों के लिए मासिक प्रकाशित करने वाली गाइड प्रकाशन सहित किताबों की बिक्री से होने वाले लाभ के जरिए लागत की भरपाई करने का प्रयास किया। हाल में उन्होंने साल में एक बार अपनी साप्ताहिक के लिए सरकारी विज्ञापनों को जगह देने का फैसला लिया था, जो इस साल दीपावली विशेषांक से शुरू होना था। निश्चित ही यह बहुत ही पीड़ादायक निर्णय होता। जब भी मैंने सुझाव दिया तो उन्हें आर्थिक मदद के लिए बिना लाभ के लिए काम करने वाले मीडिया फाउंडेशन से संपर्क करना चाहिए, वे कहतीं, "ठीक है, देखते हैं।" इसमें संदेह नहीं कि उन्हें इस विचार से ही नफरत थी।

गौरी और मैं राजाराजेश वारीनगर के पड़ोस में ही रहते थे। मेरी पीएच. डी. के सालों (2002-04) के दौरान हम लगभग हर शाम मिलते थे। उन्होंने हाल ही में *लंकेश पत्रिके* के संपादक का पद संभाला था। चूंकि वे मध्य

रात्रि के बाद भोजन करती थीं, दिनभर काम का मतलब शाम को जल्दी खाली होना नहीं था। हम गौरी के या अपने घर पर आपस में ही या फिर दोस्तों के साथ लगातार स्थानीय स्तर की गपशप से लेकर दुनिया भर की गतिविधियों पर बातें करते रहते थे। दिल से पत्रकार और मेरी सबसे निकट की मित्र गौरी उस समय अचरज करती थीं जब मैं सतही स्तर के विवरण पर ठहर जाता था। उनके लिए तो सामने नज़र आने वाली खबर की तह को जानना ज़रूरी था।

एक विनम्र मेज़बान, जो आसपास लोगों की उपस्थिति पसंद करती, गौरी बहुत जल्द ही अपने अतिथियों को सहज महसूस कराती थीं। मैंने उनके घर में कभी भी शोर-शराबा या कोलाहल नहीं सुना। उनकी पुस्तकों की अलमारियां, बैठक का फर्नीचर और रसोई सबकुछ एकदम साफ सुथरी होती थी। घर के बगीचे का उसके लिए बहुत अधिक महत्व था। जब मैं उनके निधन से दो सप्ताह पहले उनके घर गया तो मैंने देखा कि झाड़ियों वाले पौधे हटा दिए गए हैं। उनकी मां ने इनमें सांप होने के भय से उन्हें हटवा दिया था। सांप के भय की जानकारी तो थी परंतु ऐसा नहीं लगता कि गौरी उसे अन्यथा लेती थीं। वह हाल में साफ किए गए क्षेत्र में सब्ज़ियां उगाने की योजना बना रही थीं।

अंग्रेज़ी में शुरुआती पत्रकारिता

सत्य साई बाबा : स्वर्ग प्रतीक्षा कर सकता है

आश्रम में चार श्रद्धालुओं की रहस्यमय परिस्थितियों में मौत हो गई, मामला दबा दिया गया

साई बाबा के बारे में कुछ भी पक्का नहीं है, और उनके चारों ओर सबकुछ विवादों से घिरा है। क्या वास्तव में वह शिर्डी के सत्य साई बाबा के अवतार हैं जैसा कि वह दावा करते हैं? अथवा वह सिर्फ हाथ की सफाई दिखाने वाले एक जादूगर हैं जैसा कि जादूगर पी. सी. सरकार जूनियर ने *संडे* में लिखा था?[1] क्या वह ऐसे दिव्य श्रेष्ठ पुरुष हैं जो मानवीय इच्छाओं से परे हैं जैसा कि उनके भक्तों का दावा हैं? या वह तीर्थयात्रियों के चहेते हैं जैसा कि एक अमेरिकी अनुयायी ने लिख कर दावा किया है? विवाद तो पिछले सप्ताह के हत्या के प्रयास तक जाते हैं—बशर्ते मान लिया जाए कि यह हत्या का प्रयास था। साई बाबा के पुट्टापर्थी आश्रम 'आंध्र प्रदेश के अनंतपुर जिला' के अधिकारी इस घटना के बारे में चुप्पी साधे थे और स्वामी अपने पहले के ही अंदाज़ में नज़र आए। परंतु कम से कम पुलिस के कुछ जांच अधिकारी यह संदेह करने लगे कि क्या कोई साई बाबा की हत्या करना भी चाहता था।

हालांकि, इसके कुछ तथ्य अकाट्य हैं। रविवार, छह जून 1991 की रात 10 बजे साई बाबा के चार अनुयायी पुट्टापर्थी आश्रम में ही स्थिति आवास मंदिरम में गए और कहा कि वे उनसे मिलना चाहते हैं। ये चारों व्यक्ति आश्रम में ही रहते थे और दूसरे अनुयायी उन्हें जानते थे। इनके

---

1. सरकार जूनियर की साई बाबा के साथ भेंट कि रिपोर्ट इस लेख के अंत में है।

नाम थे : सुरेश शांताराम प्रभु (35), जगन्नाथम (40), सुरेश कुमार (33) और साई राम (25)। अतः उन्होंने जब यह कहा कि उन्हें स्वामी को एक टेलीग्राम सौंपना है, तो यह किसी भी प्रकार के संदेह की वजह नहीं होनी चाहिए थी। परंतु ऐसा था। इन चारों आदमियों को मंदिरम में प्रवेश देने से इन्कार कर दिया गया और दूसरे अनुयायियों ने उन्हें रोकने का प्रयास किया।

आश्रम के अनुसार, ये चारों अन्य अनुयायियों की ओर मुड़े और उन पर चाकुओं से हमला कर दिया। साई बाबा के निजी स्टाफ के सदस्य राधाकृष्ण और एक छात्र साई कुमार को चाकू घोंप दिया गया जिससे उसकी मृत्यु हो गई। दो अन्य को भी चाकू मारा गया और इस समय वे अस्पताल में भर्ती हैं। आधिकारिक कथन के अनुसार साई बाबा ने, जो अपने शयनकक्ष में थे, संघर्ष होने का शोर सुना और तत्काल ही बचाव की कार्रवाई की। बताया जाता है कि वे इस भवन के बगल वाले खंड में चले गए। उन्होंने अपना कक्ष भीतर से बंद कर लिया और जीने के रास्ते गराज में जाकर गायब हो गए। निःसंदेह, उन्होंने खतरे की घंटी बजाई और सायरन बजाए जबकि तेज़ रोशनी से पूरा आश्रम नहा गया। इस हाई टेक सुरक्षा बंदोबस्त से हतप्रभ, चारों घुसपैठिए साई बाबा के बैठक कक्ष में घुस गए और उन्होंने खुद को भीतर ही बंद कर लिया। उन्होंने बाहर आकर खुद को उनके हवाले करने के सारे आग्रह ठुकरा दिए। इसके बाद जो कुछ भी हुआ वह कुछ रहस्यमय है। एक कथन के अनुसार, पुलिस ने दरवाजे का एक हिस्सा तोड़कर बैठक कक्ष में अंधाधुंध फायरिंग की जिसमें चारों व्यक्ति तुरंत ही मारे गए। इस क्षेत्र के प्रभारी पुलिस इंसपेक्टर के. एन. गंगाधर के आधिकारिक कथन के अनुसार, बहादुर पुलिस अधिकारियों ने दरवाज़ा तोड़ा और हमलावरों को पकड़ने के लिए भीतर प्रवेश किया। परंतु, गंगाधर कहते हैं, इन घुसपैठियों ने पुलिस पर चाकुओं से हमला किया। अतः बहादुर पुलिस अधिकारियों ने उन्हें गोली मार दी। अब, कोई भी इस हमले के पीछे संभावित मंशा के बारे में बात नहीं करना चाहता। जहां तक कथित हमलावरों का सवाल है तो वे सब मारे जा चुके हैं।

एक ऐसे व्यक्ति के अनुरूप, जो भारत के राष्ट्रपति और प्रधान मंत्री का निजी गुरु हो, आधिकारिक प्रतिक्रिया बहुत ही त्वरित और पूरी ताकत

से की गई। गृह मंत्री एस. बी. चव्हाण, जो खुद भी अनुयायी हैं, पंजाब और कश्मीर समस्या से ध्यान हटा कर इस घटना की व्यक्तिगत रूप से जांच की निगरानी के लिए जल्दी से पुट्टापर्थी पहुंचे। वहां इस तरह की कानाफूसी चल रही थी कि प्रधानमंत्री पी. वी. नरसिंह राव ने चव्हाण को यहां भेजा था, जो स्वामी की सुरक्षा को लेकर चिंतित थे। इस बीच, कांग्रेस की नई सनक के रूप में भाजपा का हाथ, जिसे विदेशी हाथ के स्थान पर लाया गया था, होने की अटकलों को उछाला गया। आंध्र प्रदेश सरकार ने हैदराबाद के पुलिस आयुक्त एच. जे. डोरा को सुरागों की तलाश के लिए पुट्टापर्थी भेजा। डोरा के वहां पहुंचते ही तेज़ी के साथ यह स्पष्ट हो गया था कि उनका मिशन यह देखना था कि क्या इस घटना में राष्ट्रीय स्वयंसेवक संघ और विश्व हिंदू परिषद का हाथ है। बगैर समय गंवाए, अभी तक चुप्पी साधे हुए बाबा के अनुयायियों ने यह कहना शुरू कर दिया कि चारों हमलावर विहिप के महासचिव अशोक सिंहल के परिचित थे और उन्होंने फरवरी में उनकी पुट्टापर्थी यात्रा के दौरान उनसे भेंट की थी। यह तत्काल स्पष्ट नहीं हो सका कि एक संत को विहिप और आरएसएस क्यों मारना चाहेंगे जिनके पास स्पष्ट रूप से चमत्कारिक शक्तियां और चयनित अनुयायियों की फौज हो परंतु दिल्ली में कांग्रेसी इस पर उस समय तक जोर देते रहे, जब तक इस घटना को राजनीतिक रंग देने के प्रयास से नाराज भाजपा ने सच्चाई का पता लगने के लिए इसकी व्यापक जांच की मांग शुरू नहीं कर दी।

इस बीच, हालांकि एस. बी. चव्हाण ने स्वामी के साथ एकांत में 30 मिनट बिताए परंतु यही जोर देती रही कि उसने पुट्टापर्थी परिसर के एक हिस्से से 50-50 किलोग्राम की तीन जीवित बारूदी सुरंगें बरामद की हैं। ये सुरंगें बाबा के व्यावसायिक प्रशिक्षण संस्थान के परिसर से मिली थीं और यदि पुलिस पर यकीन किया जाए तो इनमें उस समय की प्रचलित विस्फोटक सामग्री आरडीएक्स था। जांचकर्ताओं ने यह भी संकेत दिया कि मुंबई में लैंडिंग एजेंट द्वारा इन सुरंगों को आंध्र प्रदेश के पश्चिमी छोर से पुट्टापर्थी भेजा गया था।

इस खोज ने और भ्रम की स्थिति पैदा कर दी। यहां तक कि विहिप के कट्टर शत्रुओं ने भी कभी यह दावा नहीं किया कि इस संगठन के पास

आरडीएक्स है। अतः किस आधार पर प्राधिकारी इस मामले में संघ परिवार को घसीटने का प्रयास कर रहे थे? और अनावश्यक रूप से इसे सांप्रदायिक रंग दिए जाने के बारे में चर्चा थीः आखिरकार, साई बाब हिंदू धार्मिक नेता जैसे ही थे। इस तरह की परस्पर विरोधाभासी कहानियां इस विवाद को और हवा दे रही थीं, तभी एक नई कहानी शक्ल लेने लगी। अब, इस नई कहानी के अनुसार यह सारी घटना पुट्टापर्थी आश्रम के अंदर ही सत्ता के संघर्ष का नतीजा थी। यदि श्रद्धालुओं पर विश्वास किया जाए, तो बाबा का बहुराष्ट्रीय कारोबार मुक्तानंद कॉर्पोरेशन की गति की ओर ही बढ़ रहा था। मुक्तानंद कॉर्पोरेशन उस समय दो फाड़ हो गया था जब उनके चयनित उत्तराधिकारी ने एक श्रद्धालु को फुसला लिया था। या फिर हरे कृष्णा आंदोलन की गति की ओर, जो प्रभुपाद के नाम से भी प्रसिद्ध अभय चरण डे के निधन के बाद अनेक गुटों में बंट गया।

आंध्र प्रदेश के पुट्टापर्थी में एक गरीब किसान परिवार में 23 नवंबर 1926 को जन्मे सत्यनारायण राजू, स्वामी ने जीवन में बहुत जल्दी ही अपनी चमत्कारी शक्तियों को दिखाना शुरू कर दिया था। उर्वाकोंडा में हाई स्कूल में पढ़ाई के दौरान वह अपने स्कूली सहयोगियों के लिए सामान्यतः हवा से पेंसिल, फल, और मिठाई पैदा कर देते थे। उनकी दैवीय शक्तियां एक बिच्छू द्वारा उन्हें डंक मारने के बाद उजागर हुईं। इसके बाद वह कभी भी स्कूल नहीं लौटे, और उन्होंने चमत्कार दिखाना शुरू कर दिया और दावा किया कि वह शिर्डी के सत्य साई बाबा के अवतार हैं।

पुट्टापर्थी आश्रम के ही निवासी शिव शंकर जैसे श्रद्धालुओं के लिए वह 'शिव के अवतार हैं, इस दावे के समर्थन में प्रार्थना सभा के बाद लिंगम को उलट देने की स्वामी के स्वभाव का जिक्र किया जाने लगा। इसीलिए आश्चर्य नहीं होता कि देश में सर्वोच्च पदों पर आसीन और ताकतवर लोग भी उनके अनुयायी हो गए। इनमें प्रधानमंत्री पी. वी. नरसिंह राव, राष्ट्रपति शंकर दयाल शर्मा, पूर्व राष्ट्रपति आर. वेंकटरमण, गृह मंत्री एस. बी. चव्हाण, भाजपा नेता अटल बिहारी वाजपेयी, श्रीलंका के पूर्व राष्ट्रपति रणसिंहे प्रेमदासा, गीतकार भीमसेन जोशी, संगीतकार रवि शंकर, एम. एस. सुब्बुलक्ष्मी और अनूप जलोटा, बीटल्स के जार्ज हैरिसन, क्रिकेटर सुनील गावस्कर, पूर्व

प्रधान न्यायाधीश पी. एन. भगवती, वायु सेना प्रमुख एन. सी. सूरी और अपोलो अस्पताल के मुखिया प्रताप सी. रेड्डी भी शामिल हैं। ये सभी अपनी समस्याओं से मुक्ति पाने के लिए उन्हीं पर निर्भर रहते हैं।

उदाहरण के लिए, कर्नाटक के पूर्व मुख्यमंत्री एस. बंगारप्पा ने पुट्टापर्थी की यात्रा की और बाबा के सुपर स्पेशिलिटी अस्पताल के लिए नकदी के संकट से जूझ रहे राज्य की ओर से पांच करोड़ रुपए इस आधार पर दान दिए कि "कर्नाटक से अनेक गरीब लोग इलाज के लिए वहां जाएंगे।" हालांकि, बाबा के अनुयायी नरसिंह राव ने 1992 में उन्हें (बंगारप्पा को) मुख्यमंत्री पद से बर्खास्त कर दिया था। इस तरह की विफलताएं स्वामी के प्रति आकर्षण कम नहीं करती हैं। यद्यपि भारत के तमाम तांत्रिकों की तुलना में मीडिया की कम जानकारी रखने वाले साई बाबा मीडिया प्रेमी नहीं थे, फिर भी दुनिया भर से उनके श्रद्धालु वहां आते रहते थे। महेश योगी और चंद्रास्वामी जैसे प्रचार के भूखे व्यक्तियों से इतर बाबा मीडिया को साक्षात्कार देने में संकोच करते थे। हकीकत तो यह है, वह दर्शन देते समय बहुत ही कम बोलते थे, उनकी अनुयायियों के साथ बातचीत हाथ पर थपकी देने तक सीमित रहती थी, अक्सर हवा में हाथ लहरा कर 'भभूति' पैदा करना और अजीब तरह से मुट्ठी भर का विषमकोण बनाते। बड़ी संख्या में अंतरराष्ट्रीय अनुयायी होने के बावजूद स्वामी सिर्फ एक बार विदेश गए और वह भी युगांडा के स्वतंत्रता दिवस समारोहों में सम्मिलित होने के लिए। यहां तक कि देश में भी उनकी यात्रा बंबई, मद्रास और बंगलोर तक ही सीमित थी। यद्यपि पिछले चार साल से वह कोडाइकानाल जा रहे थे जहां वह ग्रीष्मकालीन शिविर में सम्मिलित होने वालों को आध्यात्मिक रूप में दर्शन देते हैं। परंतु बाबा को वास्तव में यात्रा करने की आवश्यकता नहीं हैः पुट्टापर्थी का अपना हवाई अड्डा है और उनके अनुयायी जब कभी चाहें तो उनके दर्शन के लिए आ सकते हैं। हालांकि यह पूरी तरह पक्का नहीं होता कि वे इन अवसरों पर बाबा की एक झलक से अधिक देख सकेंगे।

वैसे तो साई बाबा अनेक विवादों में घिरे रहे हैं परंतु उनके अपने अमेरिकी अनुयायी टाल ब्रूक से रिश्ते को लेकर उत्पन्न विवाद से अधिक कोई अन्य विवाद नहीं था। बेंगलुरू के उपनगर व्हाइटफील्ड और पुट्टापर्थी

में बाबा के आश्रमों में प्रवास के दौरान अपने अनुभवों के बारे में *लॉर्ड ऑफ द एयर* पुस्तक में ब्रूक ने इस बात का खुलासा किया, जो उनके विचार से स्वामी के साम्राज्य का घटिया पहलू था। ब्रूक के अनुसार, अपने गुरु के प्रति उनका मोहभंग उस समय शुरू हुआ जब बाबा ने कामेच्छा से उनकी ओर कदम बढ़ाए। एक अवसर पर, बाबा ने दर्शन के बाद ब्रूक को 'निजी साक्षात्कार' के लिए रुकने के लिए कहा। उनके पापों की कारगुज़ारियों को सूचीबद्ध करने के बाद स्वामी उठे और उन्होंने ब्रूक को ज़ोर से आलिंगनबद्ध कर लिया। ब्रूक याद करते हैं, "बाबा का आलिंगन और सख्त होता गया। तभी किसी गहरे रसातल में जाने का विचार उनके मन में कौंधा। मैंने इसका अहसास होने से पहले ही इसे लगभग दबाया। वह गहरी और तेज़ सांसें ले रहे थे। उन्हें अपने कूल्हे घुमाने की क्या ज़रूरत है? "

पहली बार, ब्रुक साई बाबा को संदेह का लाभ देना चाहते थे। कुछ दिन बाद, ब्रूक को एक और 'निजी साक्षात्कार' का अवसर मिला। इस बार, उनका अनुभव पहले से कहीं अधिक विचलित करने वाला था, ब्रूक लिखते हैं, "बाबा के कूल्हे ठहर गए, अचानक ही उन्होंने हाथ से मेरी ज़िप खोली और अंदर डाल दिया। मैं भौंचक्का था। मैंने सच्चाई के मार्ग पर चलने का संकल्प लिया था परंतु क्या इसके लिए इन गोरखधंधों की ज़रूरत है। मैं अपनी जगह ही खड़ा रहा, विमुख नहीं होने की कोशिश करता रहा तभी दिमाग में ये सवाल कौंधा, 'यदि बाबा वही हैं जो वे होने का दावा करते हैं, तो यह अविश्वसनीय है कि वह इस तरह की गंदगी में गिरेंगे।' बाबा के कूल्हे फिर से हिलने शुरू हो गए जैसे ही उनके हाथों ने निचोड़ना और दबाना शुरू किया। इस पर कोई प्रतिक्रिया नहीं हुई। मैं किंकर्तव्यविमूढ़ था। बाबा की सांसें तेज़ और उत्तेजित थीं।"

यह कटु अनुभव बाबा के यह कहने के साथ खत्म हुआ, "बहुत खुश हूं, अब जाओ।" बाबा के प्रति अंधविश्वास ने हालांकि यह सुनिश्चित किया कि ब्रूक स्वामी के पास ही ठहरे। जब तक उन्हें यह अहसास हुआ कि स्वयंभू चमत्कारी स्वामी की कृपा प्राप्त करने वाले वह अकेले नहीं है, उसने पाया कि ऐसे अनेक दूसरे भी हैं जिनके साथ ही इसी तरह का आचरण हुआ और उन्होंने यह सोच कर समर्पण किया कि यह भी शुद्धिकरण की

और उनके प्रति भक्ति के परीक्षण की ही कोई क्रिया है। ब्रूक अपनी इस खोज से टूट गए। परंतु उन्हें अहसास हुआ कि यदि उन्होंने इसे सार्वजनिक किया तो यह बाबा के खिलाफ उनके शब्द होंगे और कोई भी इस पर यकीन नहीं करेगा। हालांकि, अंत में ब्रूक ने अपना पक्ष रेकॉर्ड पर लाने का फैसला किया।

लॉर्ड ऑफ द एयर पुस्तक की बाबा के अनुयायियों ने कटु निंदा की और इस बात पर ज़ोर दिया कि घटनाओं का वृत्तांत ब्रूक की कल्पनांओं की उड़ान है। परंतु इस पुस्तक के प्रकाशन ने स्वामी के आश्रम में बड़े पैमाने पर यौन उत्पीड़न होने की अटकलों को खूब बल दिया। यह भी अफवाह थी कि बाबा द्वारा संचालित शिक्षण संस्थान में यौन उत्पीड़न का शिकार होने के बाद अनेक छात्रों ने आत्महत्या कर ली थी। परंतु इन खबरों की पुष्टि के लिए कोई साक्ष्य सामने नहीं आए और आश्रम के कर्ताधर्ता उन्हें तत्परता से दबाने में सफल रहे।

हालांकि, यह हत्या के प्रयास के पीछे की मंशा के बारे में बहुत दूर की कौड़ी है—यदि, वास्तव में, यह हत्या का प्रयास था। अधिकांश लोग इस राय के पक्ष में थे कि यह हिंदू कट्टरपंथियों का ही काम है। इस कथन में कुछ दम भी है। वैसे भी बाबा ने राम जन्म भूमि-बाबरी मस्जिद विवाद पर हमेशा ही मध्यमार्ग अपनाया था। पुट्टापर्थी में 1990 में अपने जन्म दिन के अवसर पर उन्होंने राजनीतिक मसलों पर अपनी चुप्पी तोड़ी और मंदिर-मस्जिद विवाद पर टिप्पणी की। कहते हैं कि उन्होंने कहा, "जब राम सभी के हृदय में हैं तो मंदिर की क्या आवश्यकता है।" ऐसा माना जाता है कि इसी ने बाबा को हिंदू कट्टरपंथियों के निशाने पर ला दिया होगा। शायद इसी अहसास की वजह से स्वामी हाल के वर्षों से काफी शांत रहते थे। कई बार तो ऐसा लगता था कि वह जानबूझ कर देश के मौजूदा राजनीतिक माहौल से खुद को दूर रख रहे हैं।

हाल का हत्या का प्रयास उन्हें एक बार फिर सुर्खियों में ले आया। और इस बार, जो प्रचार मिला वह अनुकूलता तो नहीं ही थाः प्रेस की अधिकांश खबरों में यही संकेत दिया गया कि इस हमले के पीछे आश्रम में कुछ अनुयायियों के बीच जबर्दस्त गुटबाजी थी, जिन्हें यह लग रहा था

कि उन्हें बाबा के नज़दीकी दायरे से बाहर कर दिया गया है। लेकिन इससे पहले कि मीडिया इस विवाद के रहस्य की जांच कर पाता, पुट्टापर्थी आश्रम के इर्द गिर्द गोपनीयता का पर्दा डाल दिया गया। और गृह मंत्री एस. बी. चव्हाण सरीखी राजनीतिक हस्तियां इस घटना से हुए नुकसान को सीमित करने में जुट गईं, इस बात की बहुत ही कम संभावना है कि स्वामी की हत्या के प्रयास के मामले में पूरी कहानी कभी भी बताई जाएगी। जहां तक स्वामी का संबंध है तो सच्चाई सदैव ही रहस्यमय बनी रहेगी, स्वामी के बारे में कल्पित कहानी की तरह।

चमत्कारिक पुरुष या मामूली जादूगर?

पी. सी. सरकार जूनियर और सत्य साई बाबा की मुलाकात अब एक किंवदंती बन चुकी है। जादूगर के अनुसार, उन्होंने कई अवसरों पर बाबा से मुलाकात का अनुरोध किया, लेकिन हमेशा ही इसे अस्वीकार कर दिया गया। अंत में उन्होंने खुद को पश्चिम बंगाल के एक प्रमुख उद्योगपति का पुत्र बताते हुए स्वामी से मिलने का समय मांगा। स्वयंभू तांत्रिक उनसे मिलने के लिए तैयार हो गए। साई बाबा द्वारा उन्हें दर्शन देने के बाद, सरकार ने उनसे उपहार की मांग की। बाबा ने उन्हें प्रतीक्षा करने के लिए कहा और दूसरे कमरे में गए, शायद अपनी आस्तीन में कुछ सामान छिपाने। इस बीच, सरकार ने कमरे में एक प्लेट में मिठाई रखी देखी। उन्होंने एक मिठाई उठाकर छिपा ली। साई बाबा शीघ्र ही वापस लौटे और उन्होंने हवा से ही एक संदेश मिठाई उत्पन्न कर दिया। सरकार ने कहा कि उन्हें संदेश पसंद नहीं है और उसे 'चमत्कारिक तरीके' से रसगुल्ले में बदल दिया। इससे नाराज़ स्वामी ने उन्हें बाहर निकाल फेंका।

आज, सरकार उपहास करते हुए कहते हैं, "वह कोई गॉडमैन नहीं है। वह एक अच्छा जादूगर भी नहीं है। वह इतना अनगढ़ है कि वह सारे जादूगरों का नाम खराब कर रहा है। मैं समझता हूं कि उसे अभी और अभ्यास करना चाहिए।" सरकार की यह राय हाल की घटनाओं से बनी थी। पिछले साल नवंबर में, स्वामी हैदराबाद में कल्याण मंडपम में एक समारोह में सम्मिलित हुए। प्रधानमंत्री नरसिंह राव सहित वहां उपस्थित विशाल जनसमूह

के सामने, साई बाबा ने हवा से सोने की चेन उत्पन्न कर दी। स्वामी के दुर्भाग्य से इस आयोजन को दूरदर्शन कवर कर रहा था और कैमरा झूठ नहीं बोलता है। इस टेप को जब दुबारा चलाया गया तो इसमें बाबा का एक सहायक उन्हें चेन देता नज़र आया जिसे उन्होंने कुछ मिनट बाद 'उत्पन्न' कर दिया। लेकिन बाबा के पास ताकतवर अनुयायियों की सूची ऐसे ही नहीं है। दूरदर्शन के हैदराबाद केंद्र में यह चर्चित टेप नष्ट कर दिया गया था।

इस तरह की गड़बड़ियों के बावजूद, बाबा की चमत्कारिक शक्तियों की कहानियों की लगातार चारों तरफ चर्चा रहती थी। ऐसी ही एक कहानी रक्षा मंत्रालय के भूतपूर्व वैज्ञानिक सलाहकार एस. भगवंतम के मानसिक रूप से कमज़ोर पुत्र के बारे में भी चर्चित थी। इस किशोर को जब स्वामी के पास मुलाकात के लिए लाया गया तो उन्होंने कुछ भभूति पैदा की और उसे लड़के की पीठ पर मल दिया। इसके बाद, अपने हाथ से उत्पन्न एक और लहर से साई बाबा ने एक लंबी सुई उत्पन्न की और उसे लड़के के मेरूदंड में घुसाकर उससे कुछ तरल पदार्थ बाहर निकाला। फिर उन्होंने कुछ सर्जिकल ड्रेसिंग का सामान हवा से पैदा किया और उसे बालक की पीठ पर लगा दिया। प्रकट रूप में, इस प्रक्रिया ने किशोर को ठीक कर दिया। हालांकि भगवंतम ने अपने जीवन के अंतिम क्षणों में स्वामी को फर्जी बताते हुए उनकी निंदा की। बाबा से मोहभंग होने के बारे में उन्होंने सार्वजनिक रूप से कभी कुछ नहीं कहा परंतु उन्हें अपने जीवन से पूरी तरह निकाल दिया था।

दूसरे अनुयायी साई बाबा के नाम की कसमें खाते रहे। उनके अनुसार, वह अपने भक्तों की बीमारियों को अपने ऊपर लेकर उन्हें ठीक कर सकते हैं और वह अपनी किसी भी बीमारी का खुद ही उपचार कर सकते हैं। उदाहरण के लिए, ऐसा बताते हैं कि गुरु पूर्णिमा के दिन उन्होंने बड़ी संख्या में उपस्थित भक्तों के सामने खुद ही पक्षाघात का इलाज किया था। गोवा के एक डॉक्टर ने, जिसने स्वामी का अपेंडिसाइटिस का ऑपरेशन किया था, ज़ोरदार तरीके से इसे गलत बताया था। इस डॉक्टर के अनुसार, वह यह सुनकर हतप्रभ रह गया कि साई बाबा अपने अनुयायियों से कहते हैं कि वह उन्हें दर्शन नहीं दे सके क्योंकि वह एक अन्य शरीर में प्रवेश कर

गए थे। समझा जाता है कि कुछ साल पहले स्वामी को दिल का दौरा भी पड़ा था, इसके लिए उन्हें मेडिकल देखरेख की आवश्यकताा थी। परंतु इसकी खबर कभी बाहर नहीं आने दी गई।

हाल ही में हुए साई बाबा की हत्या के प्रयास ने उनके आलोचकों को और मसाला उपलब्ध करा दिया। तर्कवादी आंदोलन के मुखिया डॉ एच. नरसिम्हैया, जिन्होंने साई बाबा के खिलाफ कई दशकों तक आंदोलन चलाया था, बताते हैं, ''पुट्टापर्थी की घटनाओं ने हमारे दृष्टिकोण की पुष्टि की है। इन्होंने यह साबित कर दिया कि वह भी हमारी तरह ही मनुष्य हैं जिसके पास कोई दैवीय शक्ति नहीं है।''

नरसिम्हैया कहते हैं कि यदि साई बाबा वास्तव में दैवीय पुरुष थे तो वह अपने ऊपर होने वाले हमले की भविष्यवाणी कर सकते थे। वह कहते हैं, ''कम से कम जब हमलावर कमरे में दाखिल हुए तो वह उन्हें निहत्था बनाने अथवा उन पर काबू पाने के लिए अपनी शक्तियों का इस्तेमाल कर सकते थे, उन्होंने ठीक वही किया जो मैंने किया होताः वह वहां से भाग निकले। उनके आश्रम के एक साइनबोर्ड पर लिखा है, 'भय क्यों हो जब मैं यहां हूं।' परंतु उन्होंने यह दिखाया कि उनमें भी भय भरपूर है।''

साई बाबा ने, अपने अतीत के बारे में, तर्कवादियों से वाद विवाद करने या नियंत्रित माहौल में अपने 'चमत्कारों' का प्रदर्शन करने से इन्कार कर दिया था। परंतु उन्हें अपने एक अनुयायी से यह कहने के लिए जाना जाता है, ''मामूली जादूगरों के साथ मेरी तुलना मत करो। मेरी शक्ति दैवीय है और इसकी कोई सीमा नहीं है। मेरे पास धरती को आकाश में और आकाश को धरती में बदलने की शक्ति है। परंतु मैं ऐसा नहीं करता हूं क्योंकि इसका कोई वजह नहीं है।''

20-26 जून, 1993, संडे

ऑपरेशन शिवरासन : तलाश का अंत?

राजीव गांधी के हत्यारे के पुलिस अभियान का आंखोंदेखा विवरण

मई के अंत से 20 अगस्त, 1991 तक तीन महीने वह राष्ट्र के एकाग्रचित ध्यान का केंद्र था। वह कॉकटेल पार्टियों, कॉफी शॉपों, नुक्कड़ों जैसे सभी संभावित स्थानों पर बहस का विषय था। उस दौरान उसके चेहरे को अनेक सिने अभिनेताओं और केंद्रीय मंत्रियों से भी कहीं अधिक प्रचारित किया गया।

अखबारों ने उसकी तस्वीरें छापीं, पत्रिकाओं के मुखपृष्ठों पर उसकी तस्वीरें थीं, पर्चों और दीवार पर पोस्टरों पर भी वही था। उसकी गतिविधियों-काल्पनिक अथवा अन्यथा-पर खबरों में दिलचस्पी रखने वाले लोग नज़रें गड़ाए थे। क्या वह मद्रास में फंसा हुआ है? क्या वह उस दिन दिल्ली में दिखाई नहीं पड़ा था? पिछले महीने, भारत के इतिहास (और संभवत दुनिया में) सबसे अधिक सुव्यवस्थित और संगठित तरीके से एक व्यक्ति की तलाश बंगलोर के बाहरी छोर पर स्थित एक छोटे से गांव में आकर समाप्त हो गई।

राजीव गांधी हत्याकांड की जांच कर रहे विशेष जांच दल ने शिवरासन–'एक आंख वाले जैक', जिसने इसकी योजना तैयार की थी–को गिरफ्तार कर लिया। जांचकर्ताओं को जो कुछ मिला वह एक लाश थी जिसके सिरे में दो गोलियां धंसी थीं और संभवतः पेट में साइनाइड था। उसके आसपास उसकी 22 वर्षीय रिश्ते की बहन और साथी सुभा सहित लिबरेशन टाइगर्स ऑफ तमिल ईलम के छह अन्य सदस्यों की लाशें थीं। यह स्पष्ट हो रहा था कि उन सभी ने विशेष जांच दल के हाथ पड़ने की बजाए आत्महत्या

करने का रास्ता चुना। विचित्र बात तो यह थी कि उनके शव राजीव गांधी के 47वें जन्म दिन पर 20 अगस्त को मिले थे।

केंद्रीय जांच ब्यूरो के मुखिया विजय करण ने इस नाटकीय घटना के तुरंत बाद *संडे* से कहा, ''यह मेरे कंधों से बड़ा भार हटने जैसा था। कम से कम शिवरासन को ढूंढ़ निकालने का अभियान खत्म हो गया था।'' परंतु अधिकांश लोगों का यही मानना था कि शिवरासन की आत्महत्या ने हत्याकांड के इस मामले में आगे प्रगति करने की विशेष जांच दल की उम्मीदों पर कमोबेश विराम लगा दिया था। और उसकी मृत्यु के साथ ही इस हत्याकांड की पूरी साजिश का पर्दाफाश करने की संभावनाएं भी खत्म हो गई थीं।

शिवरासन के ठिकाने के बारे में 18 अगस्त की सुबह जानकारी मिली थी। यह सूचना एक स्कूल शिक्षिका श्रीमती मृदुला रंगनाथ ने उपलब्ध कराई थी। रंगनाथ ने उसी दिन सवेरे बंगलोर में कर्नाटक पुलिस द्वारा उसे गिरफ्तार किए जाने के तुरंत बाद उसने पुलिस को बताया कि बैंगलोर से करीब 20 किलोमीटर दूर एक छोटे से गांव कोनाना कुंते के एक घर में शिवरासन है। दोपहर होने तक पुलिस उपायुक्त कैंपैया के नेतृत्व में राज्य पुलिस और राष्ट्रीय सुरक्षा गार्ड के कुछ सदस्यों ने उस मकान को घेर लिया था। कैंपैया और उनके आदमी इस इमारत के भीतर की गतिविधियों की टोह लेने के लिए निगाह रखे हुए थे, उग्रवादियों ने, जो यह जानते थे कि उन्हें घेर लिया गया है, अपनी पहचान जाहिर नहीं करने की सावधानी बरती। पुलिस को सिर्फ यही नज़र आया कि कुछ मौकों पर खिड़कियों से कोई चेहरा झांक रहा था। कैंपैया को सिर्फ यह सुनिश्चित करने की हिदायत थी कि उग्रवादी वहां से भाग नहीं पाएं। राज्य पुलिस ने फैसला किया कि मकान पर धावा नहीं बोलेगी जैसा कि उसने पहले के छापों में किया था। बंगलोर के पुलिस आयुक्त आर. रामलिंगम ने बताया, ''यह मौका विशेष रूप से बहुत ही सावधानी पूर्वक स्थिति से निबटने का था। हमने सोचा कि सीबीआई और एसआईटी से सलाह करना बेहतर होगा।''

अगले दिन 19 अगस्त को जब तक सीबीआई के मुखिया विजय करण और एसआईटी के मुखिया डी. आर. कार्तिकेयन बंगलोर पहुंचे, कैंपैया

ने यह पता लगा लिया था कि सुभा भी इमारत के भीतर मौजूद है। राज्य पुलिस ने महिला से पूछताछ की थी जो उस घर में दूध देने जाती थी। उसने सुभा के हुलिए से मिलते-जुलते किसी व्यक्ति को देखा था। उस समय तक पुलिस यही मान रही थी कि अकेला शिवरासन ही उसी मकान में था।

उस दिन इंतज़ार करना घटनाओं से भरपूर साबित हुआ। सवेरे, एक ऑटोरिक्शा में दो व्यक्ति उस मकान पर पहुंचे। यह देखकर कि मकान को पुलिस ने घेर रखा है, दोनों ने ऑटोरिक्शा से बाहर निकल कर भागने का प्रयास किया। वे ज़्यादा दूर तक नहीं जा सके और दोनों को गांववालों की सहायता से पकड़ लिया गया। इनमें से एक व्यक्ति मृदुला रंगनाथ का पति निकला जबकि दूसरा व्यक्ति प्रकाश कुमार था। पहले व्यक्ति ने मकान के भीतर रहने वाले व्यक्तियों की सही संख्या की जानकारी कपैया को दी। इसके बाद ही पुलिस पूरी तरह से आश्वस्त हो गई कि शिवरासन और सुभा-इस मामले में सबसे अधिक वांछित दोनों-को घेर लिया गया था। यह शाम का समय था जब फायरिंग शुरू हुई-यह अचानक ही हुआ।

इस मकान के पास कीचड़ से भरी सड़क पर लकड़ियों से भरा एक ट्रक फंस गया था। जब सादे कपड़ों में कुछ पुलिसकर्मियों ने ट्रक को धकेलने का प्रयास किया तो श्रीलंकाई उग्रवादियों ने गोलियां चलाईं जिसमें तीन लोग ज़ख्मी हो गए। निश्चित ही, उग्रवादियों को यह गलतफहमी हो गई कि पुलिस मकान पर धावा बोलने की तैयारी कर रही है। पुलिस आयुक्त रामलिंगम बताते हैं: "इस फायरिंग से हम अचंभित थे। यह अंधाधुंध हो रही थी।"कुछ मिनट की खामोशी के बाद टाइगर्स ने फिर से फायरिंग शुरू कर दी। इस बार, पुलिस ने जवाबी कार्रवाई की, ज़िसके पास तब तक केंद्रीय रिज़र्व पुलिस की प्लाटूनें पहुंच गई थीं। कुल मिलाकर इमारत के भीतर छिपे सात उग्रवादियों का मुकाबला करने के लिए करीब सात सौ पुलिसकर्मी थे। थोड़ी देर बाद ही दूसरे दौर की फायरिंग बंद हो गई, मकान के भीतर गोली चलने की आवाज़ आई। यह बाद में पता चला कि यह आवाज़ उस समय की थी जब शिवरासन ने खुद को गोली मार ली थी।

इस बीच, एनएसजी कमांडो का एक दल हेलीकॉप्टर से दिल्ली से

बंगलोर रवाना हो चुका था। यह दल ग्वालियर में रुका था जहां से उसने साइनाइड के विष को निष्प्रभावी बनाने के लिए विशेष रूप से तैयार दवा ली, जिसका मकान पर धावा बोले जाने की स्थिति में उग्रवादियों द्वारा इस्तेमाल करना निश्चित था। मंगलवार, 20 अगस्त को सवेरे पौ फटते ही सारी तैयारियां, जिसके बारे में कई लोगों का मानना है कि लंबा समय लगा, पूरी हो गई थीं। उग्रवादियों को अस्पताल ले जाने के लिए, यदि ज़रूरत हुई, कई एंबुलेंस लाए गए थे। मकान पर तेज़ रोशनी फेंकने के लिए लगाई गई फ्लडलाइट बुझा दी गई थी।

सवेरे साढ़े छह बजे, एनएसजी के पांच कमांडो धावा बोलने के लिए तैयार थे। इसके लिए पड़ोसी की इमारत की छत से इस मकान में घुसने की योजना थी। चुपचाप मकान की छत तक पहुंचने के बाद कमांडो ने एक सीढ़ी का सहारा लिया जिसने दो मकानों के बीच पुल का काम किया। जैसे ही वे पार करके दूसरी ओर पहुंचे, तो उन्होंने विस्फोटक पदार्थों से बने पतीलों में विस्फोट करके दरवाज़ा उड़ा दिया और जीने के रास्ते नीचे गए। जब वे नीचे उतर रहे थे तो उन्होंने अपनी स्टेनगन से पांच राउंड फायर किए। उन्हें ऐसा नहीं करना चाहिए था। शिवरासन, सुभा और पांच अन्य उग्रवादी-इनमें से एक कृत्रिम पैर वाली लड़की थी-पहले ही मर चुके थे। इसकी पुष्टि करने के बाद एक कमांडो ने अपना अंगूठा नीचे करके बाहर उत्सुकता से प्रतीक्षा कर रहे विजय करण, कार्तिकेयन और अन्य वरिष्ठ अधिकारियों को संकेत दिया। इसका मतलब थाः अंदर छिपा प्रत्येक व्यक्ति मर चुका है। *संडे*को, जिसने इस पूरे ऑपरेशन को देखा था, यह कार्रवाई पूरी होने के कुछ मिनट बाद ही घर के भीतर जाने की अनुमति मिली थी। अंदर का दृश्य बहुत ही वीभत्स था। जहां शिवरासन ने स्पष्ट ही अपने सिर में गोली मारने के लिए अपनी एके 47 का इस्तेमाल किया था, जो उसके पास ही पड़ी थी, बाकी ने सायनाइड खा ली थी।

इन सभी की कम से कम कुछ घंटे पहले मृत्यु हो गई थी और सुभा का रक्तहीन चेहरा पीला पड़ने लगा था। विष सेवन करने वाले सभी के मुंह के आसपास खून जम गया था। पांच लाशें एक दूसरे के ऊपर पड़ी हुई थीं जिससे ऐसा लगता था कि अपनी जान लेने से पहले ये उग्रवादी

एक समूह में साथ साथ थे। शिवरासन और सुभा अच्छे कपड़ों में थे। सुभा सफेद पैंट और कुर्ते में थी जबकि शिवरासन फैशन वाली नीली टी-शर्ट और सिलेटी रंग की बैगी पैंट पहने था। सुभा के नाखुनों पर नेलपालिश लगी थी और उसने पांव में नई बिछिया और पायल थी। उसका मृत शरीर कृत्रिम पैर वाली लड़की के शव के पास ही था और उसका एक हाथ उसे संरक्षण देने के अंदाज़ में उससे लिपटा हुआ था।

शिवरासन का जिस तरीके से पता लगाया गया था वह भी एकदम नाटकीय था। ऐसा लगता है कि महत्वपूर्ण सुराग मिलने से पहले विशेष जांच दल के सदस्यों में हताशा और निराशा के भाव थे। कोनाना कुंते आपरेशन से दो दिन पहले, सीबीआई के विजय करण ने नई दिल्ली में पुलिस के एक वरिष्ठ अधिकारी को फोन किया था और यह संदेह व्यक्त किया था कि क्या शिवरासन का कभी भी सुराग मिल सकेगा। करण ने इस अधिकारी से शायद यही कहा था, "हमें ऐसा लगता है कि सारे सुराग खत्म हो गए हैं।"

शिवरासन को खोज निकालने का श्रेय कर्नाटक पुलिस को ही जाना चाहिए। पुलिस को पहला सुराग उस समय हाथ लगा जब उसने माण्ड्य जिले के मुथारी गांव में एलटीटीई के एक ठिकाने पर छापा मारा था। (इस मकान पर जब धावा बोला गया तो छह उग्रवादियों ने सायनाइड खाकर आत्महत्या कर ली थी, तीन अन्य को अस्पताल में भर्ती कराया गया था)। इस इमारत से मिले एक रद्दी कागज के टुकड़े पर अंजनप्पा का नाम और इसके साथ पुत्तेनाहल्ली (बंगलोर का एक इलाका) लिखा हुआ था। अगले ही दिन 18 अगस्त की सुबह पुलिस अंजनप्पा के घर पहुंच गई परंतु वह वहां नहीं था। हालांकि कुछ घंटे बाद वह थाने में आया। अंजनप्पा ने स्वीकार किया कि वह मुथारी के ठिकाने पर गया थाा परंतु उसने दावा किया कि उसे यह नहीं मालूम था कि एक फिल्म यूनिट का हिस्सा होने का नाटक करने वाले युवक एलटीटीई काडर के थे। उसने पुलिस को बताया कि उसका दोस्त रंगनाथ, जिसने अंजनप्पा का नाम और पता युवकों को दिया था, उसे मुथारी ले गया था। ऐसा इसलिए था कि वे, यदि आवश्यक हुआ, अंजनप्पा के जरिए रंगनाथ से संपर्क कर सकते थे।

पुलिस इसके बाद बंगलोर में पुत्तेनाहल्ली में ही रंगनाथ के घर गई परंतु पता चला कि कुछ दिन पहले ही वह वहां से चला गया था। इसके बाद उन्होंने उस गाड़ी का पता लगाया जिसमें उसके घर का सामान ले जाया गया था और पता चला कि वह विजयनगर कॉलोनी में रहने चला गया है। उन्हें अब उसका इंतज़ार था, इसी बीच, वे रंगनाथ की पत्नी मृदुला को अपने साथ ले गए क्योंकि कपड़ों से भरा बैग लेकर जा रही थीं। उससे पूछताछ करने पर पुलिसकर्मियो ने महसूस किया कि एक महत्वपूर्ण कड़ी उनके हाथ लग गई है। मृदुला ने उन्हें बताया कि शिवरासन कोनाना कुंते गांव के एक मकान में छिपा है। पुलिस उपायुक्त कपैया बताते हैं, "मृदुला ने यह समझ लिया कि हमने उसे गिरफ्तार कर लिया है क्योंकि वह शिवरासन के ठिकाने के बारे में जानती थी। अतः उसने हमारे पूछने से पहले ही सारी जानकारी हमें दे दी। मैं तो भौंचक्का रह गया।"

रंगनाथ दंपती ने अपने पुत्तेनाहल्ली के मकान में शिवरासन और सुभा दोनों को अगस्त महीने में करीब एक पखवाड़े तक पनाह दी थी। और इस दंपती ने कुछ दिन पहले ही कोनाना कुंते में हत्यारों के लिए किराए के मकान का बंदोबस्त किया था। रंगनाथ दंपती ने शिवरासन और सुभा को क्यों पनाह दी? इस समय इसका जवाब अस्पष्ट है। परंतु *संडे* को पता चला कि पति-छोटे उपकरण बनाने वाली फैक्ट्री का मालिक-स्विट्ज़रलैंड और सिंगापुर में प्रवास के दौरान एलटीटीईई के प्रभाव में आ गया था। बताते हैं, महेंद्रा नाम के एलटीटीईई के एक सदस्य का उस पर बहुत प्रभाव था। कर्नाटक पुलिस के सूत्र बताते हैं कि यह महेंद्रा था जिसने रंगनाथ से शिवरासन की मदद करने का अनुरोध किया था। कोनाना कुंते ऑपरेशन के बाद अनेक लोगों के जेहन में यह सवाल उठा कि क्या शिवरासन और सुभा को जीवित पकड़ा जा सकता था। ईमानदारी से कहें, तो जवाब है, शायद नहीं। जैसा कि एसआईटी और पुलिस को पिछले महीने पता चला कि एलटीटीईई के काडर हमेशा ही सायनाइड रखते थे और गिरफ्तारी की आशंका होने पर इसका इस्तेमाल करने के लिए तैयार रहते थे। अकेले कर्नाटक में ही 20 से अधिक ने पकड़े जाने पर सायनाइड खा लिया था।

इसके बावजूद, जिस तरह से ऑपरेशन शिवरासन चलाया गया उसने

अनेक सवालों को जन्म दिया। कोनाना कुंते में शिवरासन के छिपने के ठिकाने का पता चलने और उस पर धावा बोलने के बीच इतना अधिक समय क्यों व्यर्थ किया गया? कर्नाटक पुलिस ने 18 अगस्त की दोपहर तक इस ठिकाने की घेराबंदी कर ली थी। इसके बाद भी सिर्फ 20 अगस्त की सुबह ही एसआईटी मकान में घुसने के लिए पूरी तरह तैयार हो पाई। निश्चित ही सिर्फ त्वरित और निर्णायक ऑपरेशन ही उन्हें शायद आत्महत्या करने से बचा सकता था? यह भी अस्पष्ट है कि एनएसजी की टीम ने, जिसे बंगलोर भेजा गया था, वहां पहुंचने में इतना अधिक समय क्यों लिया। यही नहीं, इस दल को ग्वालियर में रुक कर सायनाइड की प्रतिरोधक दवा लेने के लिए इतना समय बर्बाद करने की क्या ज़रूरत थी? यदि इसकी आवश्यकता थी तो इसे किसी और के साथ विमान से बंगलोर भेजा जा सकता था।

अंत में, लीक होने का मामला है। 18 अगस्त की दोपहर तक यह चर्चा फैल गई थी कि शिवरासन के ठिकाने का पता लग गया है। और अगली सुबह, बंगलोर के प्रत्येक पत्रकार को यह जानकारी थी कि पुलिस ने उसे घेर लिया है। वास्तव में, कुछ सांध्यकालीन समाचार पत्रों ने 19 अगस्त को–छिपने के ठिकाने पर धावा बोलने से पूरे एक दिन पहले–ही इस बारे में खबरें भी प्रकाशित कीं। कुल मिलाकर इस अभियान की संवेनशीलता को देखते हुए गोपनीयता का अभाव निंदनीय था। एसआईटी की जांच का अब क्या होगा? एसआईटी अधिकारी कहते हैं कि उनका अभियान जारी रहेगा और हालांकि शिवरासन की मौत एक झटका है परंतु यह उतना बड़ा नुकसान नहीं है जितना लोग बता रहे हैं। यह दल जोर देकर कहता है कि शिवरासन की आत्महत्या–पकड़े जाने की स्थिति में जिसकी संभावना थी–उसके श्रीलंका भाग जाने की संभावना को देखते हुए कहीं बेहतर नतीजा था। इसके साथ ही, उसकी मौत एसआईटी के लिए इस साजिश के पूरे विवरण का पर्दाफाश करना अब बहुत ही मुश्किल हो जाएगा। कुछ लोगों ने सुझाव दिया है कि चूंकि प्रमुख संदिग्ध चूंकि मर चुका है, अब बहुत देर नहीं होगी जब एसआईटी अपने आरोप पत्र दाखिल करना शुरू कर देगी। परंतु ऐसा लगता है कि एसआईटी को अभी तक जुटाए

गए साक्ष्यों से कहीं अधिक सबूतों की ज़रूरत होगी यदि वह उन्हें सज़ा दिलाना चाहती है जिन्हें गिरफ्तार किया गया है। इसलिए, इसमें आश्चर्य नहीं होगा यदि यह दल उस समय तक अपनी जांच जारी रखे जब तक कि उसे अदालत टिक सकने वाले ठोस सबूत नहीं मिल जाएं। परंतु, कार्तिकेयन और उनके आदमियों ने जो भी करने का सोचा हो, अब राष्ट्र द्वारा पहले जैसे जोश के साथ इस मामले पर निगाह रखने की संभावना नहीं है। शिवरासन की मृत्यु के साथ ही जांच नहीं रुकेगी परंतु यह, पूरी संभावना है, अब राष्ट्र के एकाग्र ध्यान का केंद्र नहीं होगी।

25-31 अगस्त, 1991, *संडे*

कूर्ग : राज्य का दर्जा चाहता है

बैंगनी और हरे रंग का झंडा यहां अनेक घरों पर फ़हराता है

कूर्ग। राष्ट्र की परिकल्पना में यह एक सुरम्य क्षेत्र हैः इसके हरे भरे घने जंगल, धान के खेत और कॉफी के बागान बहुत ही सुंदर तस्वीर पेश करते हैं। परंतु अब सब कुछ शांत नहीं है और कर्नाटक का यह छोटा सा शांत जिला पर्वतों से घिरा हुआ है। परंतु हाल की घटनाओं ने यह भय पैदा कर दिया है कि कूर्ग के लोग भी (या कोडवास) जो एक विशिष्ट जातीय समूह है, बोडो, झारखंडी और कश्मीरी रास्ते पर जा सकते हैं। यह भय-हो सकता है कि बढ़ा चढ़ा कर पेश किया गया हो-पैदा हुआ क्योंकि हाल ही में गठित कोडागू एकीकरण रंग (केर) ने कर्नाटक से अलग कूर्ग के लिए आह्वान किया था। कोडाग एकीकरण रंग (केर) रंगमंच और सांस्कृतिक समूह सहित कुछ संगठनों का मोर्चा है जो स्थानीय लोगों के हितों का प्रतिनिधित्व करता है।

अलग राज्य की मांग की तात्कालिक वजह कर्नाटक के मुख्यमंत्री एस. बंगारप्पा का एक फैसला है जिसे कुर्गी लोग अपनी जीवन शैली के प्रति खतरा महसूस करते हैं। दिसंबर, 1990 में मुख्यमंत्री ने सामाजिक उपाय के रूप में घोषणा की कि उनकी सरकार की योजना कुर्गी लोगों की जम्मा भूमि का अधिग्रहण करके उसे गरीबों में वितरित करने की है। राज्य सरकार का तर्क है कि ये ज़मीन कूर्ग पर शासन करने वाले राजा ने काश्तकारी के आधार पर दी थी और इसका लाभ पाने वालों को इस जमीन का मालिकाना अधिकार नहीं दिया गया था। इसलिए राज्य सरकार जम्मा भूमि के बारे में जो उचित समझे वह कर सकती है।

हालांकि कूर्गी लोगों ने इस दावे पर सवाल उठाए। उनका कहना था

कि जम्मा (जिसका मतलब पैदाइशी अधिकार है) की अवधि को 18वीं सदी में डोड्डावीरराजा के शासनकाल में उनके साम्राज्य के लिए कूर्गी लोगों की सैन्य सेवाओं के सम्मान में नियमित कर दिया गया था। उनका मानना था कि जम्मा के काश्तकारों को इसका मालिकाना अधिकार ''जब तक सूरज चांद रहेगा'' तक के लिए दिया गया था।

केर जिस तरह से इसे देखते हैं, बंगारप्पा के फैसले का कूर्गी लोगों के लिए आर्थिक असर से भी कहीं अधिक है। केर के अध्यक्ष मतंड सी. मोनप्पा करते हैं, ''उन्होंने हमारी भावनाओं को भी आहत किया है क्योंकि जम्मा व्यवस्था हमारी संस्कृति का एक अभिन्न हिस्सा है। उदाहरण के लिए, जम्मा भूमि कुर्गी लोगों को एकजुट रखने वाली है। यह जमीन–जो करीब ढाई लाख एकड़ है–का मालिक कोई एक व्यक्ति नहीं है बल्कि हमेशा ही परिवार रहे हैं, कभी कभी तो इस जमीन पर सौ से परिवार भी निर्भर रहते हैं। यही नहीं, यह जम्मा भूमि ही है जहां संयुक्त घर (परिवार के मिलन का स्थान) और पूर्वजों की कब्र (उन लोगों के लिए महत्वपूर्ण है जो उनकी पूजा करते हैं) स्थित हैं। इससे प्रभावित लोगों में से एक एच. केमपन्ना कहते हैं, ''मेरे पास सात एकड़ भूमि है जो दस सदस्यों के परिवार के लिए मुश्किल से पर्याप्त है। फिर भी बंगारप्पा कहते हैं कि वह इसे लेना चाहते हैं। हम इसके लिए कर भी अदा करते हैं।''

भूमि विवाद–शायद आज कुर्गी लोगों में सबसे अधिक भावनात्मक मुद्दा है–उनके आक्रोश की अकेली वजह नहीं है। लंबे समय से उनके मन में यह भावना घर कर रही है कि 1956 में कूर्ग के कर्नाटक के विलय के बाद से उनके जिले की ओर बहुत कम या बिल्कुल भी ध्यान नहीं दिया गया है। केर के अध्यक्ष मोनप्पा अपने संगठन द्वारा अलग कूर्ग की मांग के बारे में कहते हैं, ''सालों से एक के बाद एक सरकार ने हमे नज़रअंदाज़ किया है। हम प्रतिवेदन के बाद प्रतिवेदन दे-देकर थक गए हैं क्योंकि इनसे कोई रास्ता नहीं निकला।'' (मोनप्पा कूर्गी लोगों के हितों का उठाने वाले ताकतवर संगठन अखिल कोडवा समाज के भी अध्यक्ष हैं)।

अधिकांश दूसरे मुद्दे जो कूर्गी लोगों को उद्वेलित कर रहे हैं वे राज्य और राष्ट्र को बहुत अधिक राजस्व देने के बावजूद इस क्षेत्र को थोड़े ही

लाभों से संबंधित हैं। मोनप्पा के अनुसार, कूर्ग से कॉफी और इलायची तथा संतरे जैसी उपज से साल में चार सौ करोड़ रुपए तक का राजस्व खजाने को मिलता है। यही नहीं, इसका एक बड़ा हिस्सा विदेशी मुद्रा में मिलता है। मोनप्पा कहते हैं, "पिछले साल, कूर्ग को महज 33 करोड़ रुपए ही मिले। इसमें से 18 करोड़ रुपए सरकारी कर्मचारियों के वेतन के लिए थे।"

केर उनके क्षेत्र को मिलने वाले नदी जल के हिस्से को लेकर भी चिंतित है। केर के एक नेता बताते हैं, "हम कावेरी नदी की पूजा करते हैं, परंतु इससे हमें जल नहीं मिलता। अभी तक नल से पानी की परियोजनाओं से सिर्फ दूसरे क्षेत्र ही लाभान्वित हुए हैं। परंतु सरकार हमें लिफ्ट सिंचाई योजना, जो इस जिले की सबसे अधिक ज़रूरत है, के लिए छह करोड़ रुपए देने से भी इन्कार कर रही है।

कूर्ग लोगों की लंबे समय से एक शिकायत है कि इस जिले में 'बाहरी लोगों' की आमद बढ़ रही है। कुछ सालों में मुख्य रूप से केरल से लोग आकर कूर्ग में बस गए हैं। कुर्ग लोग उन्हें इस तरह से देखते हैं कि उन्होंने उनकी जमीनों पर कब्जा कर लिया है और कारोबार, खासकर टिंबर पर अपना नियंत्रण कर लिया है। सेवानिवृत्त सरकारी अधिकारी अल्लरण्य मंडेपा व्यंग्य भरे लहजे में कहते हैं, "आज, आपको कूर्ग जाति के लोगों को खोजना पड़ेगा।"

पिछले पांच साल के दौरान दूसरे स्थान से आकर बसे लोगों और यहां रहने वाले कूर्गों में अनेक झड़पें हो चुकी हैं। यद्यपि केर का दावा है कि उसका आंदोलन किसी समुदाय या समूह के खिलाफ नहीं हैं, यह सबको भलीभांति मालूम है कि 'बाहरी लोगों की समस्या' कूर्गों के असंतोष का सबसे बड़ा कारण है। केर ने अपनी मांगों की सूची तैयार की है जिसे उसने 17 मार्च तक पूरा करने के लिए सरकार को दिया है। (इन मांगों में राजस्व भूमि को नियमित करने, गैर काननी तरीके से पेड़ों की कटाई और उनकी तस्करी रोकने, कॉफी पैदा करने वालों पर करों में कटौती और बागानों के लिए बिजली की आपूर्ति बढ़ाना शामिल है)।

इस संगठन ने 17 मार्च से शांतिपूर्ण परंतु व्यवधान पैदा करने वाले आंदोलन का आह्वान किया है यदि सरकार ने इन पर अमल नहीं किया।

मोनप्पा कहते हैं, "हम उन कानूनों को तोड़ने का लक्ष्य बनाएंगे जिनके बारे में हम सोचते हैं कि कूर्गों को यह अस्वीकार्य हैं।" यद्यपि यह स्पष्ट नहीं है कि उन्हें कितना समर्थन मिलेगा, केर ने यह तो दिखा दिया है कि इस क्षेत्र में उन्हें कुछ तो लोकप्रियता हासिल ही है। इस संगठन ने 17 जनवरी को मरकारा (जिला मुख्यालय) के ओल्ड फोर्ड इलाके में विशाल जनसभा आयोजित की। उस दिन, लोगों का आह्वान किया गया कि वे भू-राजस्व का भुगतान नहीं करें और केर ने गैरकानूनी तरीके से कॉफी की बिक्री की व्यवस्था की।। कूर्गों के साथ हुए अन्याय को दिखाने वाले नाटकों का सड़कों पर आयोजन किया गया और इसी विषय पर वीडियो कैसेट बांट गए और सार्वजनिक रूप से इनका प्रदर्शन भी किया गया।

केर को अभी तक अपने जिले की बदहाली के बारे में लोगों में जागरूकता पैदा करने में सफलता मिली है। आज, संगठन का बैंगनी और हरा झंडा कूर्ग के अनेक घरों पर लहराता हुआ देखा जा सकता है। सरकार के लिए और अधिक चिंता की बात यह है कि 17 मार्च को और इसके बाद केर कैसा रुख अपनाएगा। हालांकि, मोनप्पा जोर देकर कहते हैं कि उनका संगठन कूर्ग के मुद्दे पर संघर्ष के लिए कभी भी हथियार नहीं उठाएगा परंतु इसके कुछ सदस्य उनके इस अपेक्षाकृत नरम रुख से सहमत नहीं लगते हैं। इनमें से एक कहता है, "हमने बंगारप्पा को जम्मा भूमि के बारे में अपनी टिप्पणियां वापस लेने के लिए दो महीने का वक्त दिया है। अतः अगर 17 मार्च के बाद हिंसा होती है तो हमे जिम्मेदार मत ठहराइए।" उग्रवादी भाव चिंताजनक है क्योंकि अनेक कूर्गों के पास हथियार हैं।

जिले के उपायुक्त एच. भास्कर के अनुसार जम्मा भूमि के मालिकों के पास ही कम से कम दस हज़ार लाइसेंस हैं–प्रत्येक लाइसेंस तीन हथियार रखने के लिए वैध है। केर का अनुमान है कि कूर्ग में इस तरह के 1,80,000 हथियार हैं। भय इस बात का है कि यदि माहौल भावनात्मक दृष्टि से अधिक तनावपूर्ण हो गया तो ये हथियार भटके हुए युवकों के हाथों में पड़ सकते हैं। पहले से ही, कोडागू लिबरेशन फ्रंट नाम के उग्रवादी संगठन के गठन के बारे में अपुष्ट खबरों को लेकर चिंता है।

वैसे भी, ऐसा लगता है कि कर्नाटक के राजनीतिज्ञ कूर्ग के घटनाक्रम

को लेकर बहुत अधिक चिंतित नहीं हैं। अभी तक, जिले के तीन विधायकों ने—सभी कांग्रेस (आई) के हैं—केर अथवा उसकी गतिविधियों के बारे में एक भी शब्द नहीं बोला है। जिले के विधायक ए.के. सुबैया कहते हैं, "जो शोर कर रहे हैं वे कूर्ग की राजनीति में अप्रासंगिक लोग हैं। वे ध्यान देने योग्य भी नहीं हैं।" सुबैया कहते हैं कि आंदोलन के उग्र होने की संभावना नहीं हैः "कूर्ग इस तरह का कुछ करने में सक्षम नहीं है। यदि केर सोचता है कि इस तरह के नजरिए का लाभ होगा तो उन्हें गलतफहमी है।"

हालांकि बंगारप्पा ने अभी तक केर की मांगों का जवाब नहीं दिया है, राज्य मंत्री टी. एन. नरसिंम्हा रेड्डी (जो कूर्ग क्षेत्र को देखते हैं) कहते हैं कि सरकार किसी भी दबाव के आगे नहीं झुकेगी। वह कहते हैं, "आंदोलन की धमकी हमें झुका नहीं पाएगी और किसी भी गैरकानूनी कृत्य से सख्ती से निबटा जाएगा।" कुल मिलाकर ऐसा लगता है कि सरकार इस तथ्य के प्रति आश्वस्त है कि चिंता की बहुत अधिक बात नहीं है और जिन लोगों ने दक्षिण भारतीय बोडोलैंड या झारखंड का बीड़ा उठाया है, वे मूर्ख और भय पैदा करने वाले हैं। यह सही हो सकता है। परंतु आराम से बैठे रहना भी अविवेकपूर्ण साबित हो सकता है और आशा करें कि कूर्ग का असंतोष सहजता से ही समाप्त हो जाएगा।

24-30 मार्च, 1991, *संडे*

नागराज : बैंगलोर का वहशी हत्यारा

उसने करीब 50 महिलाओं का बलात्कार और हत्या की

उसे उनकी साड़ियां अच्छी लगती थीं। रंगबिरंगी, फीकी, भड़कीली, चमकीली, पतली, मोटी, और मजबूत-किसी भी तरह की साड़ी चलेगी। नागराज उन्हें तब तक चाहता था जब तक महिला साड़ी पहने हुए हो। पहले वह साड़ी फाड़ डालता। बाद में, जिसकी वह कभी अपेक्षा नहीं करती, वह साड़ी को मरोड़ कर उसमें गांठ बनाता और उसकी गर्दन में फंदा डालता और कपड़े के किनारे को झटका देता। अंततः वह उसे जमीन पर मृत छोड़ देता और उसकी साड़ी उसके नग्न शरीर से ऊपर खिंचती है ताकि वह उसकी गर्दन के चारों ओर लिपट जाए। रातों में, वह साड़ी पहने महिलाओं को अपना शिकार बनाने के लिए सड़कों पर। निकलता है।

जनवरी, 1991 में वह बंगलोर रेलवे स्टेशन के पास सड़कों की कम रोशनी में अपने शिकार की तलाश में था, तभी उसने जयलक्ष्मी :उसका असली नाम नहीं, उसकी सही पहचान अभी होनी हैः को देखा। वह एक लैंप पोस्ट के ठीक नीचे खड़ी थी, उसकी नज़रें सड़क के एक छोर से दूसरे छोर तक देख रही थीं। नागराज एक ही बार में पहचान गया कि वह क्या है (वेश्या)। और हां, उसे उसकी साड़ी पसंद आई। उसने अपने एक अन्य आवास और छोटे मोटे अपराधी गोपाल को बुलाया जो अक्सर रेलवे स्टेशन के इलाके में ही घूमा रहता था। क्या गोपाल ने इसमें कुछ मस्ती जैसा महसूस किया? गोपाल ने किया।

दोनों व्यक्ति चहलकदमी करते हुए जयलक्ष्मी की ओर बढ़े जिसकी आंखें ग्राहक मिलने के विचार से चमकने लगी थी। नागराज ने पूछा,

"कितना?" जयलक्ष्मी ने अपनी सामान्य व्यवस्था बता दी। वह अपने ग्राहक को एक घटिया से होटल में ले जाती जो घंटे के हिसाब से किराया लेते और यदि दोनों की दिलचस्पी उसमें होती है तो मिलाजुला पैसा स्वीकार करता। नागराज इससे प्रभावित नहीं हुआ। उसने कहा, "नहीं, मैं तुम्हें खुली हवा में ले जाना चाहता हूं।" जयलक्ष्मी आश्चर्य से देखती है। उसने ज़ोर देकर कहा, "हम तुम्हें ऑटो से एक सुंदर स्थान पर ले जाएंगे और फिर जब हमारा काम खत्म हो जाएगा तो हम तुम्हें वापस छोड़ देंगे।"

जयलक्ष्मी ने अपने दाम बढ़ा दिए। उसने कहा, "ऐसी स्थिति में, दो सौ रुपए होंगे।' नागराज ने कहा, "डेढ़ सौ लो अथवा जाओ।" उसने ले लिए।

वे तीनों एक ऑटो में सवार हुए और बीस मिनट बाद वे बंगलोर के मध्य से बाहर यूकेलिप्टस के पेड़ों से घिरे स्थान पर पहुंच गए। नागराज ने कहा, "यहां" और ऑटो चालक को रोकने के लिए कहा। जब वे पेड़ों के बीच में घूमने लगे तो गोपाल ने ऑटो वाले को पैसे दिए। जयलक्ष्मी थोड़ी चिंतित हुई। इस पर नागराज ने कहा, "परेशान मत हो, हम तुम्हें वापस ले जाएंगे।"

इतनी दूर आ जाने की वजह से वह बहस करने की स्थिति में नहीं थी। गोपाल उसे पहले ले गया। वह जब खाली हुआ तो नागराज को मौका मिला। परंतु उसका तरीका अलग ही थाः अधिक हिंसक, अधिक प्रेरित करने वाला। जयलक्ष्मी उसके नीचे दुबक कर सोचने लगी कि अब आगे क्या होगा। परंतु जब उसने अपना अगला कदम बढ़ाया तो वह पूरी तरह आश्चर्यचकित रह गई। नागराज ने उसकी साड़ी अपने कब्ज़े में ले ली और उसकी छाती पर सवार हो गया और उसके पल्लू को झटका देकर खींचा। इससे पहले कि वह कोई प्रतिक्रिया व्यक्त कर पाती उसने साड़ी उसकी गर्दन के चारों ओर लपेट दी। वह बचने के लिए संघर्ष करने लगी परंतु अब बहुत देर हो गई थी। नागराज ने अपनी ताकत से साड़ी खींची। उसका गला कसते ही गर्दन टूटी और उस युवती के शरीर ने प्रतिरोध करना बंद कर दिया। इसके बाद भी, वह उस समय तक इसे खींचता रहा जब वह आश्वस्त हो गया कि अब और कुछ नहीं करना है। इसके बाद, अभी अभी की गई हत्या से बेखबर नज़र आ रहे नागराज ने अपनी पैंट ऊपर खींची और जयलक्ष्मी

के शरीर से कुछ जेवर उतार कर अपनी जेब में डाले और गोपाल को इशारा किया। वे वापस मुख्य सड़क पर पहुंचे। उधर से गुजर रहे एक ट्रक में सवार हुए और बंगलोर लौट आए।

बाद में उसी रात, उन्होंने हमेशा से कुछ ज्यादा ही शराब पी और अपने इस कारनामे पर चर्चा की। अगले पांच दिन में, नागराज ने एक बार फिर धावा बोला। और फिर। और फिर।

यह धारणा है कि जो सीरियल हत्यारे होते हैं, उनकी मानसिकता विकृत होती है। फिल्मों में, इस तरह की भूमिका पारपंरिक रूप से एंथनी पर्किन्स जैसे निभाते हैं। आधुनिक काल्पनिक कहानियों में वह या तो समलैंगिक है जो—थॉमस हैरिस के बेस्टसेलिंग *द साइलेंस ऑफ द लैम्ब्स* की तरह—आवाजें सुनता है या एक सभ्य डॉक्टर जैसा है जो अपने शिकार के लीवर को थोड़ी हरी सलाद और अच्छी मोन्ट्राशे वाइन के साथ खाना पसंद करता है। असली जिंदगी में सीरियल किलर—पीटर सटक्लिफ से लेकर रमण राघव, जिसने 1960 के दौर में बंबई को आतंकित कर दिया था—तक को बहुत अधिक पेचीदगी वाला व्यक्तित्व माना जाता है और उन्हें किसी एक श्रेणी में नहीं रखा जा सकता।

फिर भी, एक साधारण हत्यारे की बजाए सीरियल किलर मानने के लिए, एक अपराधी को कुछ मानदंडों को पूरा करना होता हैः वह बार बार एक ही तरह से वारदात करता हो, वह किसी वास्तविक फायदे के बगैर ही हत्या करता हो और आमतौर पर, परंतु हमेशा नहीं, हत्या में यौनाचार का पहलू भी शामिल हो। इस हिसाब से, नागराज विशेष किस्म का सीरियल किलर है। अभी तक, उसने 24 हत्याएं करना कबूल किया है। और, बंगलोर पुलिस का मानना है कि वह 20 अन्य में भी शामिल होगा। (कुछ पुलिसकर्मी तो यह संख्या 50 बताते हैं)।

एक अपवाद को छोड़कर, उसके सारे शिकार महिलाएं ही थीं। उसने लगभग हमेशा ही उन महिलाओं के साथ-कभी उनकी सहमति से और कभी बगैर सहमति के-सेक्स किया जिनकी उसने हत्या की। रक्तपिपासा तर्कहीन हो गई थीः उसने उस समय हत्या की जब सही मायने में उसे ऐसा करने की जरूरत नहीं थी। काल्पनिक कहानियों और असली जिंदगी में दूसरे सीरियल हत्यारों की तरह ही पकड़े जाने से बचने के लिए वह बहुत चतुर

था। उसका शिकार वे लोग होते थे जिन्हें समाज ने दुत्कार दिया है : वेश्याएं, आवारागर्द, ग्रामीण क्षेत्रों की लड़कियां जिन्होंने कुछ बड़ा करने के सपने संजोकर बंगलोर की ट्रेन पकड़ी थी। *द साइलेंस ऑफ द लैम्ब्स* में बफैलो बिल की तरह ही वह कर्नाटक में एक स्थान से दूसरे स्थान जाता रहता था ताकि किसी भी भौगोलिक इलाके की पुलिस हत्यारे के तरीके का पता लगाने में असफल रहें। और यार्कशायर रिपर की तरह, जब उसे किसी एक हत्या में संलिप्त होने के संदेह में वास्तव में पकड़ा गया तो वह अपने तरीके से बात बनाकर पुलिस के चंगुल से निकल गया।

उसने आतंक का यह रास्ता कब चुना और किस वजह से वह ऐसा बना, दोनों सवालों का जवाब अभी तक स्पष्ट नहीं है। बंगलौर के बाहरी इलाके में 20 मई, 1989 को सुमति नाम की एक महिला का आंशिक रूप सड़ा गला शव मिला था। नागराज कहता है कि वह उसका पहला शिकार थी, परंतु यह जानते हुए कि वह हर बात में झूठ बोलता है, तो यह भी सच्चाई से दूर ही है। सुमति सिर्फ 17 साल की थी और उसे ठीक से बोलने में परेशानी होती थी और समझा जाता है कि वह दिमाग से भी थोड़ी कमजोर थी। वह अपनी बहन से मिलने कुंदापुर शहर से बंगलोर आई थी। किसी वजह से उसकी बहन ने उसे एक कन्नड़ फिल्म देखने भेज दिया और जब वह सिनेमाघर से बाहर निकली तो वह बंगलोर के व्यस्त मैजेस्टिक इलाके की भीड़ देखकर खौफजदा हो गई थी। उसने एक बस में सवार होने के बारे में सोचा परंतु यह नहीं जानती थी कि कौन सी बस पकड़े और बढ़ती घबराहट में वह इधर से उधर भटक रही थी।

यही वह समय था जब नागराज की नज़र उस पर पड़ी। वह अपने दोस्त चंद्रा के साथ था और जब उसे यह महसूस हुआ कि भटक गई है तो उसके पास गया और पूछा कि क्या वह किसी तरह की मदद कर सकता है। उसने कहा, 'हां, अरे हां।' उसे अपनी बहन के घर लौटना है लेकिन रास्ता याद नहीं रख सकी। परंतु निःसंदेह, नागराज और चंद्रा की मंशा उसे वहां पहुंचाने की नहीं थी।

उस शाम, पहली बार वे किसी महिला को बंगलोर के बाहरी इलाके में ले गए थे। उसका बलात्कार करने के बाद, नागराज ने उसकी साड़ी खींची और उसी से उसकी जीवन लीला खत्म कर दी। सुमति जब उस रात घर

नहीं लौटी तो उसकी बहन ने बंगलोर के माडीवला थाने की पुलिस में 'गुमशुदगी' की शिकायत दर्ज कराई। जब सुमति के बारे में कई दिन तक कुछ सुनाई नहीं पड़ा तो पुलिस को इसमे कुछ गड़बड़ लगा। पुलिस ने इलाके के सभी छोटे मोटे चोरों और आवारागर्दों को पकड़ा। इन्हीं में एक नागराज भी था। जैसा कि वह कहता है कि यह उसकी पहली हत्या थी तो पुलिस द्वारा उसे पूछताछ के लिए ले जाने की घटना बहुत ही दर्दनाक होनी चाहिए थी। परंतु नागराज एकदम अविचलित था।

पुलिस रेकॉर्ड से पता चलता है कि उसने बहुत ही शांत तरीके से सुमति के बारे में किसी भी जानकारी से इन्कार किया और जोर देकर कहा कि उसके लापता होने का उससे कोई लेना देना नहीं है और वह आमतौर पर हर बात पर संदेह करने वाले पुलिसकर्मियों को यह आश्वस्त करने में कामयाब रहा कि उसे गलत तरीके से हिरासत में लिया गया है। चूंकि उनके पास उस पर संदेह करने के लिए कोई अन्य साक्ष्य नहीं था, उन्होंने उसे जाने दिया। नागराज जिस दिन थाने से एक आजाद व्यक्ति की तरह बाहर आया, वह जानता था कि वह हत्या करने के बाद इससे बच निकलेगा। 'उसे रोकने के लिए अब कुछ और नहीं था।'

अधिकांश सीरियल किलर अकेले ही वारदात करते हैं—यद्यपि यार्कशायर रिपर की जांच में शामिल अनेक पुलिसकर्मियों का मानना है कि उसका एक साथी भी था। नागराज का मामला इसलिए असामान्य था क्योंकि वह लगभग हमेशा ही अपने परिचित को साथ में ले जाने में सफल रहता था। यह स्पष्ट नहीं है कि क्या वह अपने परिचित को यह बताता था कि उसकी मंशा एक महिला की हत्या करने की है। यह भी तथ्य है कि वह हमेशा ही अपना साथी बदलता रहता था जिससे यह संकेत मिलता है कि वह उन्हें अपने साथ आने के लिए यह कहकर प्रलोभन देता था कि वह बलात्कार पर ही रुक जाएगा। एक और बात असामान्य-सी थी कि वह अपने शिकार की हत्या करने के बाद उनका कुछ निजी सामान लूट लेता था। चूंकि वह एक आवारा किस्म का आदमी थी जिसका आमदनी का कोई निश्चित जरिया नहीं था और वह मृत शरीर से लूटा गया थोड़ा सा सोना बेचकर गुज़ारा करता था। और न ही ऐसा लगता है कि उसने अपने साथी को लूट में हिस्सा देने में कोई दिलचस्पी दिखाई हो।

वह वेश्याओं को ही क्यों निशाना बनाता था? एक ही वजह, जैसा कि अधिकांश सीरियल किलर (*द यार्कशायर रिपर* या *जैक द रिपर*) वेश्या ही पसंद करते हैं। एक वेश्या के अपने होने वाले हत्यारे के साथ अंधेरी जगह पर साथ चलने के लिए तैयार हो होने की संभावना अधिक होती है। और जब वह लापता हो जाती है तो समाज भी इसकी परवाह नहीं करता। यही नहीं, कम ही वेश्याएं अपने परिवार के साथ रहती हैं, अतः यदि वे अपने काम से कभी नहीं लौटीं तो उनकी अनुपस्थिति के बारे में शिकायत करने वाले भी कम होते हैं। सभी की हत्या एक ही तरह से की गई थी। वह उन्हें उठाता, सेक्स के लिए कहीं ले जाता, अपने साथी को पहले उपभोग करके आनंद लेने देता और फिर अपनी यौन उत्कंठा को हत्या के रोमांच के साथ मिला लेता।

वह अपना एक साथी क्यों ले जाता था? इस बारे में दो विचार हैं। पहला तो यह कि उसे कोई साथी की मदद की आवश्यकता होती यदि उसका शिकार प्रतिरोध करता। परंतु इस पहलू को ध्यान में रखा जाए तो कम से कम छह मौकों पर उसने अकेले ही इसे अंजाम दिया, यह पूरी तरह से विश्वसनीय नहीं लगता है। अधिक संभव यह है कि वह सामूहिक बलात्कार की अनुभूति का आनंद लेता था, कि वह दर्शनरति का आदी होने के साथ ही हत्यारा भी था और उस महिला के यौन उत्पीड़न का आनंद लेता था जिसकी हत्या करना चाहता था। सभी बलात्कारी और हत्यारे पागल नहीं होते हैं। प्रत्येक रमण राघव[1] के लिए एक बिल्ला[2] है जो प्रत्येक बलात्कार और हत्या को अपने रेकॉर्ड में शामिल करने वाले एक अपराध के रूप में देखता है।

---

1. खतरनाक सिरियल कीलर :1995: 1960 के दौर में बंबई में सक्रिय था और संभवतः इससे पहले से, जो स्लम अथवा फुटपाथ पर रहने वाले अपने शिकार की सोते समय ही भारी वस्तु से हत्या करता था। उसकी जिंदगी को अनुराग कश्यप की 2016 में उसी के नाम पर बनी फिल्म में चित्रित किया गया है।
2. खतरनाक सिरियल कीलर :1995: 1960 के दौर में बंबई में सक्रिय था और संभवतः इससे पहले से, जो स्लम अथवा फुटपाथ पर रहने वाले अपने शिकार की सोते समय ही भारी वस्तु से हत्या करता था। उसकी जिंदगी को अनुराग कश्यप की 2016 में उसी के नाम पर बनी फिल्म में चित्रित किया गया है।

नागराज जब पांच साल का था तो उसका परिवार बंगलौर आकर बस गया था। हालांकि नागराज बिल्ला जैसे बड़े अपराधी की संगत में नहीं था, जिसका कार चोरी, सशस्त्र लूटपाट अपहरण जैसे अपराध करने का इतिहास था: और वह बहुत ही कम हथियार रखता था, वह पागल भी नहीं था। उसकी पृष्ठभूमि में ऐसा कुछ नहीं था जिससे उसके विक्षिप्त होने का संकेत मिलता हो। कुछ मनोचिकित्सकों का निष्कर्ष था कि उसका बचपन दुखों से भरा था परंतु बारीकी से इसका अध्ययन करने पर ऐसा नहीं लगता था कि यह उसकी पृष्ठभूमि वाले तमाम दूसरों लोगों से भिन्न रही हो।

नागराज उर्फ कुमार उर्फ सेलवन का जन्म 27 साल पहले तमिलनाडु के बंदेहल्ली गांव में हुआ था। उसके पिता करियप्पा एक गरीब संगतराश थे जिनकी छवि शराबी वाली थी। वह नियमित ही अपने बच्चों, तीन लड़के और एक लड़की, की पिटाई करते थे। करियप्पा ने काम की तलाश की और जब यह नहीं मिला तो फिर बोतल पर आ गए। उनकी शराब की लत ने शीघ्र ही उन्हें किसी भी प्रकार के रोजगार के अनुपयुक्त कर दिया और कुछ ही सालों ने उसके लीवर ने जवाब दे दिया और उसकी मृत्यु हो गई। इससे उसका परिवार और अधिक परेशानी में आ गया। युवा नागराज पर तब अपनी गुजर बसर खुद ही करने की जिम्मेदारी आ गई। किसी को भी ठीक से नहीं मालूम कि उसने जीने के लिए क्या किया। नागराज इस बारे में बात करने से इन्कार करता है जिसकी वजह से पुलिस को संदेह है कि वह शुरुआती दिनों में छोटा-मोटा चोर बन गया। निश्चित ही, तीन महीने की सघन जांच के दौरान एक भी ऐसा व्यक्ति नहीं मिला जिसने नागराज को अपने यहां काम पर रखना स्वीकार किया हो।

नागराज की 23 साल की उम्र में एक पत्नी थी जिसे उसकी बहन ने उसके लिए खोजा था : जो उसके पति की बहन थी। परंतु उसकी पत्नी कभी भी ठीक से नागराज को समझ नहीं सकी। नागराज ने उसे बताया था कि वह लॉरी चलाता है। हालांकि किसी ने भी उसे लॉरी चलाते नहीं देखा। बहरहाल, उसने बगैर किसी सूचना के ही कई कई दिन तक गायब रहने के लिए इसी कल्पित पेशे का सहारा लिया। जब वह लौटता तो कभी कभी उसके पास बहुत से रुपए होते, तो उसकी पत्नी उससे पूछती कि वह

इतने दिन कहां था। उसका जवाब होता कि वह गाड़ी लेकर बंबई गया था और ये रुपए उसका पारिश्रमिक हैं।

अब, नागराज इस बात से इन्कार करता है कि उसने कभी ट्रक चलाया। अतः वह इन रहस्यमय यात्राओं के दौरान कहां था? उसकी अपनी स्वीकारोक्ति के अनुसार उसने पहली हत्या अप्रैल-मई 1989 में की। परंतु रहस्यमय तरीके से वह 1987-89 के दौरान गायब होता था। क्या उसने वास्तव में उसी दौरान हत्याएं करना शुरू कर दिया था? पुलिस अब इस बात का पता लगाने का प्रयास कर रही थी।

उसका विवाह टिकाऊ नहीं रहा। नागराज के लापता होने की अवधि और बढ़ती गई और अंततः एक दिन वह हमेशा के लिए ही चला गया। उसके अपने इकबालिया बयान के अनुसार वह अपनी पत्नी और इस शादी की वजह से जबरन पारिवारिक जिंदगी में बांधे जाने से वह परेशान हो गया था। अतः वह बंगलोर रेलवे स्टेशन के पास ही फिरने लगा, यह आवारागर्द और छोटे मोटे चोरों के लिए स्वर्ग था। यहां जेब तराशना, ध्यान भटकने वाले यात्रियों का सूटकेस चुराना या उस इलाके में आने वाली तमाम वेश्याओं का फायदा उठाना आसान था।

इस दौर में उसकी मुलाकात कई किस्म के छोट मोटे अपराधियों से हुई। इनमें से अधिकांश तमिलनाडु से आए थे और उन्होंने पाया कि रेलवे स्टेशन शहर में आने वाले उन अजनबियों के रूप में भरपूर मौका देता था जिन्हें नागराज का एक साथी शहर घुमाने का लालच देता।

निर्विवाद रूप से, इन आदमियों को लूट लिया जाता था, महिलाओं से बलात्कार के बाद उन्हें लूट लिया जाता था। यह किसी को नहीं पता कि हत्या करना कब से शुरू हुआ। पूरे देश में रेलवे स्टेशन, यात्रियों को चूना लाने वाले अपराधियों के लिए पनाहगाह हैं, परंतु बहुत ही कम अपराधों में हत्या भी शामिल होती है। उसके दो साथियों (राजा और चंद्रा) ने पुलिस को बताया कि हत्या करना नागराज के दिमाग की उपज़ थी। उसने खुद भी स्वीकार किया कि दूसरों ने बलात्कार में भागीदारी की होगी परंतु सारी महिलाओं की हत्या उसने ही की।

विडंबना यह है कि नागराज जब वेश्याओं को निशाना बनाता रहा,

उसने अच्छी जिंदगी गुज़ारी। लेकिन जब उसने दूसरों की हत्या करना शुरू किया तो पुलिस की नज़र में आ गया। उसने सिर्फ एक ही आदमी की हत्या करना कबूल किया। पुलिस को दिए अपने इकबालिया बयान में उसने कहा कि एक दिन वह बस से जा रहा था जब उसने बाशा नाम के एक व्यक्ति को देखा जिसने एक बार चाकू के बल पर कोलार स्वर्ण खदान के निकट उसकी घड़ी, अंगूठी और कपड़े लूट लिए थे। नागराज ने पुलिस से कहा, "मैं बदला लेना चाहता था, अतः मैंने उसकी हत्या कर दी।" परंतु बदला लेने के लिए हत्या करने की कहानी में संदेह है, इसमें भी हत्या करने का तरीका गला घोंटना (बाशा की अपनी चमड़े की बेल्ट से) और फिर उसकी लाश ठिकाने लगाई। उसने उसकी पत्नी नूरजहां से बलात्कार के बाद उसका गला घोंट दिया था। संभावना इस बात की है कि वह नूरजहां के पीछे रहा होगा और बाशा रास्ते में रुकावट बन गया। इसके बावजूद बाशा और नूरजहां की हत्या को लेकर मचे शोर के बीच नागराज पुलिस के चंगुल से बच गया। दुर्भाग्य से अगली बार वह इतना खुशकिस्मत नहीं था।

पिछले साल, नागराज ने तमिलनाडु के धरमपुरी जिले में एक वेश्या की हत्या की और फिर जल्दी ही उस इलाके से बाहर चला गया। गोविंदा नाम के अपने दोस्त के साथ वह बंगलोर के निकट कनकपुरा के सिल्क टाउन पहुंच गया, जहां आंबेडकर नगर बस्ती में गोविंदा की झोंपड़ी थी। किसी को नहीं पता कि नागराज कनकपुरा जाकर क्यों छुपा। शायद उसे लगा उसके बारे में चर्चा काफी गरम हो रही है और इसीलिए वह बलात्कार और हत्या जैसी वारदतों से कुछ समय के लिए दूर रहना चाहता था।

नागराज के किसी भी पड़ोसी को यह संदेह ही नहीं हुआ कि वह सीरियल किलर है। वह बेहद सामान्य सा नजर आता था। हकीकत तो यह है कि गोविंदा का पड़ोसी चौकीदार होनैया, नागराज से इतना ज्यादा प्रभावित हुआ कि उसे वह अपनी 18 साल की बेटी होन्नम्मा का पति बनाने के बारे में सोचने लगा था। नागराज ने भी खुद को विवाह योग्य व्यक्ति के रूप में ही पेश किया। उसने एक बार फिर ड्राइवर होने संबंधी अपनी पुरानी कहानी दोहराई। अपनी जीवन शैली के बारे में बताते हुए उसने अपनी घडी और अंगूठी दिखाई और कहा कि कम से कम इसमें पैसा अच्छा मिलता

है। होनैया में अभी भी उत्सुकता थी। क्या नागराज के परिवार में कोई नहीं है? उसने कहा, "अरे नहीं, वह एक गरीब अनाथ है जिसे उसके ही भरोसे छोड़ दिया गया है।" होनैया की दो बड़ी बेटियां-जयाम्मा और गौराम्मा- को तुरंत ही उससे सहानुभूति हो गई। दोनों ने जोर देकर कहा कि वह होन्नम्मा के लिए एकदम उचित लड़का है। नवंबर, 1991 में नागराज ने दूसरी शादी कर ली और परिवार में शामिल हो गया। उसने अनेक लोगों की हत्या की थी और पकड़ में आने से बच गया था। अब, यह उसके लिए सीधी जिंदगी गुज़ारने का एक बड़ा अवसर था।

परंतु उसका खून उबलने लगा। दो महीने तक बलात्कार और हत्या के बगैर रहना नागराज के लिए बहुत ज़्यादा हो गया था। अब उसे एक नए शिकार की तलाश थी। वह उसे अपनी शादी के एक सप्ताह बाद मिल गया। उसने होनैया के परिवार से कहा कि उसे कुछ सामान लाने के लिए बंगलोर जाना है। उसके ससुराल के लोग इसके लिए तैयार हो गए और नवदंपती के साथ बड़े शहर के लिए निकल पड़े। जब वे नागराज के पुराने ठिकाने मैजेस्टिक इलाके में पहुंचे तो उसके भीतर का मनोविकार जाग गया। उसने होनैया को समझाया कि सारे लोग एक ऑटोरिक्शा में नहीं बैठ पाएंगे। यह सही लगता था। परंतु अभी उसके ससुर दूसरे ऑटोरिक्शा में बैठे ही थे कि नागराज का ऑटो होनैया की तीनों बेटियों के साथ तेज़ी से निकल गया।

ऑटो बंगलोर के बाहर बैनरघट्टा राष्ट्रीय उद्यान से सटे धान के खेतों के पास रुक गया। नागराज ने अपनी पत्नी को बताया कि वह उसकी दोनों बहनों को अपनी दादी से मिलाने ले जाएगा जो पास ही में रहती हैं। होनम्मा उसका इंतज़ार करने के लिए राजी हो गई। परंतु कोई भी महिला यह नहीं जानती थी कि हत्या करने में नागराज का पुराना साथी शंगुट्टा उनका पीछा कर रहा था। उनके धान के खेतों में पहुंचते ही अचानक शंगुट्टा सामने आ गया। दोनों व्यक्तियों ने जयाम्मा को दबोच लिया और उसकी साड़ी खींच ली। गौराम्मा ने जब भागने की कोशिश की तो शंगुट्टा ने उसे पकड़ लिया।

इसके बाद का घटनाक्रम तो चिरपरिचित था। नागराज की दोनों

सालियों का बलात्कार किया गया। दोनों की उनकी ही साड़ी से गला घोंट कर हत्या कर दी गई। हत्याएं हो चुकी थीं, नागराज निर्लिप्त भाव से होनम्मा के पास लौट आया जो मुख्य सड़क पर धैर्य के साथ उनका इंतज़ार कर रही थी। नागराज ने उससे कहा, "तुम्हारी बहनें बंगलोर वापस चली गई हैं।" मासूम होनम्मा ने इस सफाई को स्वीकार कर लिया और अपने पति के साथ धरमपुरी के कोठानूर गांव में अपना घर बसाने चली गई।

होनैया अपनी बेटियों की तरह इस कहानी पर विश्वास नहीं कर रहा था। जब उसकी दोनों बेटियां जयाम्मा और गौराम्मा वापस नहीं लौटीं तो वह पुलिस के पास गया। पुलिस ने उनकी तलाश शुरू की। बंगलोर के अतिरिक्त पुलिस अधीक्षक एस. के. वेणुगोपाल ने अंततः सारे तार जोड़े जब उन्होंने पाया कि धान के खेत में मिली अज्ञात लाश के हाथ पर जयाम्मा के पति का नाम लिखा था। उन्होंने होनैया से कहा कि वह लाश की शिनाख्त करे। उसने जब उसे पहचान लिया तो गौराम्मा के शव की तलाश में बड़े पैमाने पर अभियान चलाया गया। जब उसकी लाश भी मिल गई तो यह स्पष्ट हो गया कि इसमें नागराज शामिल है। होनैया द्वारा उपलब्ध कराई गई शादी की तस्वीर के साथ बंगलोर पुलिस ने उसकी तलाश में जबर्दस्त अभियान छेड़ा। यह तस्वीर मददगार साबित हुई और चश्मदीदों ने अंततः याद किया कि नागराज से मिलता-जुलता व्यक्ति कोठानूर में है।

पुलिस जब वहां पहुंची तो नागराज अपनी पत्नी के साथ गहरी नींद में सो रहा था। उसने पुलिस की उपस्थिति पर हैरानी जताई जबकि होन्नम्मा ने जोर से घोषणा की कि उसका पति निर्दोष है। नागराज समझ गया होगा कि उसका खेल खत्म हो चुका है। परंतु मानसिक विकृति वाले व्यक्ति की तरह, उसका आत्म विश्वास इस तरह का था कि उसने हर चीज से इन्कार कर दिया। वह एक बार तो पुलिस को झांसा दे चुका था और इस बार भी वह ऐसा करने के प्रति आश्वस्त था। हालांकि, इस बार बंगलोर पुलिस उससे अधिक चालाक थी। यह काफी हद तक स्पष्ट था कि उसने ही अपनी सालियों की हत्या की थी, परंतु बंगलोर जिले के पुलिस अधीक्षक टी. जयप्रकाश को कुछ ऐसा आभास हुआ कि वह हत्या के एक साधारण मामले की बजाए इससे भी कहीं अधिक पेचीदे मामले को देख रहे हैं।

वेणुगोपाल, जयप्रकाश और ऐनकेल थाने के इंस्पेक्टर के. एच. चंद्रशेखर ने फैसला किया कि वे इस दोहरे हत्याकांड की गुत्थी सुलझाने का दावा नहीं करेंगे। इसकी बजाए, उन्होंने नागराज का मनोबल तोड़ने का निश्चय किया। नागराज से तीन दिन तक सघन पूछताछ की गई। नवंबर के अंत तक, नागराज ने 20 से अधिक हत्याएं करना कबूल किया। स्वभाव के विपरीत, पुलिस ने इस खबर के साथ प्रेस में नहीं जाने का निर्णय किया कि उन्होंने मनोविकृति वाले व्यक्ति को पकड़ा है। इसकी बजाए उसने इसके खिलाफ पुख्ता मामला तैयार करने में तीन महीने लगाए।

जयप्रकाश बताते हैं, ''हमारे लिए यह सौभाग्य था कि उसने विलक्षण किस्म की याददाश्त का परिचय दिया।'' वह सहयोग कर रहा था, बढ़ाचढ़ा कर भी बता रहा था, और पुलिस को प्रत्येक मौका-ए-वारदात पर ले गया और बताया कि उसने किस तरह महिलाओं को अपने साथ लिया और यह विवरण भी दिया कि उसने किस तरह से उनकी हत्या कीं। अंततः, एक मार्च को पुलिस ने अपने नतीजे सार्वजनिक किए। (क्योंकि तकनीकी रूप से नागराज गैरकानूनी तरीके से हिरासत में था, सरकारी दावा यह था कि उसे 20 फरवरी को गिरफ्तार किया गया।)

इसकी तत्काल प्रतिक्रिया हुई। दक्षिण भारत के दूसरे हिस्सों की पुलिस ने अपने इलाकों के अनसुलझे मामलों की रिपोर्ट भेजी और जानना चाहा कि कहीं वह इनमें भी तो शामिल नहीं था। दूसरों ने उसकी तस्वीर पहचानी और दूसरी हत्याओं के विवरण उपलब्ध कराए।

इस समय, नागराज अपने सेल में खामोशी के साथ बैठा रहता है और अपने मुकदमे का इंतज़ार कर रहा है। उसने प्रायश्चित के लक्षण नहीं दिखाए और मक्कार बना रहा। हमेशा ही जबर्दस्त झूठ बोलने वाला, वह उन्हें चकमा देता था जो उससे सवाल पूछते थे। कभी कहता कि वह निर्दोष है। दूसरों के सामने दो हत्याएं करना स्वीकार करता परंतु बाकी से इन्कार करता। वह इसी तरह पेश आ रहा था।

इस बीच, अभी भी पुलिस उसके द्वारा की गई हत्याओं की सूची तैयार कर रही थी। यदि यह 50 से ज्यादा होती है, जैसी आशंका है, तो यह इतिहास का एक सबसे खतरनाक, मनोविकृति वाला हत्यारा हो सकता है।

हत्यारे के साथ रूबरू

संडे, जेल में इस वहशी हत्यारे से मुलाकात करने वाली पहली पत्रिका थी जब पुलिस ने उसकी गिरफ्तारी के तीन महीने बाद यह खबर सार्वजनिक की थी। और एकमात्र पत्रिका थी जिसने मुकदमे की सुनवाई का इंतजार कर रहे इस खतरनाक मनोविकृति वाले व्यक्ति की तस्वीरें ली थीं।

नागराज विनम्र, भ्रमित और बुरी तरह भयभीत लग रहा था। निश्चित ही वह ऐसा पागल भी नहीं लग रहा था जिसके हाथ खून से सने हों। पालिएस्टर की गंदी सी सफेद शर्ट और चेक वाली लुंगी पहने नागराज को लंगड़ाते हुए उसकी एकांत कोठरी से लाया गया। उसने अपने दोनों हाथ, जिनसे अनेक लोगों की हत्या की थी, पूरी तरह हार चुके व्यक्ति की तरह जोड़ रखे थे और उसकी आंखें दया याचना कर रही थीं। बंगलोर सेंट्रल ज़ेल के एक कमरे के कोने में दुबक कर बैठे नागराज ने डरते हुए पूछा, ‘‘आप मुझसे क्या चाहती हैं?’’

उसका मूड बदल गया जब उसने फोटोग्राफर को अपना कैमरा निकालते देखा। चेहरे पर लगी छोटी सी बैंडेज के बारे में जेलर से उसने पूछा, ‘‘क्या मैं ये पट्टी हटा सकता हूं?’’ और इसके बाद तस्वीर के लिए पोज़ देने लगा। उसने बड़ी मासूमियत से कहा, ‘‘मुझे मालूम है कि मेरे बारे में अखबारों में क्या लिखा जा रहा है परंतु मैंने किसी की हत्या नहीं की है।’’

सीरियल किलर, जो आज कड़ी सुरक्षा में है, सवाल करता हैः ‘‘मेरी तीन छोटी छोटी बेटियां हैं। क्या मैं ऐसा पत्थर दिल आदमी हूं जो इन सभी महिलाओं की हत्या करेगा?’’ हकीकत तो यह थी कि उसके कोई संतान नहीं थी, हालांकि उसकी दो बीवियां हैं। उसने चार साल पहले अपनी पहली पत्नी मंजम्मा को शादी के कुछ महीने बाद ही छोड़ दिया था। इसके बाद उसने पिछले साल नवंबर में 18 वर्षीय होनम्मा से विवाह किया था और तीन सप्ताह बाद ही उसे गिरफ्तार कर लिया गया (वह सरासर झूठ बोलते हुए कहता है, ‘‘मैंने होनम्मा से शादी की क्योंकि मंजू से मुझे कोई बेटा नहीं था)।’’

वह पूरे आत्मविश्वास के साथ कहता है, ‘‘मंजू और मेरी बेटियां रोजाना अनेकल थाने में मुझसे मिलने आती थीं और वे मेरे लिए खाना भी लाया

करती थीं।" वास्तव में मंजम्मा सिर्फ एक बार ही उससे मिलने थाने में आई और उसके कोई बच्चा नहीं है। नागराज पर विश्वास करना बहुत ही आसान होगा क्योंकि वह अपने बारे में बेहद दयनीय तस्वीर पेश करता है। उसने कहा, "मैंने कभी हत्या नहीं की। मैंने कभी भी किसी महिला की ओर आंख उठाकर नहीं देखा और पुलिस कहती है कि मैंने हत्याएं की हैं।"

वह जो कुछ भी हुआ उसे याद करते हुए कहता है, "मैं एक अंगूठी गिरवी रखने के लिए बंगलोर के चिकपेट गया था और तभी सुनी कि मेरे ससुर ने जयाम्मा और गौराम्मा की गुमशुदगी के बारे में पुलिस में रिपोर्ट दर्ज कराई है। मुझे बताया गया कि अनेकल पुलिस ने जयाम्मा को थाने में रखा था। मैं अपने साथ होनम्मा को थाने ले गया। वहां पुलिस ने मुझसे कहा कि वे मुझे बहुत सारा धन देंगे। उन्होंने मुझे खूब शराब पिलाई ओर मुझे अलग अलग जगह ले गए। उन्होंने मुझे यह कहने के लिए मजबूर किया कि मैंने ही इन सभी महिलाओं की हत्या की है।"

उसने अच्छी याददाश्त का परिचय दिया जब उसने कहा, "पुलिस ने मुझे तीन महीने और चार दिन अपने पास रखा और इसके बाद मुझे यहां (सेंट्रल जेल) लाया गया।" परंतु अगले ही पल दूसरा झूठ बोलता है: "पुलिस ने मुझे कभी भी गिरफ्तार नहीं किया। मैं तो खुद ही थाने गया था।" पुलिस ने उसके इस दावे से इन्कार किया है। यहां तक कि होनम्मा के पिता होनैया बताते हैं कि जब बंगलोर के बाहरी छोर पर स्थित कोठानूर गांव से आधी रात को शराब के नशे में नागराज को गिरफ्तार किया गया तो वे पुलिस के साथ थे। होनैया उस रात को याद करते हुए कहते हैं, "वह गहरी नींद में सो रहा था और पुलिस घर के भीतर गई क्योंकि दरवाज़ा खुला हुआ था। उन्होंने उसे और होनम्मा को जगाया और नागराज को थाने ले जाने से पहले उसकी पिटाई की।"

नागराज झूठ बोलने का आदी है। परंतु अक्सर वह घटनाओं के बारे में विरोधाभासी बाते करता है। अपने 16 पेज के इकबालिया बयान में वह कहता है कि जब उसने आखिरी दो हत्याएं (जयाम्मा और गौराम्मा) की कीं तो शंगुटा उसके साथ था। *संडे* को उस बयान की प्रति देखने को मिली

जिसमें उसने कहा, "शंगुटा जयाम्मा और गौराम्मा के साथ सोना चाहता था, परंतु मैं उन दोनों को होनम्मा के साथ ले गया। शंगुटा ने हमारा पीछा किया और मैं गौराम्मा और जयाम्मा को खेतों में ले गया तो हम दोनों ने उन पर धावा बोल दिया, सेक्स किया और मैंने दोनों का गला घोंट दिया।"

लेकिन जेल में, नागराज ने *संडे* से कहा, "शंगुटा उन दोनों को एक ऑटो में ले गया और उनकी हत्या कर दी। अब इसका दोष मेरे ऊपर आ गया है।" उसके इकबालिया बयान में कहीं भी ऑटो का जिक्र नहीं है। एक और कहानी यह है कि वह और उसके एक अन्य साथी गोपाल ने शराब पी और उनकी हत्या कर दी। हालांकि पुलिस का यही कहना है कि नागराज ने अकेले ये दोनों हत्याएं करने के साथ ही 22 अन्य लोगों का गला घोंटा था।

यह पूछने पर कि जब वह निर्दोष था उसे इसमें कैसे फंसाया गया, तो वह अपने साथियों शंगुटा और गोपाल के लिए जोर जोर से रोने लगा जो अभी भी फरार हैं। वह चीखता है, "शंगुटा, शंगुटा," और फिर खामोश हो जाता है। इसके बाद किसी भी तरह का दबाव या धमकी उसे और कुछ बोलने के लिए मजबूर नहीं कर सकी। वह चुपचाप बैठा हुआ अपना इंटरव्यू लेने वाले को घूरता रहा।

करीब 15 मिनट वह खामोश बैठा रहा और आसमान की ओर देखता रहा। जेलर ने खुद एक लाठी उठाई। जब यह साफ हो गया कि वह अब और नहीं बोलेगा तो पुलिसकर्मियों ने उससे उठने और वहां से जाने के लिए कहा। दरवाजे के पास पहुंच कर वह मुड़ा और बोला, "मैंने जो कुछ भी कहा, आप मुझ पर विश्वास नहीं करेंगी। इससे ज़्यादा मैं क्या कह सकता हूं?"

15-21 मार्च 1992, *संडे*

संपादक की टिप्पणी : नागराज नवंबर, 1993 में पुलिस हिरासत से भाग गया और अगले साल फरवरी तक पकड़ा नहीं जा सका था। इस दौरान वह अपने पुराने धंधे में लौट गया, झांसा देने के लिए फिर शादी की और अपनी सास के जेवर बेचते पकड़ा गया जिसकी उसने गला दबाकर हत्या कर दी थी।

बैंगलोर कांड : राजीव गांधी ने वीरेंद्र पाटिल को हटाया

एक दंगे की जहमत और एक मुख्यमंत्री का अपमान

इंदिरा गांधी के बारे में कहा जाता था कि उनका शाही अंदाज उन्हें सार्वजनिक जीवन में कभी भी सहज होने की इजाज़त नहीं देता था। प्रत्येक वक्तव्य, कितना ही छोटा क्यों नहीं हो, हमेशा ही एक रणनीति का हिस्सा होता था। यहां तक कि 'अकस्मात उपजे विचार' भी, पता चलता है कि 1969 में कांग्रेस पर नियंत्रण की लड़ाई का पहला हमला थे।

दूसरी तरफ, जवाहरलाल नेहरू, अक्सर अपने कथन के नतीजों का आकलन किए बगैर ही खुलकर अपने मन की बात कहते थे। उन्होंने बगैर किसी तैयारी वाले राष्ट्र को अचानक ही 1962 में एक एयरपोर्ट पर प्रेस कॉन्फ्रेंस में यह घोषणा करके एक विनाशकारी युद्ध में झोंक दिया कि उन्होंने भारतीय सेना को ''चीनी सेना को बाहर खदेड़ने'' का आदेश दिया है।

पिछले पखवाड़े, यह स्पष्ट हो गया कि राजीव गांधी को अपनी मां का शाही अंदाज और नाना की स्वच्छंदता विरासत में मिली है। जिस तरह से कर्नाटक के मुख्यमंत्री वीरेंद्र पाटिल को बर्खास्त किया उससे पता चलता था कि इंदिरा गांधी का कुछ तो राजसी अंदाज उनमें जरूर था। परंतु लंबे समय तक रहने वाला असर नेहरू के नाती ने 28 साल पहले हवाई अड्डे पर एक अन्य प्रेस कॉन्फ्रेंस में खुद का ही मखौल बनाते हुए पेश किया। इससे पहले कि मुख्यमंत्री खुद अपनी घोषणा कर सकें (और पाटिल के अनुसार उन्हें पद से हटाने के बारे में सूचना देने से पहले ही) कांग्रेस अध्यक्ष ने खुद ही यह घोषणा कर दी कि वह मुख्यमंत्री बदल रहे हैं।

दिल्ली के लिए विमान में सवार होने से पहले बेंगलोर हवाई अड्डे

पर प्रेस से बात करते हुए हलके अंदाज में की गई टिप्पणी से कर्नाटक की सांसें ही थम गई। इसने राज्य को संवैधानिक संकट में डाल दिया। पाटिल ने दावा किया कि राजीव गांधी ने अपनी घोषणा करने से पहले उनसे मशविरा नहीं किया था और वैसे भी उन्होंने पूर्व प्रधानमंत्री द्वारा उन्हें बर्खास्त करने के अधिकार पर सवाल उठाया। संवैधानिक दृष्टि से देखा जाए तो पाटिल सही थे। कर्नाटक विधान सभा में सबसे बड़ा राजनीतिक दल मुख्यमंत्री का चुनाव करता है न कि उत्तर प्रदेश में अमेठी से निर्वाचित सांसद और जब उन्होंने इस्तीफा देने से इन्कार कर दिया तो राजीव गांधी कुछ नहीं कर सके।

इस मामले में जब गतिरोध बना रहा तो जनता दल के भानु प्रताप सिंह ने, जिन्हें वी. पी. सिंह ने कर्नाटक का राज्यपाल नियुक्त किया था, इसमें हस्तक्षेप करने का निश्चय किया। पाटिल ने उन्हें पत्र लिख कर विधान सभा भंग करने की मांग की। इसने राज्यपाल को बहुप्रतीक्षित अवसर प्रदान कर दिया और पाटिल का पत्र मिलने के तुरंत बाद उन्होंने राज्य सरकार को बर्खास्त करने के साथ ही विधान सभा को निलंबित करके राष्ट्रपति शासन घोषित कर दिया। कांग्रेस ने जब आक्रोश व्यक्त किया तो सिंह ने अविश्वसनीयता का बहाना बनाया। उन्होंने घोषणा की कि उन्होंने तो सिर्फ विधान सभा को निलंबित किया है जबकि पाटिल उनसे चाहते थे कि इसे भंग कर दिया जाए।

निश्चित ही, उन्हें इस मध्यमार्ग के लिए बधाई दी जानी चाहिए थी न कि मनमानी कार्रवाई के लिए निंदा की जानी चाहिए थी। यह तमाशा चलता रहा, यह साफ था कि इस माहौल में सभी ने बुरी तरह से गलत आचरण किया था। पाटिल राज्य के सिल्क टाउन के नाम से चर्चित रामनगरम में दंगों पर काबू पाने में विफल रहे थे—इस साल गणेश महोत्सव के आसपास दो सितंबर को हिंदू मुस्लिम झगड़े हुए जो चन्नापाटना तक फैल गए और इसमें सात व्यक्तियों की जान चली गई—और यही नहीं, उन्होंने अपनी बीमारी की गंभीरता के बारे में राज्य को गुमराह किया था। राजीव गांधी अभिमानी और अविवेकी थे। और राज्यपाल ने संविधान के रक्षक की तरह नहीं बल्कि जनता के नेता की तरह पक्षपात से काम किया था।

तमाम सफाइयां दी गईं। इनमें सबसे स्पष्ट पाटिल के समर्थकों से आई जिन्होंने कहा कि राजीव गांधी ने कभी भी पूर्व मुख्यमंत्री के स्वतंत्र रूप से काम करने पर जोर देने का पसंद नहीं किया। इस साल के शुरू में, उस समय छोटा संकट हो गया जब पाटिल अपने मंत्रिमंडल के विस्तार की राजीव गांधी से अनुमति के लिए दिल्ली गए। कर्नाटक के विधायकों के अनुसार राजीव गांधी ने कई दिन मुलाकात के लिए उन्हें इंतजार कराया और फिर जोर दिया कि वह अपने मंत्रिमंडल में एस. बंगारप्पा जैसों को भी शामिल करें। इस तरह के दबाव के लिए पाटिल से अप्रसन्नता व्यक्त की परंतु राजीव ने इसे दूसरी तरह लिया। उनका सोचना था कि पाटिल कभी भी कांग्रेस विधायक दल के नेता का चुनाव अपने आप नहीं जीत सकते थे और हाई कमान की वजह से उनकी यह हैसियत है। इसलिए उन्हें प्रत्येक महत्वपूर्ण फैसले के लिए नई दिल्ली से मंजूरी लेनी चाहिए।

निश्चित ही पाटिल ने इस बात को लेकर अपनी नाराजगी छिपाने का प्रयास नहीं किया कि उनके साथ किस तरह का व्यवहार हो रहा है। वह राजीव गांधी को अहंकारी मानते थे और उनका सोचना था कि शराब लॉबी की ओर से कांग्रेस के एक वर्ग ने उन्हें गलत तरह की जानकारियां दी हैं। राष्ट्रपति शासन लागू करने की घोषणा के बाद उन्होंने बेहद कठोर शब्दों में अपना दृष्टिकोण रखते हुए कहा कि उन्होंने खोडेय जैसे शराब कारोबारियों के खिलाफ आबकारी अभियान चलाकर राज्य की वित्तीय स्थिति में सुधार किया था।

एक बार राजीव गांधी ने जैसे ही पाटिल को बर्खास्त करने की घोषणा की, उनके समर्थकों ने पूर्व प्रधानमंत्री की इस कार्रवाई के लिए शराब निर्माताओं से मिली रिश्वत को जिम्मेदार ठहराया। राजशेखर मूर्ति, जो आखिर तक पाटिल के प्रति वफादार रहे, के अंतर्गत कर्नाटक के वित्त मंत्रालय ने घटिया शराब (वह शराब जिस पर आबकारी शुल्क बचाया जाता था) की बिक्री के खिलाफ अभियान चलाकर 300 करोड़ रुपए से अधिक राजस्व वसूला था। पाटिल गुट के अनुसार शराब कारोबारियों ने मुख्यमंत्री की बर्खास्तगी सुनिश्चित करने के लिए 25 करोड़ रुपए दिए और कांग्रेस को हर महीने नियमित रूप से दो करोड़ रुपए देने का वायदा किया था। यह

बेहद विचित्र लगता होगा, इस स्पष्टीकरण को पिछले सप्ताह बेंगलोर में बहुत ही गंभीरता से लिया गया। पाटिल के समर्थको ने सवाल किया यदि ऐसा नहीं था तो राजीव गांधी ने उनके साथ इतना बुरा बर्ताव क्यों किया। उनका कहना था, कुछ भी हो, उन्होंने दंगाग्रस्त इलाके का संक्षिप्त दौरा किया था और अधिकांश समय मुख्यमंत्री के विरोधियों के साथ बातचीत करने में व्यतीत किया था।

जिस समय यह चर्चा चारों ओर फैल रही थी, सभी ने इस बारे में दी गई सफाई (पाटिल की पृष्ठभूमि) को साफ तौर पर नजरअंदाज किया। कांग्रेस के दोनों अन्य मुख्यमंत्रियों शरद पवार और चेन्ना रेड्डी ऐसे व्यक्ति थे जो इंदिरा गांधी की कार्यशैली के अभ्यस्त थे। इसलिए, शरद पवार महाराष्ट्र में अपने जनाधार के लिए बड़ी बड़ी बातें कर सकते हैं, परंतु वह भी 1970 के दशक में इंदिरा गांधी द्वारा अपनाए गए मुख्यमंत्री—हाई कमान के रिश्ते को लेकर सहज थे। आंध्र प्रदेश के मुख्यमंत्री चेन्ना रेड्डी के साथ भी यही सच था। दूसरी ओर, वीरेंद्र पाटिल 1964 में पार्टी में विघटन के बाद कर्नाटक में कांग्रेस (ओ) के मुख्यमंत्री थे। वह ताकतवर स्थानीय नेताओं की सिंडिकेट परंपरा के थे जिससे नई दिल्ली सहमत नहीं थी। वह इंदिरा गांधी की कार्यशैली में कभी भी सहज नहीं महसूस करते थे। हकीकत तो यह है कि जनता पार्टी के दौर में उन्होंने चिकमंगलूर से इंदिरा गांधी के खिलाफ चुनाव लड़ा था और इसके जवाब में उन्होंने गुंडूराव जैसे ताकतवर व्यक्ति पर भरोसा करने को तवज्जो दी।

आज की कांग्रेस (आई), कोई भी नेता सिंडिकेट दौर में मिली प्रमुखता की कल्पना भी नहीं कर सकता। प्रत्येक राज्य में पार्टी के विभिन्न घटकों के गठबंधन में मुख्यमंत्री पद के तमाम दावेदार इस पद के लिए चयन में हाईकमान की मदद करने के लिए एकसाथ बैठते थे। चूंकि पाटिल और राजीव गांधी परस्पर भिन्न राजनीतिक परंपराओं के थे, इसलिए इस तरह का टकराव अवश्यंभावी था। इसके बाद, पाटिल के समर्थकों ने यह मुद्दा उठाया कि जब आंध्र प्रदेश नक्सली हिंसा से जूझ रहा था तो चेन्ना रेड्डी को एक साल इलाज के लिए विदेश जो की इजाजत दी गई। फिर पाटिल के साथ सौतेला व्यवहार क्यों किया गया?

इस दलील में मुद्दा छूट गया। चेन्ना रेड्डी ने आज की कांग्रेस (आई) को समझ लिया था और उन्होंने राजीव गांधी तथा आर. के. धवन (इंदिरा गांधी के भरोसेमंद सहायक जो राजीव के भी विश्वासपात्र बने) से विदेश जाने की मंजूरी प्राप्त कर ली थी। इसके विपरीत, पाटिल यह नहीं मानते थे कि उनके स्वास्थ को राजीव गांधी या उनके सहायकों से कोई लेना देना है। इस एकमात्र घटना ने ही उन्हें कांग्रेस (आई) अध्यक्ष के आसपास के लोगों से दूर कर दिया। मसलन, आर. के. धवन कभी नहीं भूले कि पाटिल ही वह व्यक्ति थे जिन्होंने चिकमंगलूर में श्रीमती गांधी के खिलाफ चुनाव लड़ा था और वह गुंडूराव जैसे लोगों से कहीं अधिक खुश रहेंगे।

फिर पाटिल ने सबसे बड़ी गलती की। जब कर्नाटक कांग्रेस (आई) के दूसरे नेताओं ने राजीव को आपात संदेश भेजा, तो पाटिल ने उनसे कहा कि उनके लिए प्रदेश यात्रा की कोई आवश्यकता नहीं है।। राजीव ने जोर देकर कहा कि कोई बात नहीं लेकिन वह आ रहे हैं और उन्होंने इस्तेमाल के लिए राज्य का हेलीकॉप्टर देने का आग्रह किया। उन्हें बताया गया कि हेलीकॉप्टर की मरम्मत हो रही है, अतः कृपया वह इसकी बजाए कार का उपयोग कर लें। अतः कांग्रेस (आई) अध्यक्ष नाराजगी के साथ कर्नाटक पहुंचे। वह इस बात से आश्वस्त थे कि निश्चित ही पाटिल कुछ छिपा रहे हैं। जब उन्हें यह पता चला कि पाटिल का स्वास्थ्य बहुत खराब है और वह स्थिति नियंत्रण में नहीं है तो उनका गुस्सा आसमान पर चढ़ गया। एक बार जब ऐसी स्थिति हो गई तो पाटिल के भाग्य का उसी समय फैसला हो गया था।

लेकिन परंपराओं में इतना अधिक अंतर था कि राजीव द्वारा मुख्यमंत्री को बदले जाने की सार्वजनिक घोषणा के बावजूद पाटिल को अभी भी यह भरोसा था कि वह बने रहेंगे और विधायकों का समर्थन हासिल कर लेंगे। यह एक खोखली उम्मीद थी और अंततः पाटिल को स्वीकार करना पड़ा कि यह उनकी कांग्रेस (ओ) नहीं बल्कि इंदिरा गांधी की कांग्रेस है जिसने अपने स्वेच्छाचारी तरीके से 1969 की लड़ाई जीती थी।

राजीव गांधी ने जब पाटिल को बर्खास्त किया तो पूरे कर्नाटक में मुख्यमंत्री को जबर्दस्त समर्थन प्राप्त था। कांग्रेस (आई) के भीतर ही पाटिल

के एक समर्थक के. एच. श्रीनिवास ने बताया: "पार्टी के भीतर भी कुछ आत्म सम्मान होना चाहिए। यह काम करने का तरीका नहीं है। आप इस तरह से किसी मुख्यमंत्री को बर्खास्त करके अपमानित नहीं कर सकते।" दूसरों ने दावा किया कि कन्नड़ गौरव को ठीक उसी तरह ठेस पहुंचाई गई है जैसे हैदराबाद हवाई अड्डे पर 1982 में आंध्र प्रदेश के मुख्यमंत्री टी. अंजेया पर राजीव (कांग्रेस के तत्कालीन महासचिव) के चीखने से आंध्र की जनता आहत हुई थी।

परंतु जब यह असंतोष बढ़ रहा था तभी वी. पी. सिंह ने राजीव गांधी से भी बड़ी गलती कर दी। कर्नाटक के राज्यपाल 70 वर्षीय भानु प्रताप सिंह, जिन्हें जनता दल सरकार ने नियुक्त किया था, इस संकट के दौरान उत्तर प्रदेश के गोंडा जिले में छुट्टियां बिता रहे थे। मांडा के राजा, प्रधानमंत्री को इसी नाम से जाना जाता था, उन्हें नई दिल्ली लाने के लिए एक विशेष विमान भेजा और उन्हें वस्तुस्थिति से अवगत कराया। यह पता नहीं चल सका कि दोनों के बीच क्या बातचीत हुई परंतु ऐसा माना जाता है कि प्रधानमंत्री ने वीरेंद्र पाटिल को टेलीफोन करके 'हर तरह के समर्थन' का आश्वासन दिया। जनता दल सूत्रों का कहना है कि वी. पी. सिंह का मतलब विधान सभा में जनता दल के विधायकों (जो 24 थे) के समर्थन के लिए था, परंतु कांग्रेस के लोगों ने यह समझा कि राजा-राज्यपाल से जिसे उन्होंने नियुक्त किया था—अधिक मदद की पेशकश कर रहे हैं।

निश्चित ही पाटिल, जिन्होंने भानु प्रताप सिंह की नियुक्ति पर आपत्ति की थी, अब राज्यपाल को अपना मित्र मानने लगे, और पत्र लिखकर यह जोर देने लगे कि या तो उन्हें पद पर बने रहने दिया जाए या फिर विधान सभा भंग कर दी जाए। वास्तविकता तो यह है कि राज्यपाल के पास विकल्प सीमित थे। यदि कांग्रेस विधायक दल यह संकेत देता कि वह पाटिल के नहीं बल्कि राजीव गांधी के साथ है उनके पास इसके अलावा कोई विकल्प नहीं था कि विधायक दल जिसे अपना नेता चुने उसे ही सरकार बनाने के लिए आमंत्रित किया जाए। एक दिन के भीतर ही यह स्पष्ट हो गया कि कांग्रेस विधायक दल ने यह समझा कि पाटिल का काम हो गया—यहां तक कि के. एच. श्रीनिवास, जिन्होंने आत्मसम्मान की बात की थी, अब मुख्यमंत्री

बदलने की मांग कर रहे थे।

लेकिन भानु प्रताप सिंह के दिमाग में कुछ और ही विचार था। शायद नई दिल्ली के इशारे पर, उन्होंने घोषणा की कि कांग्रेस विधायक दल की बैठक, जिसे पाटिल ने नहीं बुलाया था, असंवैधानिक है। ("राजीव गांधी ने व्यंग्य में कहा कि कर्नाटक विधायक दल का संविधान उन्होंने कैसे पढ़ लिया जबकि हमारे पास यह है ही नहीं)" फिर विधायकों की खरीद फरोख्त का आरोप लगाया जिसके लिए उनके पास कोई सबूत नहीं था। उन्होंने राष्ट्रपति शासन लागने की मांग की। दिल्ली ने पूरी तरह उनका साथ दिया—राज्यपाल और मुख्यमंत्री पद से हटाए गए पाटिल दोनों ही नियमित रूप से दूरदर्शन की खबरों में नजर आ रहे थे। राज्यपाल की स्थिति अस्थिर थी।

जैसे जैसे उनके कदमों को लेकर विरोध बढ़ने लगा तो यह स्पष्ट हो गया कि उन्हें हथियार डालने होंगे ओर उसे ही नियुक्त करना होगा जिसे कांग्रेस विधायक दल अपना नेता चुनेंगे। परंतु चूंकि उन्होंने जल्दबाजी में कदम उठाया था, इसलिए उनके इस तरह के हस्तक्षेप ने राजीव गांधी की गड़बड़ी की ओर से ध्यान हटा दिया। अब, यह एक संवैधानिक मुददा बन गया और यहां तक कि संसद में राष्ट्रीय मोर्चा के घटकों ने—मार्क्सवादी पार्टी और भारतीय जनता पार्टी—राष्ट्रपति शासन लगाए जाने की निंदा की। इस हंगामे के बीच, सब यह भूल गए कि इस तरह के बचा जा सकने वाला संकट राजीव गांधी के स्वभाव की वजह से पैदा हुआ जो अनायास ही कोई औचक कदम उठा लेते हैं। इस सारे मामले में आए नाटकीय मोड़ में वी. पी. सिंह अनायास ही राजीव गांधी के मददगार बन गए।

कनार्टक में राष्ट्रपति शासन लागू होने के कारण कांग्रेस विधायक दल के लिए तत्काल नए नेता का चुनाव करना जरूरी था। इस पद की दौड़ में सबसे आगे पूर्व रेसलर और संजय गांधी के वफादार गुंडू राव थे जो 1980 से 1983 तक राज्य के मुख्यमंत्री रह चुके थे। राव ने राजीव गांधी के लिए अभद्र भाषा का प्रयोग करने के बाद पार्टी छोड़ दी थी, लेकिन एक बार पार्टी में दुबारा शामिल किए जाने के बाद उन्होंने खुद को आर. के. धवन की तरह ही पूरी तरह घर में महसूस किया। यद्यपि धवन ने राव की दावेदारी को आगे बढ़ाया, राजीव गांधी अड़े हुए थेः शहंशाह को एक

बार गाली देने के बाद वह मनमाने तरीके का आचरण नहीं करने जा रहे थे। अतः विधायक दल से कहा गया कि वह अपना नेता खुद चुने और चेतावनी दी गई कि कांग्रेस के पारंपरिक फार्मूले (हम अपने प्रिय नेता राजीव जी पर छोड़ रहे हैं) की अनुमति नहीं दी जाएगी। इस बार राजीव गांधी चाहते थे कि लोकतांत्रिक तरीके से नेता का चुनाव हो। इस बार उनके रवैए के साथ एक ही समस्या थीः कोई अकेला राजनीतिक यह दावा नहीं कर सकता कि उसके पास विधायकों का बहुमत था।

मुख्यमंत्री पद के दावेदारों में—गुंडू राव के अतिरिक्त—वीरप्पा मोइली, के. एच. पाटिल और एस. बंगारप्पा भी थे। हालांकि इनमें से प्रत्येक एक महत्वपूर्ण समूह के समर्थन का दावा कर सकता था, कांग्रेस विधायक दल भी इनमें से किसी का साधारण बहुमत से चुनाव करने के बारे में भी बंटी हुई थी। इस वजह से विधायक दल किसी एक नेता के नाम पर सहमत नहीं हो सका और विधायकों का फिर वही पुराना राग (राजीव जी को फैसला लेने दें) शुरू हो गया। कुछ विधायक तो इस हद तक चले गए कि यदि गुप्त मतदान हुआ तो वे निर्धारित स्थान पर (राजीव गांधी) लिखा देंगे। अंततः राजीव गांधी एक समझौते पर राजी हुए। नया मुख्यमंत्री वह व्यक्ति होगा जिसे सबसे अधिक मत मिलेंगे भले ही वह बहुमत से कम हों। नई दिल्ली द्वारा भेजे गए पर्यवेक्षकों ने प्रत्येक विधायक से व्यक्तिगत रूप से मुलाकात की और समर्थन का तरीका मालूम किया। वे इस नतीजे पर पहुंचे कि एस. बंगारप्पा को सबसे अधिक समर्थन प्राप्त था जबकि मोइली दूसरे और पाटिल तीसरे स्थान पर थे।

इसमें गुंडू राव कहां छूट गए? एक कथन के अनुसार, राव और बंगारप्पा में यह सहमति हुई थी जिसके अंतर्गत गुंडू राव के विधायक बंगरप्पा का पक्ष लेंगे। इसकी एवज में, नया नेता गुंडू राव के आदमियों को जगह देंगे और अपने मंत्रालय में उनके हितों को देखेंगे। एक बार जब बंगारप्पता सबसे अधिक समर्थन वाले नेता बनकर उभरे तो विधायक दल ने सर्वसम्मति से नेता के चुनाव का मुखौटा पेश किया। मोइली ने बंगारप्पा के नाम का प्रस्ताव किया और पाटिल ने उसका अनुमोदन किया और इस तरह 57 वर्षीय नेता को "सर्वसम्मति से चुना" घोषित कर दिया गया।

अब यह नजर आने लगा कि बंगारप्पा ही कर्नाटक के नए मुख्यमंत्री होंगे। रविवार, 14 अक्तूबर को राज्यपाल भानु प्रताप सिंह ने एक प्रेस कॉन्फ्रेंस में कहा कि वह राष्ट्रपति शासन हटाने की सिफारिश कर रहे हैं। उन्होंने विधान सभा को निलंबित रखने के अपने फैसले का बचाव किया परंतु दलील दी कि चूंकि अब यह साफ है कि बंगारप्पा को कांग्रेस विधायक दल का समर्थन प्राप्त है, उन्हें बंगारप्पा को सरकार बनाने के लिए आमंत्रित करने में कोई परेशानी नहीं होगी। ऐसा होने पर कर्नाटक के इस अनुभवी नेता तीसरी बार खुशकिस्मत होता। 1980 में उन्होंने देवराज अर्स का विरोध किया और कांग्रेस (आई) द्वारा उन्हें मुख्यमंत्री बनाने की आस लगाए थे। उनके स्थान पर बंगारप्पा को मुख्यमंत्री बना दिया गया था और इस पर उन्होंने नया राजनीतिक दल (क्रांति रंगा) गठित करने के लिए पार्टी छोड़ दी थी। 1983 में उनकी नई पार्टी ने राव की कांग्रेस को हराने के लिए जनता पार्टी से हाथ मिलाया परंतु एक बार फिर वह चूक गए और चंद्रशेखर द्वारा नामित राम कृष्ण हेगड़े को राज्य का मुख्यमंत्री बनते असहाय से देखते रहे। बंगारप्पा फिर से कांग्रेस में लौट आए और अदालत द्वारा उनके खिलाफ टिप्पणियां किए जाने की वजह से पद से हटाने जाने तक विधान सभा में प्रतिपक्ष के नेता रहे। उनके स्थान पर वीरप्पा मोइली प्रतिपक्ष के नेता बने। अतः नेतृत्व के चुनाव में मोइली को शिकस्त देकर बंगारप्पा को खुशी की विशेष अनुभूति हुई होगी।

यदि सब कुछ ठीक ठाक रहा तो भारत के इतिहास में सबसे कम दिन के लिए कर्नाटक में राष्ट्रपति शासन रहेगा। लेकिन राजीव गांधी के लिए, यह प्रकरण इतना तो सबक दे जाएगा कि अपनी मां की तरह काम करोगे और वही लोग (गुंडू राव और बंगारप्पा) आपको अपने आसपास मिलेंगे जो उनके आसपास मंडराते रहते थे।

21-27 अक्तूबर, 1990 संडे

पादशाहनामा : राजसी गौरव से रूबरू

17वीं सदी की 44 मुगल पांडुलिपियां संयुक्त राज्य के दौरे पर

इस साल के प्रारंभ में जब पादशाहनामा भारत में आया तो बहुत कम भारतीयों ने इसे देखा। निश्चित ही कुछ ने विरोध प्रकट भी किया। अधिकांश लोगों को तो यह भी नहीं मालूम था कि इसकी प्रदर्शनी हो रही है। जून के शुरू में, शहंशाह शाहजहां द्वारा दिल खोलकर तैयार कराई गई सचित्र पांडुलिपियों का वाशिंगटन डीसी में स्मिथसोनियंस सैकलर दीर्घा में प्रदर्शन किया गया था। 17वीं सदी की इन पांडुलिपियों को देखने के लिए बड़ी संख्या में अमेरिकी वहां आए थे।

हालांकि सभी की प्रतिक्रिया अनुकूल नहीं थी। अमेरिकी राजधानी के निवासी जान मलिहा ने पाया कि इस ''महानतम भारतीय कला के नमूनों को महारानी एलिज़ाबेथ की संपदा के रूप में प्रदर्शित'' किए जाने को देखना 'परेशान' करने वाला था। वह पूरी सहानुभूति के साथ कहते हैं, ''उन्हें चुराई गई यह संपत्ति भारत को लौटा देनी चाहिए।'' भारतीय उपमहाद्वीप के अतीत की बहाली के लिए समिति नाम से कुछ प्रदर्शनकारियों के एक समूह ने भी इसी तरह की भावना व्यक्त की।

जब पूर्व मारवाड़-जोधपुर साम्राज्य के महाराजा 49 वर्षीय गज सिंह द्वितीय और उनकी पत्नी महारानी हेमलता राज्य पिछले महीने इस प्रदर्शनी का उद्‌घाटन करने पहुंचे तो समिति के सदस्यों ने पादशाहनामा भारत को लौटानें की मांग करते हुए इस दीर्घा के सामने प्रदर्शन किया। हालांकि इस तरह के विवाद चलते रहते हैं, अमेरिका में कला के पारखियों को इस तरह की अनमोल कृतियों को देखने के लिए पर्याप्त अवसर नहीं मिलता।

कैलिफॉर्निया के कैरी वाकिंस ने पादशाहनामा को "अविश्वसनीय रूप से अतुलनीय" पाया।

जहां तक इन पेंटिंग्स का सवाल है, वहां रखी पुस्तिका में अतिशयोक्ति वाले शब्दों–"खूबसूरत", "असाधारण", "उत्कृष्ट" और ऐसी ही उपमाओं की भरमार थी। पादशाहनामा, यह एक फारसी शब्द है जिसका अर्थ दुनिया के शहंशाह का इतिहास है, भरपूर प्रशंसा का हकदार था। इसे सामान्य भाषा में पारिवारिक एलबम भी कहा जा सकता है जिसे 1630 से 1650 के दौरान सचित्र लिखा गया था। इसके 44 चित्र मुगल सलतनत, विशेषरूप से शाहजहां के शासन काल की शान-ओ-शौकत की झलक दिखाते हैं।

ऐतिहासिक महत्व से इतर यह अपने सचित्र लेखन के लिए भी बेशकीमती है। इससे स्पष्ट है कि शाहजहां के दरबार के चित्रकार शॉर्टकट में यकीन नहीं करते थे। प्रत्येक चित्र में बारीक से बारीक विवरण भी बहुत ही सावधानी से उकेरा गया है, चाहे वो तलवार की म्यान की बनावट हो या फिर शहंशाह के ताज में लगे छोटे छोटे नगीने हों अथवा शाही घराने के सदस्यों के बैठने के छज्जों की 'जाली' हो या फिर कालीनों के फूलों की बनावट हो। इन चित्रों के प्रत्येक मिमी क्षेत्र को भी यादगार वृत्तांत के साथ पूरी सावधानी से कला का प्रदर्शन किया गया है।

वॉशिंगटन पोस्ट के कला समीक्षक पॉल रिचर्ड इससे खुश हो गएः "टेलीविज़न के पर्दे पर दिखाई देने वाली तस्वीरें अस्थिर रेखाओं का भंडार होती हैं, अखबारों और पत्रिकाओं में प्रकाशित होने वाले चित्र बिंदु भर रह जाते हैं। पादशाहनामा के चित्रों में यांत्रिकीय धुंधलापन जैसा कुछ भी नहीं था। ये तो ऐसे हैं मानों ये बेपर्दा हों। आप इन्हें जितना ज्यादा ध्यान से देखेंगे, आपको इनमें उतना ही अधिक देखने को मिलेगा।" इसी वजह से सैक्लर बहुत सोच-विचार कर आगंतुकों को बड़ा सा आतशी शीशा उपलब्ध कराता है। इनकी मदद से आप शाही दरबार या युद्ध के मैदान के अग्रभाग का दर्शाने वाला विवरण ही नहीं बल्कि दूर खेतों में जुताई करते किसानों और मुख्य दृश्य के आगे के किले के भीतर की जिंदगी भी देख सकते हैं। वास्तव में इसमें गहरी दिलचस्पी रखने वाले तो कटे हुए सिर के ऊपर भिनभिना रही मक्खियों के पैरों में चिपकी खून की बूंदों को भी देख सकते हैं।

सैक्लर एंड फ्रीर गैलरीज के निदेशक माइलो बीच, पादशाहनामा को बाहर लाने और भारत सहित दुनिया भर में ले जाने के लिए प्रेरणा स्रोत रहे हैं। इतने सालों से ये हस्तलिपियां रॉयल लाइब्रेरी में रखी हुई थीं। यह संभवतः पहला और अंतिम अवसर होगा जब इन्हें आम जनता के सामने लाया गया है। बीच, जिन्होंने चित्रों का बहुत ही बारीकी से अध्ययन किया है, का मानना है कि इनके प्रदर्शन से भारत जाने वाले पर्यटकों को इस देश के इतिहास को बेहतर तरीके से समझने में मदद मिलेगी। वह प्रदर्शनी के कैटलॉग में लिखी गई प्रस्तावना में कहते हैं, ''संयोग से भारत आने वाले आगंतुकों को किसी अन्य काल की अपेक्षा शाहजहां काल के स्मारक अधिक नजर आते हैं। आगरा का ताज महल और किले तथा दिल्ली प्रत्येक पर्यटक की सूची में होते हैं। पादशाहनामा उस दौर के लोगों और रस्मों रिवाजों को बेहतर तरीके से समझने का अवसर प्रदान करता है।''

यदि पादशाहनामा इतिहास को वर्णित करता है, तो सभी बेशकीमी चीजों की तरह, इसका अपना इतिहास है। इसके देश से बाहर जाने और इसके ब्रिटिश रॉयल संग्रहालय का हिस्सा बनने की कहानी किसी पहेली से कम नहीं है। 18वीं सदी में मुगल सल्तनत के पतन के तुरंत बाद, यह हस्तलिपि अवध के नवाब के हाथों में पहुंची, जिन्होंने इसे 12000 रुपए में खरीदा था। वे पहले तो इन्हें तत्कालीन भारत के गर्वनर जनरल लार्ड टेंगमाउथ को भेंट करना चाहते थे जिन्होंने इस अनुरोध को यह कहते हुए अस्वीकार कर दिया, ''शाही संग्रहालय के लिए बेहतर है।'' खुश करने के लिए बेकरार नवाब ने इस संकेत को समझा और इसे 1797 में किंग जार्ज तृतीय के पास भेज दिया।

पादशाहनामा के अतिरिक्त, सैक्लर और उनसे सटी हुई फ्रीर गैलरी ने कुछ और भारतीय वस्तुओं का प्रदर्शन किया। इनमें से एक फारसी हस्तलिखित गुलिस्तां है, जो पादशाहनामा से भी अधिक प्राचीन है। आकार में छोटी और पादशाहनामा के चित्रों की तरह ही विस्तृत, गुलिस्तां में 13वीं सदी में सचित्र लेख हैं और यह शहंशाह अकबर के काल की है। यह शाहजहां को विरासत में मिली थी और उनकी पुत्री जहांआरा बेगम की मिल्कियत में थी और एक अग्निकांड में लगभग स्वाहा हो गई थी।

एक और वस्तु 141.13 कैरट का माणिक जड़ित हेक्सागोनल ताजमहल है। शाहजहां ने, जिन्हें बेशकीमती मणियों के प्रति दीवानगी के लिए जाना जाता था, जिनसे शानदार मयूर सिंहासन का सृजन हुआ था, अपने गले में इसे धारण किया था। सत्रहवीं सदी के प्रारंभ में नक्काशी वाली कुंडल की बेल और उसी शैली के पुष्पों वाला यह माणिक 1925 में पेरिस की एक प्रदर्शनी में कार्टियर का एक प्रमुख प्रदर्शन था। अंत में, 'ऐट द मार्जिन्स' शीर्षक से पिछले सप्ताह ही शुरू हुई एक अन्य प्रदर्शनी में 15 सजावटी वस्तुए प्रदर्शित की गई हैं। ये उन कलाकारों की कृतियां हैं जिन्होंने इन चित्रों के किनारों की भव्यता में चार चांद लगाए।

पादशाहनामा की अमेरिका यात्रा भारत की आजादी के 50 साल पूरे होने के समारोहों के कार्यकमों के हिस्से के रूप में अगले साल के अंत तक जारी रहेगी। इसके प्रति लोकप्रिय प्रतिक्रिया को देखते हुए, इनके प्रदर्शन के प्रति उमड़ी जबर्दस्त दिलचस्पी का इन हस्तलिपियों को लेकर उठे विवाद पर बहुत कम असर होगा। हालांकि यह लिजा बूथ जैसे अमेरिकी लोगों के लिए, ''मुगल काल के चित्रों क़े अवलोकन करने का जीवन में होने वाला पहला अनुभव होने जा रहा है'', वहीं भारतीय उपमहाद्वीप के लोग भी इसका स्वागत कर रहे हैं। भारतीय मूल के अमेरिकी प्रकाश कामत कहते हैं, ''मैं वास्तव में पादशाहनामा देखने का अवसर मिलने से अभिभूत हूं।'' और पाकिस्तान में जन्म इकबाल खान कहते हैं, ''पादशाहनामा के चित्र हमारी अपनी विरासत की खोजन करने का अद्‌भुत अवसर हैं।''

इस समय यह सवाल उनकी चिंताओं में शायद ही है कि क्या पादशाहनामा भारत को लौटाया जाना चाहिए।

29 जून से पांच जुलाई, 1997, *संडे*

इंटरव्यू

“महिला होना ही अब मेरी सुरक्षा है”

पत्रकार के रूप में उनकी दूसरी पारी के बारे में

पत्रकार एम. डी. रीति ने गौरी लंकेश के *लंकेश पत्रिके* का संपादक बनने के दो महीने बाद मार्च 2000 में गौरी का यह साक्षात्कार लिया था।

क्या आपने कभी यह सोचा था कि आप अपने पिता की विरासत की उत्तराधिकारी होंगी और एक दिन लंकेश पत्रिके की संपादक बनेंगी?

कभी नहीं, मैं नहीं समझती कि मेरे पिता की विरासत का कोई सही मायने में कभी भी उत्तराधिकारी हो सकेगा। कन्नड़ पत्रकारिता और साहित्य जगत में उनका बहुत बड़ा स्थान था। जिस दिन उनका निधन हुआ, दिल्ली हवाई अड्डे पर जब हम इंतजार कर रहे थे तो मेरे मित्रों ने मुझसे पूछा कि अब *पत्रिके* का क्या होगा। मैंने उनसे कहा कि इसे तुरंत बंद करने के अलावा कोई अन्य चारा ही नहीं होगा। उनका कद बहुत ही बड़ा था और उसके अनुरूप होना मुश्किल है।

वे क्या परिस्थितियां थीं जिनमें आपने इस साप्ताहिक के संपादन का निर्णय लिया?

पहले तो, मैंने सोचा ही नहीं था कि मुझे छोड़ो, किसी अन्य के नेतृत्व में भी इस साप्ताहिक को चलाए रखना कभी भी व्यावहारिक होगा क्योंकि हर कोई एक और लंकेश को देखना चाहेगा जो असंभव है। परंतु इतने ज्यादा लोगों ने संदेश भेजकर कहा, कृपया पत्रिका को बंद मत कीजिए क्योंकि यह हमेशा ही धर्म निरपेक्षता, दलितों, महिलाओं और समाज के उपेक्षित वर्ग के साथ खड़ी रही है। *पत्रिके* उन लोगों की आवाज़ बन गई थी जिनके लिए मुख्य धारा की मीडिया में कोई जगह नहीं थी।

मेरी बहन, भाई और मैं सभी अपने पिता के मित्र मणि, जो कन्नड़ के प्रमुख सांध्य अखबार *सांजे वाणि* और तमिल दैनिक *दिना सुधार* के संपादक और प्रकाशक हैं और सालों से हमारी पत्रिका छापते रहे हैं, से मिलने गए। हमने उनसे कहा कि हम अपनी साप्ताहिक बंद करना चाहते हैं। मणि इससे काफी व्यथित हो गए। उन्होंने कहा, "आपके पिता थे, जिन्होंने नियमित नौकरी छोड़ दी थी, इस प्रकाशन को शुरू करने में अपनी सारी जमा पूंजी लगा दी थी और उनमें संघर्ष करने और कुछ कर दिखाने का साहस था। आप लोग बगैर संघर्ष के ही हथियार डालना चाहते हैं। आप लोग फिलहाल कुछ समय तक इसके लिए प्रयास करने का साहस क्यों नहीं दिखाते और यदि बात नहीं बनती है तो इसे बंद कर देना?" तब एक बार फिर, वे परिस्थितियां जिनकी वजह से मेरे पिता ने इसे त्याग दिया था वह एकदम पूर्व सूचना की तरह थी। उनका सोमवार को निधन हो गया। इससे पहले उन्होंने पत्रिका के लिए सारे स्तंभ लिखे थे और संस्करण अपने बिस्तर पर रख दिया था। पत्रिका अचानक ही बंद करना उनकी सारी यादों का अपमान करने जैसा लगा, जबकि उन्होंने अपने सारे कार्यों को इतनी कुशलता से समेटा था। एक सवाल हमें लगातार परेशान कर रहा था कि क्या मेरे पिता चाहते थे कि *पत्रिके* को जारी रखा जाए। हम अभी भी इसका जवाब नहीं जानते। उन्होंने कभी भी हमें नहीं बताया।

हालांकि वह काफी लंबे समय बीमार रहे, लेकिन क्या उन्होंने कभी भी आपसे पत्रिके के भविष्य के बारे में बात नहीं की?

नहीं, हकीकत तो यह है कि वह पिछले दो साल से एक सांध्यकालीन अखबार शुरू करने पर विचार कर रहे थे। घर में हम सभी ने इस विचार को अस्वीकार कर दिया क्योंकि हम नहीं समझते थे कि ऐसा करने के लिए उनका स्वास्थ्य ठीक था। वह सदैव ही यह महसूस करते थे कि उन्हें उस समय तक ही जीवित रहना चाहिए जब तक वह किसी मकसद को पूरा कर रहे हैं। और मैं समझती हूं यह अभी भी ऐसा कर रहा है।

इसका मतलब, आप पत्रकारिता में इस उद्देश्य से नहीं आई थीं कि एक दिन आपको इस साप्ताहिक को देखना होगा?

क्या मुझे इस नौकरी के लिए तैयार किया जा रहा था? निश्चित ही नहीं, क्योंकि मेरे पिता ने लगभग उस वक्त पत्रिका का प्रकाशन शुरू किया जब मैं पत्रकारिता की पढ़ाई कर रही थी। उस समय एक प्रकाशन की दृष्टि से मेरे लिए विरासत में कुछ भी नहीं था। वास्तव में, मेरी पहली पसंद डॉक्टर बनना था परंतु ऐसा नहीं हुआ, तो मैंने पत्रकार बनने का निर्णय लिया। इन बीस सालों के दौरान मैंने *पत्रिके* के लिए सिर्फ एक बार लिखा। मैं जानबूझ कर इस प्रकाशन से दूर रही क्योंकि यह एक कठोर और आक्रामक पत्रिका है और मैं मुख्यधारा की अंग्रेज़ी मीडिया के लिए काम कर रही थी।

आपके आलोचक कहते हैं कि आपका करियर ग्राफ बहुत अधिक प्रभावशाली नहीं रहा और पिछले करीब एक दशक से आपके करियर में ठहराव आ गया था या फिर पतन की ओर अग्रसर है। क्या आपको लगता है कि यह आपके लिए सुनहरा अवसर है?

मैं यह स्वीकार करने वाली पहली व्यक्ति होऊंगी कि मेरे करियर में ठहराव आ गया था, इससे किसी का कोई सरोकार नहीं। शायद ऐसा इसलिए था क्योंकि मैं जोखिम नहीं उठाना चाहती थी। हो सकता है कि इसलिए भी ऐसा हो क्योंकि मेरी निजी जिंदगी बहुत शानदार नहीं थी। मैं अपने करियर पर ध्यान देने की बजाएं अपनी व्यक्तिगत खुशियों पर अधिक ध्यान दे रही थी। आज, मैं अपने आप से खुश हूं और इसके लिए चुकाई गई कीमत की मुझे परवाह नहीं है।

क्या आप अब अपनी निजी और पेशेवर दोनों जिंदगी से खुश हैं?

मैं एक व्यक्ति के रूप में स्वयं से बहुत खुश हूं। पिछले साल मैंने फैसला किया कि अंततः अकेले रहने में मुझे कोई परेशानी नहीं थी, अपनी सारी व्यक्तिगत भ्रांतियों को हल कर लिया था और अब अपने करियर पर ध्यान केंद्रित करने के लिए तैयार थी। इसी वक्त, मेरे पिता के निधन ने मेरे मामले का फैसला कर दिया और मुझे लौटकर आना पड़ जब मेरा करियर सही दिशा में आगे बढ़ रहा था। जहां तक संपादन करने का सवाल है तो मुझे कतई यह नहीं लगता कि मैंने यह हासिल किया है। मैं अपना सर्वश्रेष्ठ प्रयास यह सुनिश्चित करने के लिए कर रही हूं ताकि मैं अब इसे अर्जित करूं।

पत्रिके के लिए अब आपकी क्या योजनाएं हैं?

मेरे पिता ने अपने जीवन के अंतिम क्षणों तक इसका निर्देशन किया। परंतु पिछले दो साल से उनका स्वास्थ खराब होने की वजह से यह प्रकाशन अपने पाठकों के दिलों को नहीं छू पा रहा था। मैं एक बार फिर से लोगों तक पहुंचने की कोशिश कर रही हूं।

परिवार की दूसरी पीढ़ी इस पत्रिका को चला रही है, क्या किसी अन्य दिशा में इसे ले जाने, इसकी पहुंच अधिक वैश्विक बनाने, ऑनलाइन करने जैसी आपकी कोई योजना है?

मेरे पिता प्रौद्योगिकी के खिलाफ थे। इस मामले में वह बहुत अधिक लकीर के फकीर थे। अपने जीवन के अंतिम क्षणों तक वह खुद अपने हाथ से लिखते थे। वह इंटरनेट अथवा शेयर बाजार के बारे में कभी नहीं समझे। उनका दृढ़ मत था कि सबसे निचले स्तर पर परिवर्तन लागू किया जा सकता है। मैं उनके इस दृष्टिकोण से सहमत हूं, परंतु मैं यह भी महसूस करती हूं कि निचला स्तर भी प्रौद्योगिकी समझने लगा है। एक बार हम स्थापित हो जाएं, मेरी योजना *पत्रिके* और मेरे पिता के कुछ अन्य लेखन कार्यों को इंटरनेट पर डालने की है। इस समय मैं उनके एक उपन्यास को शृंखलाबद्ध कर रही हूं और इस शृंखला को भी इंटरनेट पर डालने की उम्मीद है।

क्या आप पत्रिके का ऑन लाइन संस्करण भी रखेंगी?

हमें पता लगा है कि किसी ने पहले ही *लंकेश* पत्रिके के नाम से एक वेबसाइट पंजीकृत करा रखी है। इस पर मेरे पिता की तस्वीर के अलावा और कुछ नहीं है। मेरे भाई ने उस व्यक्ति को पत्र लिखा था जिसके पास यह साइट थी और पता चला कि यह मेरे पिता के एक प्रशंसक की है। उसने हमने कहा कि हम जब चाहें इसे किसी भी समय ले सकते हैं। हमारी योजना कुछ सप्ताह के भीतर इसे सक्रिय बनाने की है।

आपको एक ऐसी साप्ताहिक का संपादक बनने में कैसा महसूस हो रहा है जिसकी अभी तक पाठकों के संदर्भ में उसके स्टाफ और पाठकों के बीच पुरुष प्रधान पहचान रही है?

पत्रिके में महिलाओं के लिए उनका स्थान रहा होगा परंतु इसका फोकस

निश्चित ही खालिस खबरों, तफतीश और पुरुषों की दिलचस्पी वाले क्षेत्रों पर रहा है, जैसा कि अधिकांश जिलों में पुरुष पत्रकार जैसी खबरें लिखते हैं। मैं इस कथन से असहमत हूं कि हमारे पाठक मुख्य रूप से पुरुष हैं। हमने कुछ श्रेष्ठ कन्नड़ लेखकों को भी जगह दी है। जैसे वैदेही, ललिता नायक और भानु मुश्ताक। वे अभी भी हमारी साप्ताहिक में पहले प्रकाशित होना पसंद करती हैं क्योंकि हम उन्हें बहुत ही खास पाठकवर्ग उपलब्ध कराते हैं। मेरे पिता ने भी अनेक महिलाओं को कन्नड़ में पत्रकार बनने के लिए प्रेरित किया।

आपके पिता को अक्सर ही जान के खतरे, मुकदमों से जूझना पड़ा और उन्हें तरह तरह के नामों से पुकारा गया। उन्होंने इन सभी को अपनाया। बंगलोर में अपेक्षाकृत युवा, अकेली रहने वाली महिला के नाते क्या आपको इस तरह के दबावों का सामना कर रही हैं?

जितने लोगों ने मेरे पिता के खिलाफ मुकदमे दायर किए थे, उनके कहीं अधिक संख्या में लोगों ने ऐसा नहीं किया क्योंकि उन्होंने महसूस किया कि वह सही थे। मैं इस साप्ताहिक की मारक क्षमता को कम किए बगैर ही इस और अधिक पेशेवर ढंग से चलाने की कोशिश कर रही हूं। मैं समझती हूं कि इस स्थिति में महिला होना काफी मददगार है क्योंकि यदि किसी भी संवाददाता की किसी ऐसे नेता से मुलाकात हुई जो मेरे पिता से नाराज था, तो वह उनके लिए बेहद भद्दी भाषा का इस्तेमाल करेगा। परंतु वे महिला के प्रति निंदनीय भाषा का प्रयोग करेंगे तो वह समाज में अपना सम्मान और प्रतिष्ठा ही गंवाएंगे। अतः महिला होना ही इस समय मेरी सुरक्षा है।

ठीक है, लोग आपके लिए निंदनीय भाषा का प्रयोग नहीं करें परंतु महिला होने की वजह से वे आप पर हमला कर सकते हैं जैसा कि उन्होंने समय समय पर आपके पिता के साथ किया था। उन्हें पता चल जाएगा कि विशेष रूप से आप एक महिला होने के नाते कमजोर हैं।

मैं शारीरिक हमले को लेकर बिल्कुल भी भयभीत नहीं हूं। अभी एक पखवाड़े से पहले तक मैं कई रातों में सवेरे तीन बजे घर लौटती रही हूं। मैं ऐसे ही एक अवसर पर सिर्फ उस समय रुकी जब मैंने साड़ी में लिपटे एक व्यक्ति को बीच सड़क पर पड़ा देखा। अब मैं घर पहुंचने तक अपने ड्राइवर

को साथ रखती हूं। इसके अलावा, मुझे कोई भी ऐसा फोन नहीं आया जिसमें दूसरी ओर से कोई बोल नहीं रहा हो। मुझे कुछ फोन आए जिनमें तालुका स्तर के 'ब्लैकमेल' समाचारपत्रों में मेरी निजी जिंदगी के बारे में मुझे ब्लैकमेल करने का प्रयास किया गया। उन्होंने भी फोन करना बंद कर दिया जब मैंने कहा, ''लिखिए, आप जो कुछ भी मेरे बारे में लिखना चाहें। मैंने कुछ भी गलत नहीं किया है जिसके खुलासे को लेकर भयभीत होऊं।

जब आप साप्ताहिक को और अधिक पेशेवर ढंग से चलाने की बात कहती हैं तो क्या आपका तात्पर्य यह है कि यह टेब्लॉइड कम और बाजारोन्मुखी अधिक हो जाएगा?

हमारे ए-4 आकार के अलावा इसमें टेब्लॉइड या सस्तेपन जैसा कुछ नहीं है। हमारा बहुत अधिक कीमत वाला पेपर नहीं है। हम जब लोगों को गलत काम करते पकड़ने पर उनकी आलोचना करते हैं वे इसे पीत पत्रिकारिता कहते हुए खारिज करते हैं। हमने हमेशा ही वस्तुस्थिति के बारे में जस का तस बताने का जोखिम उठाया है।

क्षेत्रीय भाषा में प्रकाशन निकालने के लिए उस भाषा में उच्च कौशल की आवश्यकता होती है। क्या आप कन्नड़ भाषा में उस स्तर तक सहज हैं?

मैं ऐसी उम्मीद करती हूं। पिछले दो महीने में पेपर में एक भी ऐसा शब्द नहीं गया है जिसे व्यक्तिगत रूप से मैंने देखा नहीं हो और उसे पास नहीं किया हो। मेरे पिता का मानना था कि अंग्रेज़ी उच्च शैली वाले भारतीयों की दिखावे की अभिव्यक्ति वाली भाषा है। उन्होंने हमेशा ही मुझसे कहा कि ऐसी भाषा से सही अभिव्यक्ति नहीं की जा सकती जो भारतीय नहीं हो। मैं अब पाती हूं कि वह एकदम सही थे। लगभग दो दशकों तक अंग्रेज़ी में ही लिखने और सोचने के बाद मुझे लगता है कि कन्नड़ भाषा में लिखने के अवसरों ने मुझे अभिव्यक्ति की आजाद़ी प्रदान की है।

15 मार्च 2010, *रेडिफडॉटकॉम*

कन्नड़ में पत्रकारिता

नूर के दिल की धड़कन

पाकिस्तानी बच्ची सर्जरी के लिए दोस्ती बस से आई बैंगलोर

भारत पाकिस्तान सीमा पर स्थित वाघा गांव में रोज़ाना शाम को एक विशेष आयोजन होता है। दोनों देशों की सीमा के दरवाज़े एक दूसरे से पांच फुट दूर हैं। दोनों देशों के ध्वज पास ही लहरा रहे हैं। इस अवसर पर, सीमा पर दोनों देशों के जवान एक दूसरे से कहते हैं: ''गुड डे! आप कैसे हैं?'' मैं जब 1999 में वाघा चौकी गई तो भारतीय सेना के एक वरिष्ठ अधिकारी ने पाकिस्तान के अधिकारी से मेरा परिचय कराया। मैं दोनों देशों के बीच 'नो मैन्स लैंड' में कदम रखती हूं। पाकिस्तानी सैन्य अधिकारी आगे बढ़े। हमने हाथ मिलाए जबकि करगिल (कश्मीर का विवादित क्षेत्र) की पहाड़ियों पर दोनों देशों के बीच युद्ध चल रहा था।

दिन के समय एक दूसरे के प्रति सौहार्द रखने वाले दोनों देशों के सैनिक शाम होते होते एक रोमांचक प्रतिस्पर्धा में शामिल हो जाते हैं। भारत और पाकिस्तान के आम नागरिक सीमा के द्वार के निकट एकत्र होते हैं और राष्ट्रीय ध्वज नीचे उतारने की दैनिक रस्म शुरू हो जाती है। (एक कवायद जिसमें भारत और पाकिस्तान दोनों देशों के सैनिक आक्रोश का प्रदर्शन करते हुए अपने बूट की जोर से आवाज़ करते हुए आगे बढ़ते हैं)। किस ओर के सैनिक अधिक लड़ाकू थे? किस ओर से सैनिक अधिक ताकत के साथ अपने बूट से ज्यादा तेज़ आवाज़ कर रहे थे? इस तरह के विवरण के प्रति सचेत नागरिक तालियां बजाते हैं और नारे लगाते हैं और अपने देश के सैनिकों का जोश बढ़ाते हैं। इससे ऐसा आभास होने लगता है मानो सैनिकों के बीच कोई लघु युद्ध शुरू होने वाला है।

इसके बाद एक विचित्र नज़ारा देखने को मिलता हैः राष्ट्रीय ध्वज उतारने की रस्म पूरी होने के बाद भारतीय और पाकिस्तानी सीमा के द्वार की ओर लपकते हैं। वे एक दूसरे की तरफ उत्सुकता से देखते हैं। उनमें किसी प्रकार की प्रतिद्वंद्विता का भाव नज़र नहीं आता है। इसकी बजाए 'आप भी हमारी तरह ही हो' के भाव रहते हैं। 1947 में बंटवारे के समय एक दूसरे से बिछड़ गए रिश्तेदारों से फिर से मिलने की उम्मीद करते हैं। कुछ भारतीय और पाकिस्तानी तो वाघा चौकी पर बार-बार आते हैं। वे खामोशी से खड़े रहकर सीमा के दूसरी ओर अपने किसी परिचित चेहरे को खोजते हैं और वे तभी घर लौटते हैं जब सैनिक उन्हें वहां से हटाते हैं।

नूर फातिमा इन्हीं यादों को वापस लाती है। उसकी सफलतापूर्वक सर्जरी की खबर तेजी से फैली है। मुझे जो सबसे ज़्यादा अच्छा लगा वह था भारतीयों द्वारा उसे नैतिक और आर्थिक सहयोग देना था। उन्होंने नूर फातिमा को वह मदद दी जो राजनीतिज्ञ उसे देने में असमर्थ थे। नूर के परिवार ने इसे सहर्ष कबूल किया।

असंख्य भारतीयों ने दोस्ती फंड में धन दिया, जिसे नूर के पिता ने गरीब भारतीय बच्चों की सहायता के लिए शुरू किया था। एक उद्योगपति ने जो पाकिस्तान से भारत आने से पहले लाहौर में रहता था, ने 12 लाख रुपए दिए। एक पाकिस्तानी मुस्लिम द्वारा स्थापित कोष के लिए एक भारतीय हिंदू की इस तरह की दरियादिली दर्शाती है कि दोनों देशों के लोग मित्रता और परस्पर सद्भाव के साथ रहना चाहते हैं।

ऐसे समय में जब देश में लोगों को जाति और धर्म के नाम पर बांटने की कोशिशें चल रही हैं, साधारण भारतीयों ने यह साबित कर दिया कि वे धार्मिक भिन्नताओं के आधार पर उन्हें बांटने नहीं देंगे। नूर प्रकरण ने स्पष्ट किया कि पाकिस्तान के प्रति भारत की शत्रुता उसकी अपनी सुरक्षा तक सीमित है और उसका देश की जनता और उनके धर्म से सरोकार नहीं है।

भारतीयों ने इस तथ्य को पूरी तरह नजरअंदाज किया कि बच्ची नूर दूसरे देश की है। वे भारतीय जो गुजरात दंगों के समय मुस्लिम पीड़ितों के साथ खडा होने में संकोच कर रहे थे, वे पाकिस्तान से आई एक मुस्लिम

बच्ची के समर्थन में खड़े थे। हमारे दिलों को नफरत से नहीं भरना चाहिए। नूर ने हमें यह दिखाया।

संपादक की टिप्पणीः 2003 में, दो साल की नूर फातिमा के माता पिता उसे ओपेन हार्ट सर्जरी के लिए बंगलोर स्थित हृदय रोग के अस्पताल नारायणा हृदयालय लाए थे। दिल्ली और कराची के बीच 1999 में शुरू हुई दोस्ती बस ने ही उनकी भारत यात्रा को संभव बनाया, उस समय भारत और पाकिस्तान के बीच आवागमन का एकमात्र साधन थी-रेल और वायु सेवा संसद भवन पर 2001 के आत्मघाती हमले के बाद निलंबित की जा चुकी थी। नूर की बंगलूर यात्रा ने मीडिया का ध्यान आकर्षित किया और उसे दूर दराज के क्षेत्रों से दुआओं और वित्तीय सहायता की पेशकश भी मिली। नूर की सफल सर्जरी की खबर खुशियां लाईं। अस्पताल ने जब सर्जरी का खर्च माफ कर दिया तो नूर के पिता ने माफ की गई धनराशि से भारत में दिल की बीमारी से पीड़ित गरीब बच्चों के इलाज के लिए एक कोष बना दिया।

चंदन गौड़ा द्वारा अनूदित, *न्यूयार्क टाइम्स* में 25 नवंबर, 2007 को पहली बार प्रकाशित। मूल लेख *लंकेश पत्रिके* में 30 जुलाई 2003 को प्रकाशित हुआ।

मैंने बाबाबूदनगिरि में जो देखा

भगवा ब्रिगेड की एक दरगाह की घेराबंदी, इसे दक्षिण की अयोध्या बताते हैं

पिछले दो सप्ताह के दौरान चिकमंगलूर और बाबाबूदनगिरि में जब हमने सांप्रदायिक सद्भाव बैठकों का आयोजन किया और लोगों का आह्वान किया कि भगवा ब्रिगेड को कर्नाटक को एक और गुजरात और बाबाबूदनगिरि को एक और अयोध्या बनाने से रोका जाए तो इस दौरान कई अद्भुत बातें हुईं।

लेखक गिरीश कर्नाड ने, जो पहले ही सद्भाव के प्रतीक बाबाबूदनगिरि के संरक्षण के लिए अपना समर्थन जाहिर कर चुके हैं, फोन किया और पूछा, "क्या हम सात और आठ दिसंबर के सांप्रदायिक सद्भाव सम्मेलन से पहले वहां का दौरा करके वस्तुस्थिति की असलियत का पता लगाएं?"

मैंने कहा, "यह बहुत अच्छा विचार है। हम चलते हैं।' कर्नाड, डॉ. के. मरूलसिदप्पा, जी. के. गोविंद राव, शूद्र श्रीनिवास, प्रोफेसर वी. एस. श्रीधर और मैं एक टाटा क्वालिस से चिकमंगलूर रवाना हुए।

रास्ते में हमने बाबाबूदनगिरि की विशिष्टता और इसके आसपास भगवा ब्रिगेड द्वारा माहौल दूषित किए जाने के बारे में चर्चा की। यह किसी से छिपा नहीं था कि बजरंग दल के बंदर इस साल बाबाबूदनगिरि में गड़बड़ी पैदा करने की तैयारी कर रहे हैं। पिछले साल बजरंग दल का नारा इस पर खरा उतरा था। श्रीधर ने मुझे पिछले साल खींची गई तस्वीरें दिखाई। इनमें से एक तस्वीर में एक बैनर पर नारा लिखा थाः दोस्ती के लिए प्रतिबद्ध, परंतु बर्बाद करने के लिए तैयार!

कर्नाड ने जब इसे पढ़ा तो आग बबूला हो गए। वह कड़क आवाज

में बोले, "वे किसे बर्बाद करना चाहते हैं? ज़रा शब्दों को देखो जो उन्होंने प्रयोग किए हैं, 'बाहुबल', 'खून की नदियां', 'दुश्मन को बर्बाद करना'... क्या यह कन्नड़ में है?" मारूलसिदप्पा ने टिप्पणी की, "हमारी संस्कृति को बसवण्णा, शरीफ, कनकदास और कुवेंपू ने आकार दिया है। 'अनुकंपा धर्म का मूल है।'...यह कर्नाटक के धर्म का आधार है। परंतु ये बजरंग दल सरीखे लोग सिर्फ मोदी और तोगड़िया की भाषा ही जानते हैं।"

इस तस्वीर में बजरंग दल की मांगें भी आ गई थीं-दत्तापीठ में पूजा करना, एक मूर्ति की स्थापना करना, पुजारी की नियुक्ति करना, दत्तापीठ के आसपास बने गुंबदों को हटाना और इस समूचे क्षेत्र को हिंदुओं के लिए पवित्र स्थल घोषित करना।

बजरंग दल ने इस साल भी यही मांगें की हैं। भारतीय जनता पार्टी ने उन्हें पूरा समर्थन देने की घोषणा की है।

लेकिन, बजरंग दल की एक एक मांग उच्चतम न्यायालय के फैसले के विपरीत है। इनमें से एक भी मांग पूरी करने का मतलब न्यायालय की अवमानना होगा। इसमें आश्चर्य नहीं है कि भाजपा समर्थकों को इसकी जानकारी नहीं है।

हमने बाबाबूदनगिरि के बारे में उच्चतम न्यायालय के फैसले पर चर्चा की, जून 1975 तक वहां होने वाली धार्मिक रस्में जारी रखी जा सकती हैं और किसी नई रस्म की अनुमति नहीं होगी। फैसले में उन धार्मिक रस्मों को भी सूचीबद्ध किया गया था जो बाबाबूदनगिरि में होती थीं।

हिंदू मंदिरों में होने वाली विभिन्न धार्मिक रस्में यहां होती हैं। ये हैं:

1. पादुकाओं पर पुष्प अर्पित करना
2. दिया जलाना
3. श्रद्धालुओं को पवित्र जल प्रदान करना
4. प्रसाद के रूप में देने के लिए नारियल फोड़ना
5. हिंदू मठों के धार्मिक प्रमुखों का सम्मान करना
6. श्रद्धालुओं के सिर पर मोरपंखों के स्पर्श से आशीर्वाद देना।

यह फैसला (1975) लिखने वाले उच्चतम न्यायालय के न्यायाधीशों ने इस पवित्र धार्मिक स्थल के सद्भावना वाले स्वरूप की सराहना की थी।

फैसले में उन्होंने कहा कि जहां 'राम रहीम' की सारी बातें बहुधा पुरानी हो गई हैं, यह एक जीती जागती परंपरा है।

न्यायाधीशों ने फैसले में आगे कहा कि इस सबसे परे, इस धर्म स्थल के वंशानुगत प्रशासक शाखाद्री के रुख की सभी को सराहना करने की आवश्यकता है। वह खुद मुसलमान हैं, उन्होंने कहा था कि यह धार्मिक स्थल सिर्फ मुसलमानों का ही नहीं बल्कि उतना ही हिंदू श्रद्धालुओं का भी है। इस बात की भी उतनी ही सराहना की जानी चाहिए कि याचिका दायर करने वाले हिंदुओं ने भी कभी यह दावा नहीं किया कि स्थल पूरी तरह से हिंदुओं का है, हालांकि वहां पादुकाएं और नंद दीप है।

न्यायालय ने फैसले में इस तथ्य का भी जिक्र किया कि सदियों से इस स्थान पर पूजा कर रहे मुसलमानों ने कभी भी यह दावा नहीं किया कि यह सिर्फ उनका है। इस बीच, वक्फ बोर्ड इस स्थान पर अपना दावा करने के प्रयास कर रहा है। न्यायाधीशों ने कहा कि जब धर्म और जाति के नाम पर दुनिया भर में दरारें पड़ रही है, विवाद का केंद्र बनी यह गुरु दत्तात्रेय बाबाबूदनस्वामी की दरगाह सही मायने में धर्मनिरपेक्षता का ज्वलंत उदाहरण है।

यह एक दुष्टात्मा का काम है कि भाजपा सरीखी कट्टरपंथी विचार वाली हिंदू पार्टी और उसका उग्र संगठन बजरंग दल वहां एक पुजारी (यह कहने की आवश्यकता नहीं कि यह एक ब्राह्मण होगाः की नियुक्ति और गुंबद ढहाने की मांग कर रहे हैं। वे इसे एक हिंदू धर्म स्थल घोषित करना चाहते हैं।

गिरीश कर्नाड ने इस पूरे विचार को ही बकवास बताते हुए कहा, "दत्ता जयंती या दत्ता माला हमारी परंपरा नहीं है। यह धर्म नहीं बल्कि धर्म के नाम पर राजनीति है जो इस तरह के आयोजन के पीछे है। नाथ परंपरा के दत्तात्रेय का, जिन्होंने जाति व्यवस्था को ठुकरा दिया था, का ब्राह्मणीकरण करने के पीछे की साजिश को समझना बहुत आसान है।"

गुरु दत्तात्रेय बाबाबूदनस्वामी दरगाह का अपना इतिहास है। दादा हयात ने, जो अरब से चंद्र द्रोण पर्वत पर आए थे, उस समय के स्थानीय सरदारों द्वारा उत्पीड़न का शिकार हो रहे शूद्रों और दलितों की मदद करने

के लिए उनका विश्वास जीता था। दादा हयात के प्रेम, दयालुता और सहिष्णुता से प्रेरित होकर कुछ लोगों ने इस्लाम धर्म अपना लिया जबकि अनेक दूसरे अपने धर्म से नाता तोड़े बगैर ही उन्हें दत्तात्रेय का अवतार बताते हुए उनके अनुयायी बन गए थे। इसके पीछे भी एक कथा है। हिंदू पौराणिक कथा के अनुसार विष्णु ने लोगों को दासता के बंधन से मुक्त कराने के लिए दत्तात्रेय का अवतार लिया। इसीलिए हिंदू अनुयायियों ने दादा हयात में दत्तात्रेय को देखा और उन्हें हिंदू नाम दे दिया। उस काल में मुस्लिम सूफी संतों को हिंदू नाम देना आम बात थी। उदाहरण के रूप में बीजापुर के सूफी संत ख्वाजा अमीनुद्दीन अल्लाह को हिंदू श्रद्धालु ब्रह्मानंदायिके स्वामी कहकर पुकारते थे और टिनटिनी के मोइद्दीन का हिंदूकरण 'मुनियप्पा' कर दिया गया था।

समय के साथ ही दादा हयात और दत्तात्रेय दो नाम एक हो गए और दरगाह की जमीन के दस्तावेजों में, शाखाद्री, को 'जगदंबा' बुलाया गया। हिंदू और मुस्लिम दोनों ही राजा सदियों इस स्थान के भक्त रहे। रानी चेनम्मा के शासन काल के दौरान इस दरगाह के लिए धन का प्रवाह बना रहता था। इसके रखरखाव के लिए हैदर अली ने भी संसाधन मुहैया कराए थे। टीपू सुलतान ने सैकड़ों एकड़ भूमि इसे दी। श्री कृष्णराज वाड्यार तृतीय यहां 'पीर' से धार्मिक उपदेश के लिए अनेक बार इस दरगाह में आए। इतना ही नहीं, मैसूर के राजा ने 16 हिंदू धार्मिक प्राधिकारों और श्री गुरु दत्तात्रेय बाबाबूदनस्वामी जगद्गुरू को विशेष अधिकार प्रदान किए थे। किसी अन्य मुस्लिम धार्मिक प्रमुख को यह सौभाग्य नहीं मिला था।

ऐसे स्थान पर भगवा ब्रिगेड अब हवन, योग, यज्ञ, पूजा और इसी तरह के अनेक धार्मिक अनुष्ठान करना चाहती है।

एक दिसंबर, 2004, लंकेश पत्रिके

सुधांशु मित्रा द्वारा अनूदित

जेल में मस्ती

नफरत की प्रेम से मुलाकात, संवाद आगे बढ़ा, पत्रिका अपनी तारीख पर निकली

विभिन्न समुदायों के बीच सद्भाव कर्नाटक की संस्कृति है और राज्य के अधिकांश लोग इसे बचाए रखना चाहते हैं। चिकमंगलूर में राज्य भर के विभिन्न संगठनों द्वारा आयोजित 'सद्भावना समागम' और इसके बाद जेल गए लोगों को मिला जबर्दस्त समर्थन इसका सबूत था।

सात दिसंबर, 2003 का सम्मेलन और इसके बाद जेल में बिताए गए दो दिन अविस्मरणीय अनुभव हैं। जिला प्रशासन ने जब शहर में हमारे मार्च को रोका और सैकड़ों लोगों को हिरासत में ले लिया, तो हम एकजुटता का प्रसिद्ध गीत 'पुनर्निर्माण! हम करेंगे पुनर्निर्माण...टूटे दिल और बुलंद सपने, निश्चित ही हम करेंगे पुनर्निर्माण' गाते हुए जेल पहुंच गए। मैं जब उस दिन को याद करती हूं तो मेरी आंखें और बड़ी हो जाती हैं।

पुलिस जब एक भरी हुए बस में हमें नवनिर्मित चिकमंगलूर जेल ले गई तो हमने सफेद झंडे लहराए और बस की खिड़कियों से पूरे रास्ते पर्चे फेंके। इस घटना ने मुझे यह याद दिलाया कि जो सरकार हमारा जुलूस रोकना चाहती थी उसने ही शहर के सभी प्रमुख मार्गों से हमें ले जाकर हमारा मकसद पूरा कर दिया। हम अगर पैदल ही सड़कों से गुज़रते तो शायद हम कम ध्यान आकर्षित पाते।

जेल नई थी परंतु इसमें सभी बुनियादी सुविधाओं का अभाव था। इस जगह का निर्माण 250 व्यक्तियों के लिए किया गया था परंतु इसमें एक हज़ार से अधिक हम लोगों को भेड़ों की तरह ठूंस दिया गया था। यहां

पीने के लिए न तो पानी था और न ही महिला कैदियों के लिए कोई निजता वाली सुविधा थी। हमें जेल में ही खाना, पानी और बिस्तर जैसी आवश्यक वस्तुओं के लिए धरना देना पड़ा था।

अंत में जब पीने का पानी पहुंचा तो यह कचरा उठाने के लिए बनी बड़ी पीपेनुमा गाड़ियों में था जिन पर 'स्वच्छ चिकमंगलूर' लिखा हुआ था! खाना भी सिर्फ तीन सौ लोगों के लायक था। हमने बिस्तरों की मांग की और हमें पतली दरियां तथा झीनी चादरें मिलीं।

परंतु इन कठिनाइयों ने हमारे विश्वास को ठेस नहीं पहुंचाई और न ही हमारा जोश कम हुआ। इसके विपरीत, दो दिन का जेल प्रवास हमें और नज़दीक ले आया और इसने अपना संघर्ष जारी रखने और अपनी भावना बनाए रखने के लिए प्रेरित किया। जब आर. रामदास और भानु मुश्ताक जैसे लेखकों और कार्यकर्ताओं ने यह समझते हुए विस्मित होकर हमसे संपर्क किया कि जेल में हमें बहुत कष्ठ हुए होंगे, मैंने उन्हें भरोसा दिलाया, ''नहीं, यहां कोई समस्या नहीं है। वास्तव में, यहां इतना अच्छा अनुभव हुआ है कि मैं चाहती थी कि आप भी यहां होते। मुझे पक्का विश्वास है कि आप लोगों को ईर्ष्या होगी यदि हम यहां गुज़ारे गए समय के बारे में आपको बताएं।''

यह जेल कर्नाटक के लघु रूप की तरह थी। इसमें युवा लड़के लड़कियां, प्रगतिशील विचारक, कम्युनिस्ट, मुस्लिम समुदाय के नेता, कलाकार, पत्रकार, शिक्षक, महिला कार्यकर्ता, किसानों के नेता और कर्नाटक के अनेक नेता थे।

इसका हास्यास्पद अंश तो वह था कि इनमें ऐसे भी कुछ लोग थे जो बजरंग दल द्वारा आयोजित दत्ता जयंती में हिस्सा लेने आए थे। पता नहीं कैसे वे हमारे वाहन में सवार हो गए और उन्हें भी हमारे साथ जेल पहुंचा दिया गया। लेकिन ऐसा लगता है कि दो दिन हमारे साथ बिताने के बाद वे सांप्रदायिक सद्भाव के हमारे अभियान से पूरी तरह अवगत हो गए थे। हम सभी जिन्हें एक ही जगह पर ठूंस दिया गया था, सही मायने में अजनबी थे और फिर भी सशक्त एकता के भाव में बंधे हुए थे। किसी भी समय कोई अप्रिय घटना नहीं हुई।

मुझे रविवार को गिरफ्तार किया गया था और *पत्रिके* को उसी रात छपने जाना था। मैं अगर जेल में ही अपना स्तंभ लिखती तो इसे बंगलोर फैक्स करना असंभव था। इससे अधिक खराब बात यह थी कि हासन का हमारा रिपोर्टर चंद्रचूड़ भी, जो मेरी मदद करने आया था, मेरे साथ ही जेल में था। अतः मुझे अपना स्तंभ मोबाइल से ही अपने कार्यालय में लिखाना पड़ा।

वरिष्ठ पुलिस अधिकारी सुभाष भराणी मेरे पास आए जब मैं फोन पर अपना लेख लिखा रही थी।

वह सवाल करते हैं, "आज आपकी डेडलाइन है? हम आप सभी को आज रात ही रिहा करने के बारे में सोच रहे हैं, आप इसी समय जा सकती हैं।"

मैंने कहा, "मुझे अपने कार्यालय से आज ही संपर्क स्थापित करना है। मेरे फोन की बैटरी खत्म हो गई है, यही पर्याप्त होगा यदि होटल के मेरे कमरे से फोन का चार्जर मंगा दिया जाए।"

यद्यपि वह इसके लिए तैयार हो गए लेकिन ऐसा होना ही नहीं था। यह तो ऐसा था कि मानो राजा के आदेश को महल के रक्षक ने ठुकरा दिया हो। पुलिस का प्रहरी मेरे फोन के चार्जर को मेरे पास पहुंचाने की अनुमति नहीं देगा। उन्होंने कहा, "आप जा सकती हैं, परंतु आप लौटकर नहीं आ सकती हैं।" हालांकि सांप्रदायिक सद्भाव फोरम और ऑल इंडिया यूथ फेडरेशन के युवा कार्यकर्ताओं ने जाने के लिए कहा, लेकिन मैं सबकी रिहाई के बगैर रिहा नहीं होना चाहती थी।

अंततः भराणी को इसकी कुछ भनक लग गई और उन्होंने होटल के कमरे से मेरा सूटकेस मंगाने की व्यवस्था कराई। हमारे बीच में एक सौ से अधिक मोबाइल फोन थे। उन सभी को चार्ज करने की अनुमति का मतलब बाहरी दुनिया से संपर्क स्थापित करना था, अतः जेल अधिकारियों ने अगले दिन हमारी बिजली की आपूर्ति ही बंद कर दी।

इस दौरान हमारे साथ जो लोग खड़े रहे, वे चिकमंगलूर के मुसलमान थे। सूफी परंपरा का प्रतिनिधित्व करने वाला बाबाबूदनगिरि चिकमंगलूर के रहने वाले अधिकांश मुसलमानों के लिए इबादत की महत्वपूर्ण जगह नहीं

थी। अतः वे आमतौर पर इस विवाद से दूर रहे। परंतु चिकिमंगलूर की हाल की घटनाओं और लगातार ताकतवर हो रही भगवा ब्रिगेड ने उन्हें यह अहसास कराया कि यदि सांप्रदायिक दंगे हुए तो वे ही इसके शिकार होंगे। इसी अहसास ने उन्हें चिकमंगलूर में सांप्रदायिक सौहार्द के संरक्षण के लिए सक्रिय किया।

इससे पहले वाले दिन, चिकमंगलूर की सभी मस्जिदों में हमारी रैली की कामयाबी के लिए विशेष इबादत की गई थी। जैसे ही उन्होंने सुना कि करीब एक हजार लोगों को गिरफ्तार कर लिया गया है, स्थानीय मुस्लिम नेताओं ने हमारे खाने के लिए करीब चालीस हजार रुपए एकत्र किए। जब कभी भी बोतलबंद पानी और खाना कम पड़ा तो उन्होंने इसे हमारे पास भेजा। उन्होंने हमारे पास मिठाई, कॉफी, चाय और चूंकि कड़ाके की सर्दी पड़ रही थी, इसलिए सिगरेट और बीड़ी भी भेजी। युवा मुसलमानों के एक समूह ने जेल के बाहर ही डेरा डाल दिया ताकि अगर हमें किसी चीज की जरूरत हो तो उसे पूरा किया जा सके। हम लोग यूसुफ हाजी के तहेदिल से शुक्रगुजार हैं जिन्होंने इस तरह की सारी गतिविधियों की बागडोर संभाल रखी थी।

हालांकि हम जेल में थे, हम नाचे गाए और परिचर्चा की और यह पता ही नहीं चला कि दो दिन कैसे बीत गए। मैं उसी समय आई गाब्रिएल गार्सिया की आत्मकथा, जिसे अपने साथ लाई थी, का एक पन्ना भी नहीं पढ़ सकी।

उन दो दिनों की इतनी अधिक अविस्मरणीय घटनाएं और लोग-*पत्रिके* का एक निष्ठावान पाठक, जो मुझे अपना स्तंभ लिखने में हो रही परेशानियों को देखकर रो रहा था, वह शरारती लड़का जो उस समय जोर से बोला, "लारा दत्ता एक है" जब हमने नारा बुलंद किया था, "बाबा दत्ता एक है", मुस्लिम युवक जो पौ फटते ही नमाज पढ़ने के लिए चुपचाप मेरे सेल में आया जब मैं सो रही थी, वह युवा जिसने अधीरता के साथ कहा कि हमें जाति और वर्ण के बंधन से बाहर निकलने के बारे में अपने पुराने नारे बंद कर देने चाहिए क्योंकि हम जेल की कोठरी में ठूंसे जाने के बाद इस लक्ष्य को पहले ही हासिल कर चुके हैं और इसकी बजाए हमें खाने की मांग करते

हुए नए नारे शुरू करने चाहिए, वे छात्र जिन्होंने अगले दिन होने वाली अपनी परीक्षाओं के बारे में चिंता जाहिर की।

जेल के खुले मैदान में ठंडी चांदनी रात और लोगों के समूह जो खुद को गर्म रखने के लिए अलाव के सामने छोटे छोटे समूह बनाकर बैठे थे। ये दृश्य भी कभी नहीं भूलने वाले हैं।

मेरा दिल एक नए जोश से उस समय लबरेज हो जाता है जब मैं उन सभी युवा लड़के और लड़कियों के बारे में सोचती हूं जिन्होंने हमारे साथ जेल में समय व्यतीत किया। मैं एक नई जीवन धारा महसूस करती हैं जो मुझे चलते रहने के लिए प्रेरित करती है। यह एक ऐसी जगह थी जिसने नए दोस्त बनाए और नए लगाव का अहसास कराया। एकदम हकीकत में, यह सद्भावना की ही मिसाल थी। यह ऐसा कुछ नहीं था जिसका मैंने अकेले अनुभव किया हो। मुझे इसमें कोई संदेह नहीं है कि उन सैकड़ों लोगों ने भी, जो मेरे साथ जेल में थे, उन्होंने भी इस तरह का अनुभव किया था।

24 दिसंबर, 2003। लंकेश पत्रिके

बागेश्री एस द्वारा अनूदित

चकित करने वाला मां जैसा स्नेह

गुजरात में 2002 में बचाए गए एक मुस्लिम बच्चे को हिंदू की तरह पाला गया

हमारे देश का भविष्य अभी भी उज्ज्वल है। देश में आज भी ऐसे लोग हैं जो जाति और धर्म के विभेद से ऊपर हैं। मैं आपको एक सच्ची घटना बताती हूं जो दर्शाता है कि हमारे देश में प्रेम और मानवता का अभी भी महत्व है। इस कहानी का केंद्र आठ वर्षीय विवेक उर्फ मुज़फ़्फ़र है। इस कहानी के दूसरे पात्रों में एक मुस्लिम दंपती सलीम और उनकी पत्नी जैबुन्निसा हैं, जिसने मुज़फ़्फ़र को जन्म दिया था और हिंदू मां वीणा पाटनी है, जिसने पिछले छह साल से विवेक को मां का स्नेह दिया।

विवेक उर्फ मुज़फ़्फ़र की कहानी छह साल पहले शुरू हुई। यह 28 फरवरी, 2002 का दिन था। इससे एक दिन पहले, गोधरा में 59 लोग उस समय जिंदा जल गए थे जब साबरमती एक्सप्रेस के अनेक डिब्बों में आग लग गई थी। इस घटना की प्रतिक्रिया में हिंदू राष्ट्रवादियों ने गुजरात में मुसलमानों पर हमला करना शुरू कर दिया था।

उस दिन, सलीम अपने दो वर्षीय बेटे मुज़फ़्फ़र के साथ अहमदाबाद की गुलबर्ग सोसायटी में अपनी दादी से मिलने गया था। ठीक उसी समय, हिंदू राष्ट्रवादियों की उग्र भीड़ ने कांग्रेस के पूर्व सांसद एहसान जाफरी के घर पर हमला किया था। उग्र भीड़ ने जाफरी के शरीर के टुकड़े टुकड़े कर दिए और उनके घर में आग लगा दी।

सलीम इस अमानवीय भीड़ से बचने के लिए वहां से भाग गया। वह जब वापस लौटा तो उसे अपनी दादी की लाश मिली परंतु उसके दो

साल के मुज़फ़्फ़र का कोई पता नहीं था।

उस दिन और जनसंहार के बाद के दो महीनों में लगभग तीन हज़ार मुसलमानों की जान गई और मुज़फ़्फ़र जैसे बच्चों सहित करीब चार हज़ार लोग लापता हो गए।

सलीम और जैबुन्निसा ने मुज़फ़्फ़र को हर जगह तलाश किया। उन्होंने इस बारे में पुलिस में शिकायत भी दर्ज कराई। वे इस उम्मीद में जी रहे थे कि उनका बेटा सुरक्षित है और एक दिन वह उन्हें जरूर मिलेगा।

उन्हें यह नहीं मालूम था कि प्रवीण पाटनी नाम का एक पुलिसकर्मी मुज़फ़्फ़र को अपने एक रिश्तेदार विक्रम और वीणा पाटनी के घर ले गया था। पाटनी दंपती न तो निःसंतान थे और न ही धनवान थे। उनके चार बड़े बच्चे थे। विक्रम एक दिहाड़ी मज़दूर था जबकि वीणा मछली बेचकर पैसा कमाती थी।

दो साल का मुज़फ़्फ़र को, जिसे इस बात का भी अहसास नहीं था कि वह कौन है और वह कहां से आया है, पाटनी दंपती ने नया नाम विक्रम दिया और उसे भरपूर वात्सल्य स्नेह के साथ पाला गया। वीणा उसके लिए लोरियां गाती थीं, उसे अपने हाथों से खाना खिलाती, उसका हाथ थाम कर चलती। उसने उसे अपने बेटे की तरह ही पाला।

दूसरी ओर, सलीम और जेबुन्निसा लगातार तीस्ता सीतलवाड़ की मदद से मुज़फ़्फ़र को तलाशते रहे। उन्हें जब अंततः उसके ठिकाने के बारे में पता चला, तो उन्होंने बच्चे को उसके माता पिता से मिलाने का अनुरोध किया। वीणा ने जब उनसे यह साबित करने के लिए कहा कि वह उनका ही बेटा है, विवेक उर्फ मुज़फ़्फ़र का डीएनए परीक्षण हुआ। इस परीक्षण ने साबित किया कि विवेक ही सलीम और जेबुन्निसा का बेटा है।

लेकिन, वीणा जिसने छह साल तक इस बच्चे को पाला पोसा था, बच्चे को उनके जैविक माता पिता को सौंपने के लिए तैयार नहीं हुई। तब सलीम और जेबुन्निसा ने अदालत की शरण ली। उनका यह दुर्भाग्य था कि यह बच्चा अपने माता पिता को भूल ही नहीं चुका था बल्कि उसने न्यायाधीश से भी कहा कि वह अपनी मां वीणा के साथ ही रहना चाहता है। कानून के अनुसार, हालांकि वह अपने को जन्म देने वाले माता पिता की संतान है, यह फैसला हुआ कि वह फिलहाल वीणा के पास ही रहेगा ताकि वह किसी तरह से आहत नहीं हो।

सलीम और जेबुन्निसा अपने बेटे के प्रति वीणा के स्नेह को समझ रहे थे। परंतु वे भूल नहीं पा रहे थे और वे इस बच्चे को जन्म देने के बारे में खामोश ही रहे। सलीम, जिसने अब इस फैसले के खिलाफ उच्च न्यायालय में अपील करने का निश्चय किया है, कहते हैं, "वीणा उसकी बड़ी मां हो सकती है, मेरी पत्नी उसकी छोटी मां हो सकती है। मैं अपनी भाभी की भांति उसकी देखभाल करूंगा। लेकिन हम अपना बेटा वापस चाहते हैं।"

बेर्टोल्ट ब्रेष्ट के चर्चित नाटक *द कॉकेशियन चॉक सर्किल* में बेटे को जन्म देने वाली मां खुद उसे खींचने के लिए तैयार है परंतु उसे अपनाने वाली मां उसे चोटिल करना बर्दाश्त नहीं कर सकती और वह उसे अपनी ओर खींचने से इन्कार कर देती है। लेकिन बाइबिल के सुलेमान प्रकरण के फैसले में जब राजा सुलेमान विवाद के केंद्र बच्चे को दोनों मांओं के बीच बांटने के लिए उसके दो हिस्से करने का आदेश देते हैं तो उसे जन्म देने वाली मां चीखती है, "मेरे बच्चे को मत मारो। उसे उसको ही दे दो।"

इसका मतलब यह है कि यह फैसला करना मुश्किल है कि कौन महान है—जन्म देने वाली मां या दत्तक मां। विवेक उर्फ मुज़फ़्फ़र का मामला आज के समय में, जब अपनी जाति, धर्म और हैसियत को लेकर लोगों की आंखों पर परदा पड़ा है, इस वजह से भी महत्वपूर्ण हो गया है कि यह नन्हा बालक और इसकी दो मांओं का वात्सल्य प्रेम, ममता और मानवता इन सबसे ऊपर उठ जाती है।

यह घटना गुजरात को अपने ही दिल[1] में छिपी मानवता को खोजने में मदद करे, जिसने धर्म के नाम पर बहुत अधिक नफरत और खून खराबा देख लिया है।

10 अगस्त, 2008, *गौरी लंकेश पत्रिके*
सुषमा वीरप्पा द्वारा अनूदित

---

1. गौरी की उम्मीदों पर तुषारापात हो गया है। *इंडियन एक्सप्रेस* की तीन जून 2016 की खबर के अनुसार अब 16 वर्षीय विवेक अपने जैविक माता पिता के पास नहीं जाता है, उनके खान-पान और दूसरी आदतों को अजीब पाता है। ऐसा लगता है कि उसने एक तरह से उनके साथ अपना रिश्ता तोड़ लिया है। देखें: http://indianexpress.com/article/india/india-news-india/gulberg-case-verdict-where-muzaffar-became-vivek-patni-the-verdict-means-little-2831432/

अज्जमपुरा में कलिंगराया

भाजपा गायों के बारे में बकवास करती है, अमृत महल नस्ल को नजरअंदाज करती है

इसका नाम कलिंगराया है। यह सुनकर कि तिप्पेस्वामी ने उसका नाम पुकारा है, कलिंगराया, जो अपने समुदाय के 250 सदस्यों के बीच में था, आगे आता है और हमारे सामने खड़ा हो जाता है। लेकिन कुछ ही क्षणों में वह वहां से भागने लगता है मानो हमारे सामने आने में उसे शर्म महसूस हो रही है।

मैं उसकी कद-काठी और आकर्षक कंधों, सुगठित शरीर और उसकी चाल और दौड़ते समय हो रही कदम ताल की प्रशंसा करते हुए चिल्लाती हूं, "वह बहुत खूबसूरत है।"

कलिंगराया, अज्जमपुरा की अमृत महल चरागाह का एक बैल है।

मैंने परसों ही कलिंगराया और दूसरे बैलों, गायों और बछड़ों को और उनकी चरागाह को पहली बार देखा था। अज्जमपुरा का वेंकटेश, जो मेरा अपनाया हुआ भाई है, लगातार जोर दे रहा था कि मैं इस चारागाह में आऊं। वेंकटेश और उसके कुछ दोस्तों ने एक समिति बना रखी है और यह सुनिश्चित किया है कि अमृत महल चारागाह किसी छद्म स्वामी या किसी अन्य चालबाज के हाथों में नहीं जाए।

आपको शायद याद होगा कि मेरे पिता ने जो 1989 में पशुओं के इस प्रजनन केंद्र में आए थे, अमृत महल के मवेशियों की प्रशंसा करते हुए एक लेख लिखा था। यह भी तथ्य है कि चंद्रगौड़ा ने इसके बारे में कई बार लिखा है और बात भी की है। ये सब मुझे इस केंद्र में आने के लिए

प्रेरित कर रहा था। जरा, इस पशु केंद्र के नाम, अमृत महल, पर विचार कीजिए। क्या यह बहुत भव्य और सुंदर नहीं है?

यह सर्वविदित है कि विजयनगर के राजाओं से लेकर हैदर अली, टीपू सुल्तान से लेकर अंग्रेज़ों तक सभी ने अमृत महल नस्ल के संरक्षण और सुरक्षा का बढ़-चढ़कर समर्थन किया। इसके लिए धन के साथ ही हज़ारों एकड़ भूमि भी सुरक्षित रखी गई थी। परंतु, आज़ादी के बाद, विशेषकर जबसे राजनीतिक नेताओं में धन अर्जित करने की लालसा बढ़ी, इस नस्ल को नजरअंदाज किया जाने लगा। अज्जमपुरा के केंद्र के अलावा, राज्य में पांच-छह और जिले हैं, जिनमें विशेषरूप से अमृत महल पशुओं के लिए केंद्र बनाए गए थे, समस्याओं से घिरे हुए हैं। इसका नतीजा यह हुआ है कि पशु कमजोर होने लगे हैं और उनकी उत्कृष्ट नस्ल विलुप्त होने की कगार पर पहुंच गई है।

अभी हाल ही तक स्थिति इतनी खराब नहीं हुई थी। राज्य में हर बार नई सरकार का गठन होने पर पशु पालन मंत्री के पहले कामों में अमृत महल दौरान करना भी शामिल है। परंतु ज़रा विडंबना तो देखिए, यद्यपि पूरे एक साल से भाजपा सत्ता में है, वह गोरक्षा को अपनी प्राथमिकता देने का दावा करती है, राज्य सरकार के खजाने से एक बेईमान स्वामी को करोड़ों रुपए देती है जो यह दावा करता है कि वह देसी नस्लों की रक्षा करेगा, लेकिन पशु पालन मंत्री रेवु नायक बेलामगी अभी तक अज्जमपुरा नहीं आए हैं।

दो दिन पहले, 'पशु मंत्री'—जैसा कि अनौपचारिक रूप से यही प्रयोग होता है—बेलामगी ने अमृत महल नस्लों के संरक्षण के बारे में बिरूर के अधिकारियों के साथ रस्मी बैठक की। यह पूछने पर कि यह बैठक अज्जमपुरा केंद्र में क्यों नहीं की गई तो अधिकारियों ने जवाब दिया कि अज्जमपुरा की इमारत की मरम्मत हो रही है। प्राणी दया संघ (आरएसएस द्वारा बनाई गई एक अनजान संस्था) के एक भगवा वस्त्रधारी स्वामी को भी बैठक में आमंत्रित किया गया था। वेंकटेश और उसके दोस्तों ने जब अधिकारियों की बैठक में इस स्वामी की मौजूदगी पर सवाल उठाए तो वह कार में बैठ कर भाग गया।

अभी भी, इस सारे मामले में विस्मित करने वाला एक और पहलू

बैठक में बेलामगी और उनके पशु अधिकारियों द्वारा लिए गए फैसले थे। हालांकि, अज्जमपुरा केंद्र ने सदियों ने अमृत महल के संरक्षण में मुख्य भूमिका निभाई है, लेकिन बैठक में इसकी बजाए पड़ोसी जिले में एक केंद्र की स्थिति में सुधार करने का फैसला किया गया।

यही नहीं, इस नस्ल के संरक्षण केलिए आवंटित दस करोड़ रुपए की राशि अज्जमपुरा केंद्र के सुधार की योजना के लिए निर्धारित कर दी गई। इससे यहां के लोगों में आक्रोश है और उन्हें पूरा विश्वास हो रहा है कि यह उनके केंद्र को बर्बाद करने का सुनियोजित प्रयास है। चिकमंगलूर में लोकतांत्रिक कार्यकर्ताओं के समूह और अज्जमपुरा के स्थानीय लोग अब इन फैसलों के खिलाफ संघर्ष करने की तैयारी कर रहे हैं।

अज्जमपुरा केंद्र के एक अधिकारीरंगनाथ भी वहां मौजूद थे, जब मैं वहां गई थी। उन्होंने अपने केंद्र की समस्या, जिसमें ढंग की बाड़ भी नहीं थी, और इन्हें दूर करने के संभावित तरीकों के बारे में बताया। ऐसा लगा कि अज्जमपुरा की गायों को लेकर रंगनाथ की चिंता स्वाभाविक थी। परंतु यदि सरकार के पास स्पष्ट योजना नहीं हो या फिर पर्याप्त धन आवंटित नहीं किया जाए या चरागाह की अतिक्रमण की गई ज़मीन वापस नहीं हो तो वह इसमें कितना कुछ कर सकता है?

अज्जमपुरा केंद्र के समक्ष मुंह बाए खड़ी तमाम समस्याओं में से एक समस्या बेल्लारी पौधों से संबंधित थी। झाड़ीदार इन पौधों ने चरागाह को पूरी तरह से घेर लिया और इस वजह से गायों को घास खाने में परेशानी हो रही है। यदि सिर्फ इन्हें ही हटाने के लिए एक करोड़ रुपए की जरूरत होगी तो समझा जा सकता है कि अमृत महल की सारी चरागाहों की तमाम परेशानियों के हल के लिए कितने धन की आवश्यकता होगी? सरकार के पास पैसे की कमी नहीं है। यदि खनन कारोबारी रेड्डी की सहूलियत के लिए सड़क बनाने के लिए सरकार तीन सौ करोड़ रुपए का प्रावधान कर सकती है और करोड़ों रुपए मौसमी स्वामियों के लिए रखे जा सकते हैं तो निश्चित ही सरकार अमृत महल को बचाने के लिए धन मुहैया करा सकती है। परंतु सरकार की दिलचस्पी इन नस्लों को संरक्षित करने में नहीं है, इसकी बजाए उसने गोरक्षा के नाम पर संघ परिवार के किसी स्वामी के लिए करोड़ों

एकड़ भूमि आवंटित कर दी है। इससे सरकार को गोरक्षा के बारे में काम का प्रचार करने का मौका तो मिला लेकिन वास्तव में उसने करोड़ों रुपए के रियल एस्टेट कारोबार के बंदोबस्त की अनुमति प्रदान कर दी है।

यदि अमृत महल केंद्र में कुछ गायेंबची हैं तो एक सिर्फ तिप्पेस्वामी जैसे लोगों के प्रयासों से ही हैं। तिप्पेस्वामी पिछले 20 सालों से इन गायों की देखभाल कर रहा है और उसने प्रत्येक गाय को एक नाम दे रखा है और वह दूर से ही इन्हें पहचान सकता है। इससे अधिक महत्वपूर्ण बात तो यह है कि वह सहजता से यह जान सकता है कि कौन सी गाय किस केंद्र की है और कब उसका जन्म हुआ था।

सरकार को चाहिए कि तिप्पेस्वामी जैसे सक्षम अधिकारियों और कार्मिकों की नियुक्ति की जाए। इसके अतिरिक्त, दूसरे पशुओं की तरह अमृत महल की गायें चारे की तलाश में एक केंद्र से दूसरे केंद्र चली जाती हैं, सरकार को सभी केंद्रों को विकसित करने की योजना तैयार करनी चाहिए। उसे अज्जमपुरा केंद्र को, जो सदियों से मूल केंद्र रहा है, विकसित करना होगा।

यह कोई व्यर्थ का व्यय नहीं है। अमृत महल के बैलों की जोड़ी की बिक्री से आज भी एक लाख रुपए मिलते हैं। यदि उनकी अच्छी तरह देखभाल की जाए तो निश्चित ही इनकी बिक्री से होने वाली आय से इनके संरक्षण के लिए पर्याप्त धन मिल सकता है। इस तरह से यह केंद्र कुछ ही सालों में आत्म निर्भर हो सकता है।

इस तरह की सफलता प्राप्त करने के लिए चिंता व्यक्त करने या झूठे वायदे करने की बजाए राजनीतिक इच्छा शक्ति की आवश्यकता है। यदि बेलामगी और येदियुरप्पा वास्तव में अमृत महल की नस्ल के गोवंश की रक्षा करना चाहते हैं तो उन्हें तत्काल अपनी राजनीतिक इच्छा शक्ति का परिचय देना होगा।

अन्यथा, अज्जमपुरा के लोग उन्हें और उनके भगवा साथियों को ठीक उसी तरह यहां से बाहर खदेड़ देंगे जैसे हाल ही में बेलामगी के साथ आए भगवाधारी स्वामी को दौड़ाया था।

15 जुलाई, 2009, *गौरी लंकेश पत्रिके*

सुधांशु मित्रा द्वारा अनूदित

ए.पी. शाह : जनता के न्यायाधीश

वह सज़ा की बजाए संरक्षण के पक्षधर थेः नहीं बन सके उच्चतम न्यायालय के न्यायाधीश

ऐसे समय में जब बहुत अधिक सड़ांध और गंदगी हमारे आसपास है, एक ईमानदार और जनता के न्यायाधीश की यह कहानी हमारे देश के भविष्य की उम्मीदों को जीवंत बनाए रखने में मददगार हो सकती है। हाल ही में *द हिंदू* समाचार पत्र में उनके बारे में एक लेख पढ़ने के बाद मैंने कुछ शोध किया और उसे ही साझा करना चाहती हूं।

इनका नाम न्यायमूर्ति अजीत प्रकाश शाह है। हाल ही तक दिल्ली उच्च न्यायालय के मुख्य न्यायाधीश थे, जब वह सेवानिवृत्त हुए तो उन्हें विदाई देने की परंपरा के अनुरूप न्यायाधीश और वकील एकत्र हुए। इनके अलावा दर्जनों आम आदमी, प्रगतिशील विचारक और सामाजिक कार्यकर्ता भी इसमें शामिल हुए।

यदि आप मुझसे पूछें कि देश के सैकड़ों न्यायाधीशों में से न्यायमूर्ति शाह में क्या विशेषता है, तो मैं यही कहूंगी कि यह उनके फैसलों की भावना है।

इनमें से कुछ पर गौर कीजिए। हाल ही में, दिल्ली सरकार ने भिखारियों को उनके राज्य वापस भेजने का फैसला किया क्योंकि वे शहर की सुंदरता पर एक बदनुमा दाग थे। समाचार पत्रों ने इसी तरह से खबर प्रकाशित की थी। कुछ नागरिकों ने इस अमानवीय फैसले पर सवाल उठाए। न्यायमूर्ति शाह के फैसले ने न सिर्फ दिल्ली सरकार के खिलाफ व्यवस्था दी बल्कि कहा कि भिक्षावृत्ति कोई अपराध नहीं है और भिखारी अपराधी नहीं है।

उन्होंने कहा कि हमारे एक शहर से सिर्फ भिखारी ही क्यों बाहर निकाले जा रहे हैं जहां ऐसा लगता है कि अपराधी खुले आम रह रहे हैं। उन्होंने यह भी कहा कि भिखारियों को शहर से बाहर निकालना मानवता के खिलाफ अपराध है।

पिछले महीने कड़ाके की सर्दी में उत्तर भारत में सैकड़ों व्यक्तियों की मृत्यु हो गई। दिल्ली में भी तापमान गिरकर चार डिग्री पहुंच गया था। ऐसे वक्त में, दिल्ली सरकार ने पूसा रोड पर गरीबों के लिए बना रैन बसेरा गिरा दिया और उन्हें बेघर कर दिया। ऐसा करने का एक ही कारण था कि अगले दस महीने के भीतर दिल्ली में राष्ट्रमंडल खेल होने वाले थे और यदि विदेशी शिष्टमंडलों की नज़र गरीबों के लिए बने इन आश्रयगृहों पर पड़ी तो इस 'महान' राष्ट्र को अपमानित होना पड़ेगा। इसलिए इन्हें ज़मींदोज़ करने और राजधानी की 'खूबसूरती' के लिए जेसीबी मशीनों की मदद ली गई। गरीबी दूर करने का यह सरकार का तरीका है।

गरीबों को कड़ाके की सर्दी में बेघर किए जाने संबंधी खबरों को समाचार पत्रों ने प्रमुखता से प्रकाशित किया। न्यायमूर्ति शाह को जब इसकी जानकारी मिली तो उन्होंने किसी के न्यायालय आने का इंतज़ार किए बगैर ही दिल्ली नगर निगम को इन पीड़ितों को आश्रय प्रदान करने के लिए तत्काल कार्ययोजना तैयार करने का आदेश दिया।

न्यायमूर्ति शाह अपने पूरे कार्यकाल के दौरान पूंजीपतियों या शासन के हितों के साथ जनहित का टकराव होने पर जनहित के पक्ष में दृढ़ता से खड़े हुए। अपोलो अस्पताल और एक गैर सरकारी संगठन के बीच 12 साल पुरानी कानूनी लड़ाई का फैसला करते हुए न्यायमूर्ति शाह ने कहा कि स्वास्थ्य का अधिकार मौलिक अधिकार है और कोई इससे इन्कार नहीं कर सकता। उन्होंने व्यवस्था दी कि अपोलो अस्पताल में भर्ती होने वाले मरीजों के निमित्त बिस्तरों में से एक तिहाई और बाहरी मरीज़ों के वार्ड के 40 प्रतिशत बिस्तर गरीबों को मुफ्त उपलब्ध कराए जाने चाहिए।

न्यायमूर्ति शाह ने इस तरह के फैसले उस समय भी दिए थे जब वह बंबई उच्च न्यायालय के न्यायाधीश थे। उदाहरण के लिए, उन्होंने मुंबई में बंद थोपने पर शिव सेना और भारतीय जनता पार्टी पर जुर्माना किया

और व्यवस्था दी कि कानून के तहत किसी भी राजनीतिक दल को ऐसा करने का अधिकार नहीं है। उन्होंने पाया कि राजनीतिक दलों की इस कार्रवाई से मुंबई की जनता को प्रदत्त संवैधानिक अधिकारों का हनन होता है और उन्होंने दोनों दलों पर 20-20 लाख रुपए का जुर्माना भी लगाया। यही नहीं, यह भी आदेश दिया कि यह धनराशि मुंबई में जनोपयोगी कार्य पर खर्च किया जाए।

एक और उदाहरण, न्ययायमूर्ति शाह ने पंजाब में आतंकवाद पर एक फीचर फिल्म और आनंद पटवर्धन द्वारा अयोध्या प्रकरण पर *राम के नाम* से बनाई गई डॉक्यूमेंटरी के प्रसारण को दबाने के बारे में बनाए गए बहानों के लिए महाराष्ट्र सरकार को आड़े हाथों लिया। उनके आदेश ने इन फिल्मों के प्रसारण का मार्ग प्रशस्त किया।

न्यायमूर्ति शाह के एक अन्य फैसले ने 30 निर्दोष बच्चों के लिए एक नई दुनिया के दरवाज़े खोल दिए। मुंबई की बाइकुला जेल में 30 बच्चे अपने माता-पिता के साथ रह रहे थे। इनमें से अधिकतर ने जेल की सलाखों के बाहर की दुनिया देखी ही नहीं थीं। एक जनहित याचिका पर न्यायमूर्ति शाह ने इन बच्चों के लिए जेल के अधिकारियों और कर्मचारियों के आवास के पास ही एक आंगनबाड़ी खोलने का आदेश दिया। उन्होंने अपनी व्यवस्था में कहा कि इस आंगनबाड़ी के लिए फर्नीचर और खेलने के सामान जेल प्राधिकारी उपलब्ध कराएगा और शिक्षकों के वेतन का खर्च राज्य सरकार वहन करेगी। कितना रचनात्मक दिमाग काम करता था।

मद्रास उच्च न्यायालय के मुख्य न्यायाधीश के रूप में अपने दो साल के कार्यकाल के दौरान उन्होंने जिलों में स्थित परिवार अदालतों में बच्चों के देखभाल की सुविधाएं, मध्यस्थता केंद्र और न्यायाधीशों के लिए विकेंद्रित प्रशिक्षण कार्यक्रम शुरू करके न्यायिक संरचना में सुधार करने के प्रयास किए।

पिछले दो साल के दौरान दिल्ली उच्च न्यायालय के मुख्य न्यायाधीश के रूप में न्यायमूर्ति शाह ने समय रहते गरीबों और समाज के उपेक्षित तबकों के लोगों की मदद वाले अनेक फैसले दिए जिससे उन्हें जबर्दस्त लोकप्रियता मिली।

लेकिन न्यायमूर्ति शाह के फैसलों में सबसे अधिक चर्चित और ऐतिहासिक फैसले में भारतीय दंड संहिता की धारा 377 के तहत समलैंगिकता को अपराध के दायरे से बाहर कर दिया गया। जिस खंडपीठ के न्यायमूर्ति शाह सदस्य थे, उसने कहा कि समलैंगिकता को अपराध ठहराने वाला 150 साल पुराना कानूनी प्रावधान पक्षपातपूर्ण है ओर इससे नागरिकों को प्राप्त मौलिक अधिकार का हनन होता है। इस ऐतिहासिक निर्णय के माध्यम से न्यायमूर्ति शाह ने इस बात की पुष्टि कर दी कि यौनाचार व्यक्ति की आजादी का मामला है और उन्होंने लोकतंत्र में मौलिक मूल्यों को बहाल किया।

न्यायमूर्ति शाह की एक और बात का भी संज्ञान लेने की आवश्यकता है। वह हर तरह से योग्य होने तथा अपने पूरे कार्यकाल के दौरान सामाजिक न्याय के प्रति संवेदनशील व्यक्ति के रूप में छवि रखने के बावजूद कभी भी उच्चतम न्यायालय नहीं पहुंच सके। इस बारे में, न्यायमूर्ति शाह ने अपने कार्यकाल के अंतिम दिन कहा, ‘‘मैं यह दिखावा नहीं कर सकता कि मैं आहत नहीं हूं। परंतु मेरी निराशा ने न्याय के प्रति मेरी प्रतिबद्धता को कभी कम नहीं किया।’’

3 मार्च, 2010, *गौरी लंकेश पत्रिके*
बागेश्री एस द्वारा अनूदित

मेरी बहन रेवती की आत्मकथा

एक व्यक्ति के शरीर से बाहर एक महिला की यात्रा और प्रेम के बारे में हमें सीख

उसका नाम रेवती है। पहली बार मैं गोरी और सुंदर रेवती से पांच या छह साल पहले मिली तो वह हरी किनारी वाली हल्के रंग की खूबसूरत साड़ी में थी। उसके बालों में अच्छी तरह कंघी की हुई थी और उनमें एक गांठ लगी थी। माथे पर कुमकुम, कान में टॉप्स, चेन और चूड़ियां पहने हुए वह मध्य वर्ग की एक गृहणी लग रही थी।

रेवती को अपने कार्यस्थल पर ही एक सहयोगी से प्रेम हो गया था और उसने उसके साथ विवाह कर लिया था। मैं उसके पति को पहले ही कई सालों से जानती थी। किन्हीं वजहों से पति-पत्नी के बीच मतभेद पैदा हो गए और उसने (पति) ने उसे छोड़ने और अपनी राह जाने का फैसला किया।

रेवती ने मुझसे मदद मांगी, "कृपा करके कुछ करो और उन्हें मुझे छोड़कर नहीं जाने के लिए राज़ी करो।" मुझे दूसरों की वैवाहिक ज़िंदगी में हस्तक्षेप करना पसंद नहीं है। इसके अलावा, चूंकि उसने पहले ही अपना मन बना लिया था, मैं जानती थी कि यह किसी समस्या का हल नहीं होगा जिसमें रेवती उसे अपने साथ रहने के लिए बाध्य करना चाहती थी। मैंने अपनी असमर्थता व्यक्त करते हुए कहा था, "मैं इस मामले में तुम्हारी कैसे मदद कर सकती हूं, रेवती? यह तुम्हारे और उसके बीच का मामला है।"

वे कोई सामान्य दंपती नहीं थे। रेवती एक हिजड़ा थी। वह उभयलिंगी था। जो भी मामला हो, अंत में वे अलग हो गए। परंतु दोनों आज तक मेरे दोस्त हैं।

पिछले साल, पेंगुइन ने रेवती की आत्मकथा अंग्रेज़ी में प्रकाशित की। मैं इसे कन्नड़ में प्रकाशित करना चाहती थी, परंतु रेवती को पहले ही उसके कन्नड़ संस्करण के प्रकाशन के लिए एक अन्य प्रकाशक मिल गया था। रेवती ने बहुत दुख के साथ मुझसे पूछा, "अक्का, आपने मुझसे पहले क्यों नहीं कहा? मैं किसी और के साथ इसके प्रकाशन के लिए तैयार हो गई हूं। अब मैं क्या करूंगी?" मैंने कहा, "ठीक है, छोड़ो। यही काफी है कि तुम्हारी कहानी अधिक से अधिक भाषाओं में प्रकाशित हो और ज़्यादा से ज़्यादा लोगों को एक हिजड़े की ज़िंदगी की परेशानियों के बारे में पता चले।"

रेवती की आत्मकथा प्रकाशित करने में दिलचस्पी दिखाने वाला प्रकाशन किन्हीं कारणों से अब ऐसा करने में असमर्थ था। रेवती ने, जो उस समय तमिलनाडु में रह रही थी, मुझे फोन किया और पूछा, "अक्का, क्या आप इसे प्रकाशित कर सकती हैं?" मैं इसके लिए सहर्ष तैयार हो गई। दो सप्ताह बाद रेवती एक कवि और अपने निकट मित्र दु. सरस्वती के साथ मेरे कार्यालय आई। हमने तय किया कि सरस्वती आत्मकथा का अनुवाद करेगी। हमने इसके लिए एक समय सीमा भी निर्धारित की।

सरस्वती ने अनुवाद का बढ़िया काम किया। उसने इसे मेरे पास भेजने से दो पहले इसका पूरा मसौदा रेवती को पढ़कर सुनाया।

मैं भी दो तिहाई पुस्तक पढ़ चुकी थी। मैं इसे पढ़ने के दौरान कई बार दुख में आंसू बहाए, हंसी और कई बार सुकून भी महसूस किया। वास्तव में, रेवती की ज़िंदगी की कहानी बहुत शानदार और विचलित करने वाली थी। वे सभी, जो इस आत्मकथा को पढ़ेंगे, निश्चित ही हिजड़े की ज़िंदगी के प्रति सहानुभूति करने लगेंगे।

रेवती का जन्म तमिलनाडु के सलेम जिले के एक छोटे से गांव में सामान्य दुरईस्वामी परिवार में हुआ था। वह अपने आप में बहुत दुर्लभ शख्स थी। वह परेशानियों के दौर में अपने सम्मान की रक्षा के लिए प्रतिबद्ध थी। माता पिता और भाइयों द्वारा अपमानित किए जाने के बाद भी रेवती के मन में उनके प्रति हमेशा प्यार बना रहा। वह गरीबी के बीच भी छोटी छोटी चीजों में खुशियां खोज लेती थी।

कहते हैं कि जिंदगी एक संघर्ष है। परंतु रेवती की जिंदगी तो एक सतत संघर्ष थी।

छोटे बच्चे की अवस्था में ही रेवती यह समझ गई थी कि वह पुरुष के शरीर के भीतर स्त्री है। उसी समय से, उसकी जिंदगी की धारा बदल गई। अंततः वह अपनी ही तरह के दूसरे हिजड़ों के साथ जिंदगी गुजारने के लिए घर से भाग गई क्योंकि वे उसे समझ सकते थे। वह सिर्फ सोलह या सत्रह साल की है। उसके पास पैसा नहीं है और वह सिर्फ तमिल ही बोल सकती है और इसके बावजूद वह दिल्ली में अपने गुरु के पास पहुंचने में सफल होती है। यहां वह अन्य हिजड़ों में शामिल होकर भीख मांगने का काम शुरू कर देती है।

रेवती के बारे में जानकारी मिलने पर उसका परिवार उसे वापस लाने की योजना बनाता है। वे उसकी बुरी तरह पिटाई करते हैं और उसे सुधारने के लिए उसके लंबे बालों को काट देते हैं।

रेवती एक बार फिर भाग जाती है। इस बार वह मुंबई चली जाती है जहां वह अपने गुरु की वित्तीय मदद से अपना सेक्स बदलवाने के लिए ऑपरेशन कराती है। इसके बाद वह अपनी इच्छाएं पूरी करने के लिए यौनकर्मी बन जाती है। इसके साथ ही उसके मन में अपने परिवार को देखने की इच्छा बलवती होती है। वह महसूस करती है, "अब मैं एक महिला बन गई हूं, मेरे भाई अब मेरा कुछ नहीं कर सकते।" इसके साथ ही वह अपने घर लौटती है। लेकिन इस बार भी उसे सिर्फ अपमानित होने के साथ उपेक्षा का शिकार होना पड़ा। इस तरह की यंत्रणाओं को बर्दाश्त करने में असमर्थ रेवती एक बार फिर घर छोड़ देती है। इस बार वह बेंगलुरू आती है। वह एक हमाम में शामिल होती है और वहीं पर जिंदगी गुजारने का प्रयास करती है।

उस समय तक, बेंगलुरू में यौन अल्पसंख्यकों के लिए काम करने वाला संगठन संगम सक्रिय हो गया था। रेवती इस संगठन में शामिल हो गई और उसने हिजड़ों और दूसरे यौन अल्पसंख्यकों के अधिकारों और उनकी समस्याओं के लिए संघर्ष करना शुरू कर दिया। रेवती से मेरी मुलाकात उनके इसी तरह के एक विरोध प्रदर्शन के दौरान हुई थी।

रेवती ने एक दिन मुझे फोन किया। वह पूछती है "अक्का, मेरी किताब कब पूरी हो जाएगी? हमें इस पुस्तक के लोकार्पण के लिए किसे आमंत्रित करना चाहिए?"

मैंने जवाब दिया, "मैं अभी भी इसका प्रूफ देख रही हूं। इसकी रूपरेखा तैयार होनी है और फिर प्रूफ दुबारा पढ़ा जाएगा। खैर, यह होता रहेगा, इस पुस्तक के लोकार्पण के लिए तुम किसे बुलाना चाहती हो?"

वह कहती है, "अक्का यह सिर्फ हिजड़ों का कार्यक्रम बनकर नहीं रह जाना चाहिए। मेरी जिंदगी भी तमाम दूसरे दबे कुचले और उपेक्षित लोगों जैसी ही है। यदि वे लोग भी इस लोकार्पण का हिस्सा बनेंगे तो बहुत अच्छा होगा।"

मैंने उससे कहा, "तुम जो कह रही हो, सही है। हम बैठकर इस बारे में सोचते हैं।"

फोन रखने से पहले रेवती ने पूछा, "मैं आपको अक्का बुलाती हूं तो आपको खराब तो नहीं लगता?"

मैंने जवाब दिया, "मैं क्यों बुरा मानूंगी? मुझे अच्छा लगता है जब तुम मुझे अक्का बुलाती हो।"

हम शीघ्र ही अपनी छोटी बहन की पुस्तक *मेरी सच्चाईः एक हिजड़े की आत्मकथा,* जिसे कन्नड़ में बादुकू बयालू कहते हैं, का लोकार्पण करेंगे। यह सही मायने में बहुत ही विचलित करने वाली कहानी है।

13 अप्रैल 2011, *गौरी लंकेश पत्रिके*

सुषमा वीरप्पा द्वारा अनूदित

सवानूर में शासन की उपेक्षा

अपनी संपत्ति के साथ छले गए दलितों ने विरोध में खुद को मल में लपेटा

आज दीपावली है। बेंगलुरू के लोग आशाओं और संतुष्टि के प्रतीक इस पर्व को मनाते हुए पटाखे छोड़ रहे हैं। हालांकि, मेरे जहन में शहर से दूर रहने वाले 40 व्यक्ति घूम रहे हैं जो किसी आशा और संतुष्टि के बगैर ही नारकीय जिंदगी बसर कर रहे हैं।

मेरे युवा कवि मित्र वीरन्ना मादीवाला हाल ही में मेरे कार्यालय आए थे। हमारी बातचीत का सिलसिला उत्तरी कर्नाटक के सावानूर में सिर पर मैला ढोने वाले समुदाय के लोगों की ओर चला गया। पिछले साल (2010) 20 नवंबर को इस समुदाय के तीन सदस्यों ने शहर की नगर पालिका के कार्यालय के सामने विरोध प्रकट करते हुए मानव मल अपने ऊपर डाल लिया था। उन्हें उम्मीद थी कि इस तरह का विरोध प्रकट करके वे अपने रहने के घरों को बचा सकेंगे जिन्हें प्रशासन ने अपने कब्जे में लेने की चेतावनी दे रखी है।

इस विरोध प्रदर्शन ने समूचे देश को हतप्रभ कर दिया। राज्य सरकार ने तत्परता के साथ इस मुद्दे को हल करने का वायदा किया। इस क्षेत्र के विधायक और सिंचाई मंत्री बसवराज बोम्मई ने भी आंसू बहाए और इस समुदाय के लिए भरसक सब कुछ करने और उन्हें नया जीवन देने का वायदा किया।

परंतु इसके बाद से इन भंगियों का क्या हुआ? सरकार ने उनके बारे में क्या किया?

मुझे वीरान्ना से भंगी समुदाय के एक नेता मंजूनाथ भंगी का टेलीफोन

नंबर मिला तो मैंने उनसे बात की। मैं उनके साथ हुई बातचीत यहां साझा कर रही हूं।

इससे पहले कुछ पृष्ठभूमि बताती हूं। आजादी से पहले, सावानूर, नवाब माजिद खान की रियासत का हिस्सा था। नवाब ने भंगी समुदाय के सदस्यों को अपने लिए मकान बनाने के लिए तीन गुंट भूमि आवंटित की। यह बगैर किसी दस्तावेजी साक्ष्य के एक मौखिक डिक्री थी। इनमें से कुछ लोगों ने अपने मकान बनाए और उनमें रहना शुरू कर दिया। देश 1947 में आजाद हुआ परंतु भंगियों में जिंदगी में कोई बदलाव नहीं आया। वे नवाब के जमाने से लेकर बोम्मई युग तक सिर पर मैला ढोने वाले ही रह गए।

कर्नाटक सरकार का उच्चतम न्यायालय में यह कथन सरासर झूठ है कि राज्य में सिर पर मैला ढोना पूरी तरह बंद कर दिया गया है। राज्य के अनेक हिस्सों में आज भी सिर पर मैला ढोने की कुप्रथा जारी है। कोलार में 24 अक्तूबर, 2011 को एक सीवर की सफाई के दौरान तीन दलितों की मृत्यु इसका जीता जागता प्रमाण है। चूंकि हावेरी जिले के सावानूर शहर जैसे अनेक स्थानों पर भूमिगत जल निकासी की व्यवस्था नहीं है, इसलिए इन सीवरों को साफ करने की जिम्मेदारी भंगियों पर आ जाती है।

समय बीतने के साथ ही, कमल बंगादी इलाका जहां 14 भंगी परिवार रहते थे, रियल एस्टेट की ऊंची कीमतों के साथ शहर के मध्य क्षेत्र का हिस्सा बन गया। स्वाभाविक रूप से स्थानीय प्रशासन की नजर इस भूखंड पर गड़ गई। होता भी क्यों नहीं, सरकारी दस्तावेज में यह अभी भी 'खाली जमीन' के रूप में दर्ज था। अनेक भ्रष्ट नेता और नौकशाह इसे हड़पना चाहते थे। शहर की नगर पालिका ने उस स्थान पर एक वाणिज्यिक परिसर के निर्माण का प्रस्ताव पारित किया जहां ये भंगी रहते थे। इस समुदाय का पक्ष सुनना तो दूर, प्रशासन पूरी तरह यह सुनिश्चित करना चाहता था कि उन्हें इस योजना की भनक तक नहीं लगे। कानून के अनुसार यदि कोई व्यक्ति लगतार तीस साल तक एक ही स्थान पर रहता है तो उसे उस स्थान को लेकर चुनिंदा अधिकार मिल जाते हैं और उससे सलाह किए बगैर ऐसे स्थान पर कुछ भी नहीं किया जा सकता है। प्रशासन ने ऐसा कुछ भी नहीं किया। यदि उसने यह स्वीकार कर लिया होता कि उस स्थान पर भंगी

30 साल से रह रहे हैं तो उसे इन परिवारों को मुआवजा देना पड़ता और उनके पुनर्वास की योजना भी बनानी पड़ती।

इन भंगियों को वहां से बेदखल करने के लिए तरह तरह के हथकंडे अपनाए गए। इस समुदाय की महिलाओं को धमकी दी गई, उनके घरों पर पथराव किया या और उनके घर के सामने के मैदान में कूड़ा कचरा डाल दिया गया। इसके बाद भी जब वे नहीं झुके तो उनके घरों की पानी की आपूर्ति बंद कर दी गई।

यही समय था जब इस समुदाय ने महसूस किया कि नगरपालिका किस तरह से उन्हें इस क्षेत्र से बेदखल करने पर तुली हुई है। इसके अलावा इस क्षेत्र में उनके दुयामोहा की प्रतिमा स्थापित है और हर तीन साल में यहां एक मेले का आयोजन होता है जिसमें हावेरी जिले से उनके समुदाय के सारे सदस्य हिस्सा लेते हैं। उन्हें यह डर हुआ कि इस कार्रवाई से वे अपने देवता और अपने घर दोनों ही गंवा देंगे। उन्होंने जिला प्रशासन से गुहार लगाई कि उन्हें बेदखल नहीं किया जाए, परंतु किसी ने उन्हें नहीं सुना। उन्होंने तहसीलदार, सहायक आयुक्त और जिला आयुक्त से अनुरोध किया कि उन्हें स्वामित्व वाले कागज़ात दिए जाए और पीने के पानी की आपूर्ति बहाल की जाए क्योंकि उनके भंगी होने की वजह से उन्हें सार्वजनिक नल साझा करने की अनुमति नहीं है।

उन्हें इन सभी के यहां प्रतिवेदन करने के बावजूद अपेक्षित जवाब नहीं मिला। इससे परेशान समुदाय ने तब विरोध स्वरूप अपने ऊपर मल डालने का निर्णय किया। यह सारे मामले की पृष्ठभूमि है।

इस हतप्रभ करने वाले विरोध प्रदर्शन के बाद क्या हुआ? जैसा कि सभी जानते हैं कि बसवराज ने इस समुदाय की शोचनीय स्थिति पर सार्वजनिक रूप से आंसू बहाए थे और जिला अधिकारियों की आपात बैठक बुलाई। इसमें यह फैसला लिया गया कि भंगियों को बेदखल नहीं किया जाएगा, परंतु तेरह परिवारों के लिए एक लाख साठ हजार रुपए प्रति घर के हिसाब से मकानों का निर्माण किया जाएगा जिनमें सभी सुविधाएं होंगी। इनमें से नौ को नौकरियां और उनके बच्चों को वज़ीफा देने का भी फैसला लिया गया।

लेकिन आज तक भंगियों के पास न तो उचित मकान और न ही स्थायी नौकरियां हैं। शहर से करीब तीन किलोमीटर दूर नौ मकानों का निर्माण किया गया था। हालांकि प्रत्येक मकान के लिए एक लाख साठ हजार रुपए मंजूर किए गए थे, इसकी आधी रकम इस काम के प्रभारियों की जेब में चली गई। इसका नतीजा यह हुआ कि निर्माण की गुणवत्ता में कटौती की गई। उदाहरण के लिए, छह इंच की छत की बजाए इसे ढाई इंच कर दिया गया। निर्माण इतना अधिक खराब था कि इन घरों का कब्जा मिलने से पहले ही इनकी दीवारों में दरारें आने लगीं और छत भी टपकने लगी।

भंगियों की संख्या कम हो रही है। उपलब्ध रेकॉर्ड के अनुसार सावानूर में 2001 में इस समुदाय के 17 परिवार थे। इनकी संख्या 2011 में घटकर 11 रह गई। इसकी मुख्य वजह भंगियों का पेशा था। वे हमेशा ही इतनी गंदगी में काम करते हैं कि अधिकांश की तमाम तरह की बीमारियों से ग्रस्त होकर उनकी मृत्यु हो जाती है। आज की तारीख में आपको सावानूर में इस समुदाय का ऐसा कोई भी सदस्य नहीं मिलेगा जिसकी उम्र 40 साल से अधिक हो।

यद्यपि चौदह परिवार प्रभावित हुए थे, लेकिन सरकार ने सिर्फ नौ मकानों का निर्माण किया। इन घरों में कोई शौचालय या बिजली का कनेक्शन नहीं था। उसने बिजली के कनेक्शन के लिए इन परिवारों से एक लाख बीस हजार रुपए लिए थे लेकिन इसमें देरी की जाती रही और कहा गया कि निविदा प्रक्रिया में समय लगता है। अब पांच महीने से भी अधिक समय हो गया है।

इसी तरह नौकरियां देने के वायदे के मामले में भी उन्हें निराशा ही हाथ लगी। बोम्मई ने इनमें से नौ के लिए स्थायी नौकरी का वायदा किया था। कानन मंत्री सुरेश कुमार ने भी सारी औपचारिकताएं दस मई तक पूरी करने और उन्हें नौकरियां देने का आदेश दिया था। ये नौ लोग ठेके पर रखे गए क्योंकि इनके बगैर तो सावानूर में बदबू ही बदबू फैल जाती। हालांकि काग़ज़ों पर उनका वेतन 4820 रुपए है लेकिन उन्हें करीब तीन हजार रुपए ही मिलते हैं। मंजूनाथ भंगी बताते हैं, "यह वेतन भी उन्हें नियमित नहीं मिलता है, वे तीन या चार महीने में एक बार इसका भुगतान करते हैं।"

मैं यह जानकर आश्चर्यचकित रह गई कि स्थायी नौकरी देने की प्रक्रिया में इनमें से बारह का साक्षात्कार लिया गया था। मैंने पूछा, "वह साक्षात्कार कैसा था? क्या उन्होंने यह जांचा कि आप कितनी अच्छी तरह से सफाई करते हो?" उसने कहा, "नहीं, ये तो यह सब साबित करने का नाटक था कि नियमों के तहत हमें स्थायी नहीं किया जा सकता है।" एक तरह से इसकी पुष्टि करते हुए अधिकारी अब कहते हैं कि इन सभी को स्थायी नौकरी देना मुश्किल है। यहां तक कि उनमें से आठ को ही नौकरी देने की मांग भी नहीं मानी जा रही है और इसे कभी तहसीलदार के नहीं होने के नाम पर या फिर संबंधित कार्मिक की अनुपस्थिति के आधार पर टाला ही जा रहा है।

इस सबके बीच में कुछ हास्यास्पद घटनाएं भी हो रही थीं। मंजूनाथ बताते हैं कि जब उन्होंने विरोध प्रदर्शन किया तो आंबेडकर विकास निगम ने उन्हें कुछ गायें और भेड़ें 35 हज़ार रुपए के कर्ज पर दीं। वह बताते हैं, "हमने कहा कि हमें ये नहीं चाहिए क्योंकि हम उनके चारे और उनकी देखभाल का खर्च वहन नहीं कर सकते हैं। इस पर निगम के सदस्यों ने हमसे कहा कि हमें कर्ज लौटाने की ज़रूरत नहीं है और इसलिए अंततः हम तैयार हो गए। उन्होंने हमें जो गायें और भेड़ें दीं उनमें से आधी बीमार और लगड़ी थीं। इनमें से कई तो कुछ दिन के भीतर ही मर गईं। हमने दूसरों से बाकी बचे पशुओं की देखभाल करने के लिए कहा। अब यह निगम हमें कर्ज लौटाने की मांग कर रहा है। हम कहां से इसके लिए पैसा लाएं?"

यह सारा विवाद कमल बांगदी में वाणिज्यिक परिसर के निर्माण का रास्ता साफ करने के इरादे से इन मकानों को जमींदोज़ करने की प्रशासन की साजिश से शुरू हुआ। अधिकारी हमसे कहते हैं कि हमें अपने नवनिर्मित मकानों में रहने जाना चाहिए क्योंकि कमल बांगदी के मकान उन्हें वापस नहीं दिए जा सकते हैं। इसका मतलब यह हुआ कि अधिकारियों और नेताओं ने उनके 80 लाख रुपए की कीमत वाली ज़मीन छीनने की योजना अभी तक त्यागी नहीं है।

परंतु, भंगी समुदाय के लोग इसके लिए तैयार नहीं है। अतः मंजूनाथ भंगी, उनकी मां और कुछ रिश्तेदार अभी भी अपने पुराने घरों में ही रह

रहे हैं। मंजूनाथ कहते हैं, "हमें नहीं मालूम कि यह पुराने घर कब हमारे ऊपर ही आ गिरेंगे परंतु यह हमारी जगह है। हमारे यहां पर घर हैं और इससे भी अधिक महत्वपूर्ण यह है कि हमारे देवता यहां हैं। चाहे जो भी हो जाए, हम यहां से नहीं जाएंगे।"

यह सब हमें क्या बताता है? भंगियों द्वारा नाटकीय तरीके से किए गए विरोध प्रदर्शन के डेढ़ साल बाद भी उनकी जिंदगी में कोई अंतर नहीं आया। भाजपा सरकार की क्रूरता, पाखंड और अक्षमता का यह एक और नमूना है। मंजूनाथ भंगी सारगर्भित तरीके से वर्तमान स्थिति बताते हैं, "बसवराज बोम्मई ने उस दिन हमारे लिए नई जिंदगी का वायदा किय था। आज उनका मोबाइल फोन बंद मिलता है।"

9 नवंबर, 2011, *गौरी लंकेश पत्रिके*

बागेश्री एस द्वारा अनूदित

दयामनी बरला की दयालुता

आदिवासी पत्रकार और उसकी चाय की दुकान डटी रही एमएनसी के सामने

भारतीय जनता पार्टी के मुख्यमंत्री जगदीश शेट्टर ने हाल ही में बेल्लारी के कुंडितिनी में करीब 2600 एकड़ भूमि दुनिया की प्रमुख इस्पात कंपनी आर्सेलरमित्तल को हस्तांतरित की है। इसका तात्पर्य है कि यह विशाल इस्पात कंपनी कर्नाटक में प्रवेश कर चुकी है और उसने हमारे प्राकृतिक संसाधनों को लूटने की दिशा में पहला कदम उठाया है। यह कोई आश्चर्य नहीं होगा यदि पोस्को जैसी दूसरी प्रमुख इस्पात कंपनियां भी इसका अनुसरण करें। ऐसी कंपनियां भ्रष्ट सरकारों के समर्थन से किसानों को मामूली सा मुआवज़ा देती हैं और उनकी जमीन ले लेती हैं जो उनकी आजीविका का एक मात्र साधन होती हैं। यही नहीं, ये स्थानीय लोगों को बेदखल कर देती हैं, लौह अयस्क का खनन करती हैं और पर्यावरण नष्ट कर देती हैं। इस वजह से जहां एक ओर स्थानीय लोगों की गरीबी बढ़ती है तो दूसरी ओर कंपनी का मुनाफा कई गुना बढ़ता जाता है। यह पूरी दुनिया में बार बार देखने को मिला है।

भ्रष्ट सरकारों और शोषण करने वाली कंपनियों द्वारा संयुक्त रूप से किए जा रहे इस कपट का अंत किस तरह किया जाए? हम किस तरह इन राष्ट्र विरोधी गतिविधियों को बेनकाब करें? क्या हम लोगों को उनकी अपनी ही जमीन से वंचित करने के धंधे को रोक सकते हैं जबकि इन कंपनियों के स्वागत में लाल गलीचे बिछाए जा रहे हों? असली लोकतंत्र में इस तरह के सवालों के लिए कोई जगह नहीं होनी चाहिए। लेकिन हमारे जैसे पाखंडी

लोकतांत्रिक देश में ये महत्वपूर्ण हैं।

भारतीय आज स्वयं को इस तरह के मुश्किल हालात में पा रहे हैं कि वे समझ ही नहीं पा रहे हैं कि किस तरह से इनका प्रतिरोध किया जाए और यह जानते हुए भी कि सरकार जनता के हितों के साथ खुल्लम-खुल्ला खिलवाड़ करके नीतियां और नियम बना रही है तो भी ऐसी सरकार को सत्ता से बाहर किया जाए। ऐसे अनगिनत उदाहरण हैं जिनमें हमारे देश के लोग जनता का पक्ष लेने की वजह से सरकार के आक्रोश का निशाना बने हैं। यह सिलसिला बिनायक सेन से शुरू होकर, जिन्हें गैरकानूनी तरीके से जेल भेजा गया था, तीस्ता सीतलवाड़ तक जाता है, जो नरेंद्र मोदी के खिलाफ अपनी कानूनी लड़ाई की वजह से सैकड़ों फर्जी मुकदमों में उलझी हैं। ऐसे ही अनेक सामाजिक कार्यकर्ता अभी भी लापता हैं। अब 13 साल हो गए जब इरोम शर्मिला ने अपना उपवास शुरू किया था। इस सूची में हाल ही में एक आदिवासी महिला दयामनी बरला का नाम भी शामिल हो गया है। आदिवासी लोगों के अधिकारों के लिए आवाज उठाने की वजह से उन्हें जेल भेज दिया गया है।

दयामनी का जन्म झारखंड में एक गरीब आदिवासी परिवार में हुआ था। उनके पिता ने, जो वित्तीय मामले में चतुर नहीं थे, सूदखोरों के हाथ अपनी जमीन गंवा दी थी। उन्हें इसके बाद पास के ही शहर में काम मिल गया जबकि उनकी मां एक अन्य शहर में घरेलू सेविका का काम करने लगीं। दयामनी ने, जो पढ़ना चाहती थीं, लोगों के खेतों में काम करते हुए ही अपने गांव में सातवीं कक्षा तक पढ़ाई की। वे भी बाद में रांची आ गईं और एक हाई स्कूल में भर्ती हो गईं। इस दौरान वह किसी अन्य के घर में काम करती थीं, बचा हुआ खाना खातीं और गायों के लिए बने खपरैल में सोती थीं। वे वहीं पर नहीं रुकीं और उन्होंने टाइपिंग से मिलने वाले पैसों से अपनी शिक्षा का खर्च उठाया और स्नातक की शिक्षा पूरी की।

उस समय तक कोइलकारो हाइड्रो-इलेक्ट्रिक परियोजना के खिलाफ आंदोलन जोर पकड़ चुका था। इस परियोजना की वजह से करीब 66,000 सड़क भूमि जलमग्न होने वाली थी जिसमें प्राकृतिक संसाधनों से संपन्न इलाका और वन भी शामिल थे। इसके अलावा, इससे करीब 1,35,000

आदिवासी बेघर होते। इन विरोध प्रदर्शनों में बढ़-चढ़ कर हिस्सा लेने वाली दयामनी ने महसूस किया कि यदि अपने लोगों को बचाना है तो उनके जंगलों और नदियों को भी संरक्षित करना होगा। उन्होंने यह भी देखा कि मुख्य धारा का मीडिया उनकी समस्याओं और आदिवासियों के विरोध को सामने नहीं ला रहा है। आदिवासियों की आवाज उठाने और उनकी रक्षा के लिए उन्होंने एक बैंक से 25000 रुपए का कर्ज लिया और *जन हक* नाम से एक समाचार पत्र शुरू कर दिया। हालांकि यह समाचार पत्र अधिक समय तक नहीं चला लेकिन इसने दयामनी की चिंता और सीधे सपाट शब्दों में लिखने की शैली की ओर लोगों का ध्यान ज़रूर खींचा। एक प्रमुख समाचार पत्र *प्रभात खबर* ने उन्हें एक स्तंभ लिखने का प्रस्ताव दिया। उसी समय, दयामनी ने आदिवासी मूलवासी अस्तित्व रक्षण समिति नाम से एक संगठन शुरू किया और सार्वजनिक जीवन में सक्रिय बनी रहीं। दयामनी इतनी प्रतिबद्ध महिला थीं कि उन्होंने अपने लोगों के साथ बराबर संपर्क बनाए रखने के लिए चाय की एक दुकान खोल ली थी। इसने उसे सिर्फ अपनी आजीविका का साधन ही नहीं मुहैया कराया बल्कि अपने लोगों के साथ संपर्क में रहने का एक साधन भी उपलब्ध कराया जो इस स्थान पर एकत्र होते और अपनी जिंदगी के उतार-चढ़ाव के अनुभव साझा करते थे।

जनता का विरोध बहुत तेज हो जाने की वजह से सरकार ने अंततः कोइलकारो परियोजना छोड़ दी। आदिवासी लोगों के लिए यह उनकी परेशानियों का अंत नहीं था। कुछ ही सालों में लक्ष्मी मित्तल नाम का एक नया उद्यमी वहां आया। उसने झारखंड सरकार से वहां अपनी कंपनी आर्सेलरमित्तल को इस्पात की इकाई शुरू करने के लिए 12,000 एकड़ जमीन देने की अपील की। सरकार सहर्ष यह जमीन देने के लिए तैयार हो गई मानो वह बहुत भाग्यशाली थी कि उससे ऐसा अनुरोध किया गया था। इतना ही नहीं। 45 गांवों को ज़मींदोज़ करने और 70 हज़ार आदिवासियों को बेदखल करने के लिए तैयारियां भी शुरू हो गईं। उस समय जो महिला आदिवासियों के साथ डट कर खड़ी रही, वह दयामनी थी। उन्होंने कहा, ''जिस तरह की जीवन शैली का निर्माण हमने इस धरती पर किया है, वह आपके द्वारा मुआवजे के रूप में दी जाने वाली राशि से कहीं अधिक बहुमूल्य है। हम

आपको एक इंच भी जमीन नहीं देंगे।" इसके साथ ही उन्होंने आंदोलन शुरू कर दिया। उसके आंदोलन को इतना अधिक समर्थन मिला कि आज तक मित्तल की कंपनी को एक एकड़ भूमि भी नहीं मिल पाई है।

अभी हाल ही में, दयामनी ने एक और आंदोलन शुरू किया। सरकार ने झारखंड की राजधानी रांची से कुछ किलोमीटर की दूरी पर नगरी नाम के गांव में 227 एकड़ उपजाऊ भूमि एक आईआईटी और नेशनल लॉ कालेज शुरू करने के लिए आवंटित कर दी। इसकी वजह से पीढ़ियों से खेती पर ही निर्भर रहने वाले करीब 500 आदिवासी परिवार निराश्रित हो जाते। दयामनी ने सभी के साथ मिलकर शांतिपूर्ण तरीके से आंदोलन शुरू किया। पुलिस ने जब उनकी खड़ी फसल पूरी तरह नष्ट कर दी तो भी लोगों ने अपना धैर्य नहीं खोया। जनता ने जब भी अपना आक्रोश जाहिर नहीं किया जब सरकार ने नगरी के लोगों के खिलाफ अपनी रिजर्व पुलिस बल की चार में से तीन यूनिटें उनके सामने लगा दीं। लोगों ने उस समय भी संयम नहीं खोया जब गांव के लोगों के खिलाफ झूठे मामले दर्ज किए गए। इसके साथ ही, इसमें से कोई भी जनता को सवाल करने से नहीं रोक सकाः आदिवासियों की जमीन छीनकर उस पर आईआईटी और नेशनल लॉ कालेज जैसी भव्य शिक्षण संस्थान की इमारत के निर्माण का औचित्य क्या है जब राज्य में बहुसंख्यक आदिवासियों के पास प्राथमिक शिक्षा की बुनियादी सुविधाएं तक नहीं हैं? इस सवाल ने सरकार को बगलें झांकने के लिए बाध्य कर दिया।

दयामनी, जिन्होंने कभी भी राजनीतिक दलों या नेताओं के साथ समझौता नहीं किया और निस्वार्थ भाव से अपना काम करती रहीं, इतनी अधिक लोकप्रिय थीं कि वे सरकार और कॉर्पोरेट घरानों के लिए सिरदर्द बन गई थीं। यही वजह थी कि सरकार उन्हें काबू में करने के लिए उचित मौके की तलाश में थी।

आप सहजता से यकीन नहीं करेंगे कि ऐसा करने के लिए सरकार के हाथ क्या लग गया। छह साल पहले दयामनी सरकार की महत्वाकांक्षी रोज़गार गारंटी योजना में हुए छल के खिलाफ विरोध प्रदर्शन का हिस्सा थीं। उनकी मांग थी कि रोजगार का कार्ड सिर्फ पात्रता रखने वाले लोगों

को ही दिया जाना चाहिए। उस समय दयामनी के खिलाफ सरकारी कर्मचारियों के काम में बाधा डालने के आरोप में मामला दर्ज हुआ था। अब सरकार ने इस मामले को निकाला और उन्हें गिरफ्तार कर लिया। तर्क यह दिया गया कि यदि आदिवासियों के भूमि अधिकार के लिए विरोध के सिलसिले में उन्हें गिरफ्तार किया गया होता तो आदिवासी लोगों ने विद्रोह कर दिया होता। अतः रोज़गार कार्ड मामले की आड़ लेना उचित रहेगा।

दयामनी को, जो मित्तल जैसे खलनायकों को उनके ही दांव में रोक सकती थीं, लगातार जेल में ही रखा गया, हालांकि उन्हें जमानत मिल जाती थी। देश भर के सामाजिक कार्यकर्ताओं ने दयामनी की रिहाई के लिए आवाज बुलंद की। परंतु राज्य और केंद्र सरकार दोनों ही इसके प्रति पूरी तरह उदासीन बने रहे।

उसी समय, यहां कर्नाटक में भाजपा सरकार ने मित्तल की कंपनी को जमीन हस्तांतरित की और उनके लिए लाल कालीन बिछा दी। जैसा मैंने पहले कहा कि यह अवश्यंभावी लूट की दिशा में एक छोटा कदम है।

मैं आशा करती हूं कि इसे रोकने के लिए हमारे राज्य में भी दयामनी बरला जैसे साहसी सामाजिक कार्यकर्ता उभर कर सामने आएंगे।

21 नवंबर, 2012, गौरी लंकेश पत्रिके

बागेश्री एस द्वारा अनूदित

हर कट्टरपंथ गलत है

रुश्दी, रामानुजम, जेम्स लायनः एक बार झुके, बार बार झुके

सलमान रुश्दी जयपुर साहित्य महोत्सव में शामिल होने के लिए आना चाहते थे, कुछ कट्टरपंथी देवबंद मुसलमानों ने इस पर आपत्ति की, रुश्दी की सुपारी लेकर हत्या करने वालों के उनकी तलाश में होने की चर्चा के बावजूद वह इसमें शामिल होने की जिद कर रहे थे और अंततः रुश्दी का इस महोत्सव से दूर रहने का निर्णय...। ये एक लेखक की अभिव्यक्ति की आजादी और समाज के प्रति उसकी जिम्मेदारी तक सीमित कुछ सवाल नहीं है। इसमें ही कई और सवाल भी निहित हैं और यह जरूरी है कि इस ओर हम गंभीरता से ध्यान दें।

रुश्दी एक महान लेखक और ऐसे व्यक्ति हैं जो विवादों का आनंद लेते हैं। रुश्दी की पुस्तक *द सैटेनिक वर्सेज़* के प्रकाशन के बाद इसे मुसलमानों का अपमान करने वाली बताते हुए उनकी हत्या के लिए जारी फतवा और हमारी सरकार का पुस्तक पर प्रतिबंध लगाने का निर्णय दोनों ही अपमानजनक थे।

रुश्दी पर इस्लाम का अपमान करने का आरोप लगाते हुए उनका सिर कलम करने की कुछ मुल्लाओं की मांग और आरएसएस के कल्लाडका प्रभाकर भट, (दक्षिण कर्नाटक के तटवर्ती कर्नाटक क्षेत्र का एक नेता) में क्या अंतर है जो कहता है कि मुस्लिम लड़कों की हत्या कर दी जानी चाहिए क्योंकि इनमें से कुछ सड़कों पर हिंदू लड़कियों के साथ रोमांस करते हैं? क्या ये दोनों एक समान नहीं हैं?

इसी तरह, किसी भी सरकार के लिए किसी पुस्तक पर प्रतिबंध लगाना भी सही नहीं है। पीढ़ी दर पीढ़ी नई पुस्तकों के माध्यम से नए विचार व्यक्त किए जाते हैं जिन्होंने समाज में सुधार लाने में योगदान किया है। कुछ पुस्तकों ने मानसिकता भी विकृत करने में भी योगदान दिया है। परंतु सारे स्वस्थ समाजों ने उन पुस्तकों को ही महत्व दिया जो उनकी भलाई के लिए थीं और दूसरी पुस्तकों को दरकिनार कर दिया।

आज कुछ लोग रुश्दी की *द सैटेनिक वर्सेज़* या भैरप्पा की *आवरणा* को अनुपयोगी पाएंगे, परंतु इसका मतलब यह नहीं है कि उन पर प्रतिबंध लगा दिया जाना चाहिए। इसकी बजाए, ये पुस्तकें परिचर्चा और विचारों के आदान प्रदान के लिए, उपलब्ध होनी चाहिए। यदि पुस्तकों को सिर्फ इसी वजह से प्रतिबंधित किया जा रहा है कि कुछ लोग इसे पसंद नहीं करते हैं, फिर तो आज दुनिया में कोई भी पुस्तक और साहित्य बचेगा ही नहीं।

उदाहरण के लिए, 12वीं सदी में वचनाकारों ने कर्नाटक में जो कुछ कहा वो अनेक लोगों को निश्चित ही खतरनाक लगा होगा। सोचिए क्या होता यदि सभी वचनाकारों को मार देने, उनके सारे वचनों पर प्रतिबंध लगाने का फरमान दिया गया होता? इसी तरह, यदि चार्वाक, पेरियार और आंबेडकर के कार्यों और विचारों पर प्रतिबंध लगा दिया गया तो क्या हुआ होता?

सारे समाजों में सदैव ही अनेक विचारधाराएं रही हैं। यदि उन्होंने कभी धार्मिक और सामाजिक सुधारों को बढ़ावा दिया तो उन्होंने दूसरों में नई विचारों को पल्लवित होने का भी अवसर दिया होगा।

मसलन, सदियों से रोमन कैथलिक चर्च के प्रतिरोध के अनेक स्वरूप रहे हैं, जिनकी वजह से कई तरह की ईसाइयत का प्रादुर्भाव हुआ। इसी तरह, इस्लाम में भी, दो ताकतवर समुदायों शिया और सुन्नी के अलावा भी भारत सहित दुनिया के अनेक हिस्सों में कई सूफी परंपराएं हैं। इनके अलावा, अहमदिया पंथ भी है जो 19वीं सदी के भारत में अस्तित्व में आया और उसके हजारों अनुयाई हैं। हालांकि मुख्यधारा का इस्लाम मुहम्मद को एकमात्र सच्चा पैगंबर मानता है, अहमदिया पंथ, पैगंबरों के सिलसिले को आगे बढ़ाता है। उनका मानना है कि उनके संस्थापक मिर्ज़ा गुलाम अहमद

(1835-1908) को भी खुदा से ही इलहाम हुआ था। यही नहीं, यजीदी पंथ भी है, जो हदीस को अस्वीकार करता है और सिर्फ कुरान में ही भरोसा करता है, जिसका जन्म पिछली सदी में कुर्दिस्तान में हुआ था। उन सभी में उनके उद्गम का बिंदु इस्लाम ही है।

लोकतांत्रिक समाज में हमेशा ही नए विचार और आलोचनाएं होती हैं। यदि आलोचनाओं को अपमान के रूप में लेने की बजाए इनसे आत्म निरीक्षण किया जाए तो इससे धर्म, उसके मानने वालों और समाज की ही भलाई होती है। यदि हम इसी बात पर जोर देते रहेंगे कि जो हम कह रहे हैं वही सही है और हमारा दृष्टिकोण ही सबसे सही है तो धर्म, उसके मानने वाले और समाज में ठहराव आ जाता है और इससे सड़ांध आनी शुरू हो जाती है।

यह सिर्फ उन लोगों पर ही लागू नहीं होता है जो रुश्दी और उनकी पुस्तक के खिलाफ हमले तेज़ कर रहे हैं। यह समान रूप से संभाजी ब्रिगेड पर भी लागू होता है जिसने 2004 में शिवाजी पर जेम्स लायन की पुस्तक का विरोध किया था और भंडारकर ओरिएंटल रिसर्च इंस्टीट्यूट में तोड़फोड़ की थी, जिसने उनके शोध में मदद की थी और उन हिंदुवादी समूहों पर भी लागू होता है जो ए.के. रामानुजन की पुस्तक 'थ्री हंड्रेड रामायणाज़' का विरोध करके यह सुनिश्चित कर रहे थे कि इसे दिल्ली विश्वविद्यालय के पाठ्यक्रम से हटाया जाए।

यह ध्यान देने वाली बात है कि रुश्दी की पुस्तक की वजह से इस्लाम को मानने वाले किसी भी व्यक्ति ने अपनी आस्था को नहीं त्यागा और लायन की पुस्तक की वजह से शिवाजी के प्रति किसी का भी सम्मान कम नहीं हुआ और न ही रामानुजन की किताब लोगों को अपने नजदीक लाई बल्कि उनसे दूर ही हो गई।

सबसे अधिक महत्वपूर्ण तो यह है कि कट्टरपंथ ने कभी भी किसी समुदाय अथवा समाज का भला नहीं किया है। यही है जो इसे सबसे अधिक निंदनीय बनाता है। भारत के संदर्भ में, अल्पसंख्यक समुदायों में कट्टरपंथ कई बार उलटा ही पड़ गया और इसने उनके लिए ही परेशानियां पैदा कर दीं। इसी तरह यह भी महत्वपूर्ण है कि इसने प्रत्यक्ष और अप्रत्यक्ष रूप से बहुसंख्यक समुदायों में भी कट्टरता को बढ़ावा दिया। इससे कुछ हासिल

नहीं होगा बल्कि बहुसंख्यक और अल्पसंख्यक दोनों ही समुदायों का नुकसान होगा।

मुद्दा सिर्फ रुश्दी और जयपुर साहित्य महोत्सव या अभिव्यक्ति की आज़ादी का नहीं है। बल्कि इस बारे में है कि इससे हमारे पूरे समाज में क्या अच्छा होता है या बुराई आती है।

8 फरवरी, 2012 *गौरी लंकेश पत्रिके*

बागेश्री एस द्वारा अनूदित

कन्नड़ : रूठने-मनाने की कहानी

किसी न किसी को तो भाषा की भी वर्तनी ठीक करने का सॉफ्टवेयर तैयार करना चाहिए

जब मैं छोटी थी तो मेरे माता-पिता ने बासवनगुडी में द होम स्कूल में मेरा दाखिला करा दिया था जहां शिक्षा का माध्यम अंग्रेज़ी था। स्कूल में सभी को इसी भाषा में बोलना होता था। शिक्षक हर उस व्यक्ति को डांट लगाते जो कन्नड़ में बोलता था। ऐसा करने का उद्देश्य हम सभी को अंग्रेज़ी में सहज बनाना था।

कक्षा में हमारे सहपाठी संपन्न परिवारों के थे। वे कारों से स्कूल आते थे और मेरे पिता किराए की साइकिल से मुझे पहुंचाते थे। बाद में, मैं जातक गाड़ी (बंद तांगा) में घर लौटती थी। मेरे लिए उतनी ही धारा प्रवाह अंग्रेज़ी में बोलना ज़रूरी थी जितना मेरी कक्षा के सहपाठी बोलते थे ताकि मैं यह साबित कर सकूं कि मैं उनके बराबर ही हूं।

द होम स्कूल में हमारे कन्नड़ के शिक्षक एक उम्रदराज़ शख्स थे। काला कोट, सफेद धोती और सिर पर काली टोपी पहने और माथे पर जाति सूचक बड़ा सा तिलक लगाए वह सिर्फ नाम के लिए ही कन्नड़ शिक्षक थे। उन्होंने शायद ही हमें कुछ सिखाया हो और वह रामायण और महाभारत से कहानियां सुनाना पसंद करते थे। इसका नतीजा यह हुआ कि इस भाषा पर मेरी पकड़ ढीली और ढील होती चली गई।

मैं जब विजया हाई स्कूल पहुंची तो एक आघात मेरा इंतजार कर रहा था। अंग्रेज़ी के शिक्षक मेरे इस भाषा के ज्ञान से प्रभावित थे परंतु कन्नड़ शिक्षक के लिए तो मैं एक अजीबो गरीब शख्स की तरह थी क्योंकि

कन्नड़ व्याकरण के बारे में मुझे कोई ज्ञान ही नहीं था। शिक्षक द्वारा मेरे मामले में दिलचस्पी लेने के कारण मैंने किसी तरह परीक्षा उत्तीर्ण की।

प्री-यूनिवर्सिटी कॉलेज में जीवविज्ञान, भौतिक विज्ञान, गणित और रासायन विज्ञान मेरी प्राथमिकता थे। उस समय तक कन्नड़ मुझे और ज़्यादा दूर हो गई थी। इस समय तक कन्नड़ भाषा में पढ़ना मेरे लिए बहुत कठिन हो गया था। लेकिन परीक्षा में कन्नड़ से बचने का कोई रास्ता नहीं था। मुझे एक उपाय सूझाः मैंने अपनी मां से कहा कि वह कन्नड़ की पुस्तक जोर से पढ़ें और मैं सुनती थी। इस तरह से मैं परीक्षा उत्तीर्ण कर सकी।

मेरी बीए की पढ़ाई के दौरान स्थिति और खराब हो गई। अंत में, एक बार फिर वही रणनीति काम आई। अम्मा ने किताबें पढ़ीं और उनको सुनते रहना ही मेरी परीक्षा की तैयारी थी। इसमें सौ में से 35 अंक और मैंने प्रथम वर्ष किसी तरह उत्तीर्ण किया। अगले साल मुझे आलस्य ने घेर लिया। मां के वाचन को सुनना आसान था परंतु इस सबको शब्दों में पिरोना एक संघर्ष था। भले ही मैं जानती थी कि कौन से शब्द का प्रयोग करना है, लेकिन शब्द विन्यास गलत हो जाते थे। और जहां तक मेरे हस्त लेखन का सवाल है तो इसके बारे में कम ही कहा जाए तो बेहतर है।

दूसरे साल मैं कन्नड़ की परीक्षा में फेल हो गई।

उस समय, अप्पा साहित्य जगत में सिर्फ एक जानीमानी हस्ती ही नहीं हो गए थे बल्कि उनके द्वारा शुरू की गई साप्ताहिक पत्रिका का भी राज्य में काफी प्रसार हो चुका था। लेकिन उनकी बड़ी संतान कन्नड़ की परीक्षा में फेल हो गई। मैंने यह तथ्य उनसे छिपाया। मैं आश्वस्त थी कि पूरक परीक्षा में उत्तीर्ण हो जाऊंगी।

मुझे अभी भी अपनी गलती का अहसास नहीं हुआ था। मैं अभी भी पाठ्यक्रम के लिए निर्धारित पुस्तकें नहीं पढ़ रही थी। मैं पूरक परीक्षा में भी फेल हो गई। उस समय तक मेरे लिए कन्नड़ में लिखना तो दूर, इस भाषा में पढ़ना भी कठिन हो रहा था।

बीए के अंतिम साल में कन्नड़ मेरे विषयों में नहीं था। लेकिन जिस विषय में पिछले साल मैं पास नहीं हो सकी थी, उसे उत्तीर्ण किए बगैर मुझे स्नातक की डिग्री नहीं मिलेगी। इस वजह से न तो मैं आगे पढ़ाई कर सकूंगी

और न ही मुझे नौकरी मिलेगी। मैंने महसूस किया कि यह सबके सामने अपमानजनक होगा। मैंने कड़ी मेहनत की और परीक्षा दी। मैं अभी भी निश्चित रूप से नहीं कह सकती कि मेरे इस तीसरे प्रयास ने मदद की अथवा किसी पवित्र आत्मा ने मेरी उत्तर पुस्तिका जांच की और मुझे यह कहते हुए पास कर दिया, "जाओ, दफा हो जाओ!" क्योंकि इस बार भी मैं सिर्फ 35 अंक प्राप्त करके ही उत्तीर्ण हुई थी।

यह परीक्षा उत्तीर्ण करके मैंने राहत की सांस ली और भविष्य में कभी भी कन्नड़ के पास नहीं जाने का निर्णय किया।

खैर जो भी हो, मुझे अंग्रेज़ी मीडिया में नौकरी मिल गई और मुझे गुज़ारे का ज़रिया मिला। अनोखे तरह से, उन्होंने यह सोच कर मुझे भर्ती कर लिया कि लंकेश की पुत्री होने के नाते मैं कन्नड़ भाषा अच्छी तरह जानती होऊंगी और कन्नड़ में होने वाली प्रेस वार्ता कवर कर सकूंगी और कन्नड़ प्रेस विज्ञप्तियों को देख सकूंगी। उन्हें यह नहीं मालूम था कि मैं कन्नड़ ठीक से पढ़ भी नहीं सकती। मैंने कन्नड़ की प्रेस विज्ञप्तियों को समझने और अपना काम करने में अपनी मित्र भारती गौड़ा की सहायता ली जो उसी कार्यालय में काम करती थी। इस तरह की परिस्थितियों में क्या किसी बड़ी गलती की संभावना से इन्कार किया जा सकता है?

एक दिन, कन्नड़ में लिखी एक प्रेस विज्ञप्ति कार्यालय में आई। इसे किन्हीं कोटा शिवराम कारंत ने जारी किया था। मैं शिवराम कारंत को जानती थी—क्या मुझे इसका जिक्र करना होगा कि मैंने शिवराम कारंत की कोई भी कृति नहीं पढ़ी थी?—परंतु कोटा शिवराम कारंत के बारे में नहीं सुना था। भारती, जो मेरी मदद कर सकती थी, उस दिन कार्यालय में नहीं थी। यह सोचते हुए कि वह 'कोटा' (फर्जी) थे, मैंने प्रेस विज्ञप्ति कूड़ेदान में फेंक दी। अगला दिन तनावपूर्ण था। दूसरे समाचार पत्रों में यह प्रेस विज्ञप्ति प्रमुखता से प्रकाशित हुई थी और यह हमारे यहां नहीं छपी थी। खुशकिस्मती से, हमारा अखबार अभी शहर के लिए नया ही था, मुख्य संवाददाता ने यह मान लिया कि कारंत ने इसे यहां नहीं भेजा होगा। इस तरह मैं बच गई।

एक अन्य मौके पर, मेरी जैसी अनभिज्ञ को मैसूर में हो रहे विश्व कन्नड़ सम्मेलन को कवर करने के लिए भेजा गया। इस आयोजन में

साहित्यिक मनीषियों, विचारकों और दूसरे वक्ताओं द्वारा बोले गए शब्द मेरे सिर के ऊपर से निकल गए।

बाद में मेरे दिल्ली, अमेरिका और यूरोप के प्रवास ने कन्नड़ को मुझसे और दूर कर दिया। इसके अलावा, हम जो घर पर बोलते और अप्पा के संपादकीय और पुस्तकों के माध्यम से पढ़ते थे, उनका मेरी जिंदगी में कोई महत्व नहीं था। कन्नड़ में लिखने का तो कोई सवाल ही नहीं था। माता-पिता को लिखे गए मेरे पत्र हमेशा ही अंग्रेज़ी में होते थे।

परंतु मैं भी जिद्दी और झगड़ालू जैसी हूं। कन्नड़ में लिखने का संकल्प करने के बाद मेरे भीतर बैठी अंग्रेज़ी के साथ मेरा लंबा द्वंद्व चलता रहा और अंततः कन्नड़ को अपना बना लिया।

आज भी मेरी कन्नड़ में अनेक दिक्कतें हैं। बोलते और लिखते वक्त, 'ला' और 'ना' शब्दों को लेकर गड़बड़ हो जाती है। कार्यालय में काम कर रहे लड़के इस चूक को सुधारते हैं। इसी तरह, समृद्ध कन्नड़ शब्द कोश का अभाव भी बहुत बड़ी कमजोरी है। मैं अभी भी बहुत सारे शब्दों का अर्थ अपने आसपास के लोगों से पूछती हूं। मैंने महसूस किया कि यह मेरे सतत सीखने की प्रक्रिया का हिस्सा है। चूंकि मैं अपने कंप्यूटर पर लिखती हूं, इसलिए गंदी लिखावट की समस्या खत्म हो गई है। और, मैं कई बार गलत वर्तनी लिख देती हूं। मैं उम्मीद करती हूं कि कोई न कोई विलक्षण प्रतिभा वाला कन्नड़ में भी वर्तनी के दोष सुधारने का सॉफ्टवेयर तैयार करेगा।

इन सबके बीच, कन्नड़ मेरे जीवन में इतनी गहराई तक पैठ गई है कि मैं कई बार दिमाग में आने वाले अंग्रेज़ी शब्दों के लिए जूझती हूं जो पहले बहुत ही आसान हुआ करता था। कन्नड़ में लिखने और बोलने की मेरी क्षमता कुछ हद तक सुधरी है। इससे भी अधिक महत्वपूर्ण यह है कि अब मैं कन्नड़ में ही सोचती और महसूस करती हूं।

कन्नड़ राज्योत्सव के अवसर पर मैंने इसी विषय पर भाषण दिया जो हमने अपने पाठकों के समक्ष रखा और साझा किया है कि कैसे जिस कन्नड़ ने पहले मुझे ठुकराया और अब वही मेरे पास लौट आई है।

20 नवंबर, 2013, *गौरी लंकेश पत्रिके*

चंदन गौड़ा द्वारा अनूदित

तुगलक मोदी

नोटबंदी ने गरीबों को बर्बाद कर दिया, कई को मौत के मुंह में धकेला

नरेंद्र मोदी ने अपना तुगलकी रंग दिखा दिया है। गैरकानूनी धन के खिलाफ युद्ध छेड़ने का दावा करके उन्होंने मध्य वर्ग और गरीबों के खिलाफ युद्ध छेड़ दिया जो बहुमत में हैं। एक हज़ार और पांच सौ के नोट चलन से बाहर करके उन्होंने धोखेबाज के रूप में उनका मखौल बनाया है और जिनके पास खाने के लिए निवाला भी नहीं है उनके साथ ठगों सरीखा व्यवहार किया है।

सोशल मीडिया पर पिछले सप्ताह अजीब तरह की खबरें चर्चा में थीं। कुछ लोग दावा कर रहे थे कि दो हज़ार रुपए के नोट में नैनो चिप लगा है जो सरकार को इसके खर्च के बारे में जानकारी प्राप्त करने में मददगार होगा। इन चर्चाओं में कहा जा रहा था कि आयकर अधिकारी और ऐसे ही दूसरे इनका पता लगाने के लिए उपग्रह का इस्तेमाल करेंगे और नए नोट छिपाने वालों के यहां छापे मारेंगे। इन खबरों में यह भी दावा किया गया कि इन नोटों का पता लगाया जा सकता है, भले ही जमीन में 120 फुट नीचे इन्हें दबाया गया हो। ज़ी न्यूज हिंदी और एक कन्नड़ चैनल ने तो काल्पनिक खबरें भी चला दीं। एक प्रस्तोता तो पेजावर मठ के पुजारी की तरह मारे खुशी के ऊपर-नीचे कूद रहा था। महिला प्रस्तोता, जिसने मोदी का समर्थन किया, यह दावा करने की सीमा तक चली गई कि इस नोट में मंगलग्रह मिशन की एक तस्वीर यह संकेत देने के लिए है कि किस तरह से उपग्रह इस मुद्रा पर पैनी निगाह रखेगा।

इस तरह की खबरें जंगल की आग की तरह फैली थीं। पिछले सप्ताह जब मैं हुबली जाने के लिए ट्रेन में सवार हुई तो सारे यात्री इसी चिप के

बारे में बात कर रहे थे। उनके भोलेपन से स्तब्ध मैंने कहा, ''यह सब झूठ है। नोट में कोई चिप नहीं है।'' मेरे प्रति सशंकित मध्यम आयु के दो व्यक्तियों ने कहा कि टीवी पर खबर आई थी। मैंने उनसे कहा, ''टीवी पर आने वाली सारी बातें सही नहीं होतीं।'' उन्होंने मेरा प्रतिवाद किया : उन्होंने सुना था कि अमेरिका में इस तरह के नोट चलन में थे। मैंने कहा, ''आपसे किसने कहा? दुनिया में कहीं भी इस तरह के नोट नहीं है।'' इनमें से एक ने सवाल किया, ''तो फिर नोटबंदी का फायदा क्या है?'' मैंने कहा, ''इस बारे में आप सोचिए।'' तभी ऊपर की बर्थ पर लेटा एक युवक बोला : ''आप जानते हैं कि इसका क्या लाभ है? बड़े उद्योगपतियों ने बैंकों से कर्ज लिया है और वे अपना कर्ज लौटा नहीं रहे हैं। बैंकों के पास अब धन नहीं है। वे यही प्रयास कर रहे हैं कि लोग अपना धन बैंकों में जमा कराएं। और लोग इस डर से पुराने नोट बैंकों में ले जा रहे हैं कि वे इसकी कीमत गंवा देंगे।''

इनमें से ही एक यात्री ने आश्चर्यचकित होकर कहा, ''आपका मतलब है कि इससे अवैध धन की समस्या का समाधान नहीं होगा?'' मैंने कहा, ''यह कुछ समय के लिए नकली नोटों की समस्या हल करेगी। कुछ ही महीनों में नए नोटों की नकल भी आ जाएगी। भ्रष्ट लोग तो अपना धन नकदी में नहीं बल्कि आभूषणों और संपत्ति के रूप में रखते हैं। एक छोटे हिस्से की ही नोटबंदी हो रही है। वैसे भी, हमें 15 लाख रुपए, जैसा मोदी ने कहा था, अपने बैंक खातों में नहीं मिलेंगे। तभी दो यात्रियों में से एक ने कहा, ''अच्छा, हमने सोचा कि मोदी कुछ बड़ा करना चाहते हैं। ऐसा लगता है कि उसने हमारी जेब में ही हाथ डाल दिया है।''

आज, भारतीय स्टेट बैंक ने वह कर्ज बट्टे खाते में डाल दिया जो उसने 63 कपनियों को दिया था। जानते हैं उन पर कितना बकाया था? यह 7,016 करोड़ रुपए की विशाल रकम है। इसमें से 1,201 करोड़ रुपए की रकम तो वह है जो शराब के कारोबारी विजय माल्या पर बकाया है। यह अनुमान लगाना मुश्किल नहीं है कि मोदी किसके पक्ष में खड़े हैं: वे प्रभावशाली जिन्होंने अपनी ज़रूरत के मुताबिक कर्ज लिया और जिनका कर्ज बैंकों ने माफ कर दिया या फिर लाखों मेहनतकश जो अपनी गाढ़ी कमाई

के धन को बैंकों में जमा करने के लिए लंबी लंबी कतारों में खड़े हुए हैं।

मोदी विदेशों में जमा अवैध धन वापस लाने में सफल नहीं हुए हैं। और तो और, वे तो गोपनीय खाता धारकों के नाम भी लेने की स्थिति में नहीं हैं। प्रत्येक नागरिक के खाते में 15 लाख रुपए जमा कराने का उनका चुनावी वायदा अभी भी एक सपना ही है। ऐसी स्थिति में यदि ऐसे घोटाले हमारे सामने हों तो हम कैसे देखते रह सकते हैं कि वे गरीबों और मध्यम वर्ग की आजीविका ही छीन लें ?

एक बुजुर्ग व्यक्ति जो अपनी रोजमर्रा की जरूरत के लिए धन निकालने के लिए कतार में लगे, उनकी वहीं मृत्यु हो गई। और भाजपा के एक उपाध्यक्ष ने इस पर कैसी प्रतिक्रिया दी? ''कौन सी बड़ी बात हो गई? राशन की दुकान की कतार में भी लोगों की मृत्यु हो जाती है।''

जब यह समस्या मोदी तक पहुंची कि उनके इस अविवेकपूर्ण कदमों से अधिसंख्य लोग परेशान हैं, तो उन्होंने यह नहीं कहा, ''कृपया मेरा साथ दें। मैं कुछ दिनों में इन्हें दूर कर दूंगा।'' इसकी बजाए, उन्होंने कहा, ''मैं यह सब देश की खातिर कर रहा हूं। जिन लोगों ने सत्तर साल हमारे ऊपर शासन किया वे मेरे खिलाफ साजिश कर रहे हैं।'' उनकी पार्टी में भी किसी ने उनसे यह नहीं कहा, ''लेकिन सर, जब ये लोग, जो बैंकों से पैसा निकालने के लिए जद्‌दो जहद कर रहे हैं, क्या उन्होंने कभी देश पर शासन किया था? वे आपके खिलाफ साजिश कैसे कर सकते हैं?''

मीडिया और मध्यम वर्ग के लोग, जिन्होंने नोटबंदी के मोदी के फैसले को 'मास्टरस्ट्रोक' बताते हुए उसका स्वागत किया था, अब इसके पीछे की चालबाजी देख रहे हैं। उन्हें अब यह पता है कि नए नोटों में कोई जादू नहीं है। ये अवैध धन गायब नहीं कर सकते और मोदी के यह बेतुके फैसले उन्हें परेशानी में डाल रहे हैं।

मोदी लगातार यही कहते रहे कि हमें देश हित में इसका साथ देना है परंतु यह समस्या शीघ्र खत्म होने वाली नहीं थी।

आम आदमी को कम से कम चार महीने और नकदी की समस्या झेलनी होगी। इससे कारोबार बुरी तरह प्रभावित हुआ। कोई ग्राहक नहीं होने की वजह से पश्चिम बंगाल में मछुआरे और कारोबारी अनिश्चितता

में हैं। पंजाब में किसानों के पास बीज खरीदने के लिए नकदी नहीं है। यदि वे अभी बुआई नहीं करेंगे तो गेहूं और चावल के दाम जल्द ही बढ़ जाएंगे। लाखों लोगों की स्थिति ऐसे हो गई कि 'हाथ में पैसा नहीं है, खाने के लिए कुछ नहीं है।'

जनता के आक्रोश को भाजपा महसूस कर रही है। पार्टी अध्यक्ष अमित शाह ने अपने सांसदों को निर्देश दिया है कि वे अवैध धन के खिलाफ मोदी की 'सर्जिकल स्ट्राइक' के बोर्ड लगाएं। वे आमतौर पर उनके निर्देशों का अक्षरशः पालन करते हैं परंतु इस बार वे उनके निर्देश पर ध्यान नहीं दे रहे हैं। गुजरात में भाजपा के एक सांसद के अलावा किसी और ने इस कदम की सराहना करते हुए फ्लैक्स बोर्ड नहीं लगाया।

यहां तक कि गुजरात की जनता भी मोदी के खिलाफ हो गई। विधान सभा चुनाव हो रहे हैं। हाथ में पर्चे लिए पार्टी कार्यकता बैंक की कतार में खड़े लोगों की ओर बढ़ते हैं, वे नागरिकों से प्रशंसा की अपेक्षा कर रहे थे परंतु इसके बजाए उन्हें जबर्दस्त झटका लगा!

पंजाब में अकाली दल और महाराष्ट्र में शिव सेना जैसे सहयोगी दल भी भाजपा को पीठ दिखा रहे हैं। भाजपा के भी कई नेता मीडिया की उपस्थिति में खुलकर मोदी की कार्रवाई की आलोचना कर रहे हैं, हालांकि वे नहीं चाहते कि उनके नाम से खबरें आएं। यही नहीं, मोदी को भी यह खबरें मिल रही है कि उन्होंने कितनी नाराजगी पैदा कर दी है। यही वजह है कि वह अपने दौरों में काफी बेचैन नजर आते हैं।

नोटबंदी की वजह से देश में करीब 25 व्यक्तियों की मृत्यु हो गई है। उत्तर प्रदेश के एक अस्पताल में पुराने नोटों के साथ आए एक दंपती को वापस भेज दिया था। इस वजह से उनकी पुत्री का निधन हो गया। गुजरात में, पुराने नोट एक महिला के बच्चों को खाना नहीं दिला सके, अतः महिला ने फांसी लगा ली।

कानपुर में, एक युवक कई महीने से अपनी संपत्ति बेचने की कोशिश कर रहा था। आठ नवंबर को अंततः उसे अग्रिम राशि के रूप में 70 लाख रुपए मिले। परंतु जब उसने अगले दिन नोटबंदी के बारे में सुना तो उसे दिल का दौरा पड़ गया और उसकी मृत्यु हो गई। तेलंगाना में, एक महिला

ने अपने पति के इलाज और बेटी की शादी के लिए अपनी जमीन बेची थी, उसे बताया गया कि ये नोट अब बेकार हैं तो उसने आत्महत्या कर ली। उडुपी में, बैंक खुलने के इंतजार में लंबी कतार में खड़े एक व्यक्ति की दिल का दौरा पड़ने से मौत हो गई।

इनमें से कोई भी ठग या चोरबाजारी करने वाला नहीं थाः इसमें से कोई भी अडाणी, अंबानी, टाटा या बिरला नहीं था। वे सब ईमानदार मध्यवर्गी लोग, किसान, गृहणियां, अपने जीविकोपार्जन के लिए कमाई करने वाले लोग थे। वे सब अवैध धन के खिलाफ मोदी की लड़ाई के शिकार हो गए। वह इनकी मौत के लिए जिम्मेदार हैं।

वास्तव में, मोदी ने अवैध धन के खिलाफ कोई सर्जिकल स्ट्राइक नहीं छेड़ी थी। उन्होंने असहाय लोगों को मौत के मुंह में धकेल दिया। मोदी के तुगलकी दरबार से और क्या अपेक्षा की जा सकती है?

30 नवंबर, 2016, *गौरी लंकेश पत्रिके*

एस. आर. रामकृष्ण द्वारा अनूदित

2005-2015: दस साल की यात्रा

विज्ञापन के बगैर साप्ताहिक निर्बाध रूप से प्रकाशित होता रहा

अब दस बरस हो गए! ऐसा लगता है कि मानो यह कल की ही बात है कि अप्पा की *पत्रिके* दुबारा इस नए कलेवर में शुरू हुई है।

जब इस साप्ताहिक का पुनर्जन्म हुआ तो मेरी भांजी ईशा सात महीने की बच्ची थी। अब वह मेरे जैसी ही लंबी है। उस समय धरम सिंह राज्य के मुख्यमंत्री थे। तब से कर्नाटक को चार मुख्यमंत्री मिले। राज्य की जनता ने भाजपा-जद (एस) गठबंधन, भाजपा शासन का भयावह दौर देखा और अब सत्ता में सिद्धारमैया के नेतृत्व वाली कांग्रेस सरकार है।

नक्सली आंदोलन भी, जो एक तरह से इस साप्ताहिक के शुरू होने के लिए जिम्मेदार है, अब काफी बदल चुका है। यद्यपि ऐसा लगता होगा कि मुठभेड़ में नक्सल नेता साकेत राजन का मारा जाना और इसके बाद नक्सलियों द्वारा पावगाडा में पुलिस के कत्लेआम (11 फरवरी, 2005) की घटना ने इस साप्ताहिक को अपनी नई पहचान बनाने के लिए प्रेरित किया, दूसरे कारणों, हमें अस्थिर करने के दूसरे प्रयासों ने भी अपनी भूमिका निभाई थी।

यह सब आज तो छोटे कारण हैं। परंतु इस समय स्थिति क्या है? एक समय के नक्सल नेता सिरीमाने नागराज और नूर श्रीधर अब मुख्यधारा के लोकतांत्रिक संघर्ष में शामिल हैं, जबकि दूसरे गुटों के नक्सल नेता या तो जेल में हैं या, जैसा हाल ही में घोषित किया गया, उन्होंने मलनाड छोड़ दिया है और वे भूमिगत होकर अपनी गतिविधियां जारी रखने के लिए कर्नाटक-केरल-तमिलनाडु के संगम वाले इलाके से दूर चले गए हैं।

इस साप्ताहिक से एक साल पहले जन्मा, कर्नाटक सांप्रदायिक सद्भाव फोरम, पिछले साल दस बरस का हो गया और अब खुद को पहले से अधिक सशक्त पा रहा है।

इस दौरान, हमने अपने कई मित्रों और शुभ चिंतकों को खो दिया। के. पी. पूर्णचंद्र तेजस्वी, के. रामदास, यू. आर. अनंतमूर्ति और मेरे युवा मित्र युवराज का निधन हो गया। कुछ पुराने मित्र हमें छोड़ कर चले गए और कुछ नए हमारी टीम से जुड़ गए। हालांकि हमें कई आघात लगे, हमने नए क्षेत्रों में अपने हाथ आजमाए और उसमें सफलता हासिल की। इस बीच, मैं भी 53 साल की हो गई और मेरी भी 'अक्का' से 'अम्मा' के पद पर तरक्की हो गई।

जबर्दस्त प्रतिस्पर्धा के इस दौर में, विज्ञापन के बगैर और भ्रष्ट तरीके अपनाए बगैर ही जनता के हित में साप्ताहिक प्रकाशित करना एक चुनौती है। हमें इस साप्ताहिक को शुरू करने के कुछ महीनों के अंदर ही गंभीर वित्तीय संकट का सामना करना पड़ा। इसका एक ही तरीका थाः नई चुनौती को अपनाया जाए और साप्ताहिक को चलाए रखने के लिए नई जीवन नौका का निर्माण किया जाए।

पत्रिके का जीवन उस समय कैसे बचा जब वह आईसीयू में थी, वित्तीय पहलू से कहा जाए तो वह *गाइड* मासिक पत्रिका थी जिसे लंकेश टीम ने शुरू किया था। यह पत्रिका भी शीघ्र ही दस साल पूरे कर लेगी। हमारे मित्र पावतीश जिन्होंने *पत्रिके* को बचाने के लिए यह सुझाव दिया था और इसके लिए काम किया था, दुर्भाग्य से वह अब हमारी टीम में नहीं है।

ए. लंकेश प्रकाशन के कई प्रकाशन ही थे जिन्होंने *पत्रिके* को तेजी से दुबारा शुरू करने और इसे आईसीयू से बाहर निकाल कर जनरल वार्ड में लाने में मदद की। गाइड प्रकाशन और एक नए पाक्षिक *जॉब न्यूज़* की शुरुआत अच्छी रही और उन्होंने *पत्रिके* की माली हालत सुधारने में मदद की। *जॉब न्यूज़* भी जल्द ही पांच साल की हो जाएगी।

अतः पिछल दस बरस में *पत्रिके* के 520, *गाइड* के 120, *जॉब न्यूज़* के 100 अंक प्रकाशित हुए और लंकेश प्रकाशन की 95 पुस्तकें और 50 से अधिक पुस्तकें गाइड प्रकाशन से निकलीं।

हज़ारों पृष्ठ और लाखों शब्द...हमारी टीम ने इस साप्ताहिक को चलाए रखने में बगैर रुके हुए दिन-रात काम किया। इसके अलावा, कर्नाटक सांप्रदायिक सद्भाव फोरम और नक्सलियों को मुख्य धारा में लाने के क्षेत्र में काम के सिलसिले में अनगिनत यात्राएं की गईं, मेरे खिलाफ अदालत में मुकदमे दायर किए गए, विरोध प्रदर्शनों में जाना और संगोष्ठियों में शामिल होना भी ज़ारी रहा। इस सबके बीच में पुस्तकें पढ़ने, लेख लिखने, इंटरनेट देखने, संवाददाताओं को समय पर लेख देने के लिए उनके पीछे लगे रहने, खबरों के संपादन और प्रूफरीडिंग का काम भी होता रहा।

हमारी टीम के सदस्य एक्टिविस्ट और पत्रकार हैं। एक्टिविज़्म ने जहां हमारी पत्रकारिता को दिल और दृष्टिकोण दिया वहीं पत्रकारिता ने एक्टिविज़्म को संदर्भ की संवेदनशीलता और विस्तृत समझ प्रदान की। एक पत्रकार के लिए जनसमर्थक होना शायद आज के जमाने में संभव नहीं है, यदि वह अपनी तरह का एक एक्टिविस्ट नहीं है।

इस सबके बीच में फुर्सत के क्षण मिलने पर मैं अम्मा के स्नेह, ईशा के आलिंगन, मेरी बहन के प्यार, भतीजे समर और समय के साथ मौज मस्ती, दोस्तों के साथ बहस में खुद को तरोताजा करने, फेसबुक पर छेदी की खिंचाई में आनंद लेने और इंटरनेट के गेम से आराम करने और अंत में रात में अपने घर आकर एकांत में कुछ समय ध्यान लगती हूं।

यह सब किसकी मदद के लिए? यह सब कठोर श्रम और चुनौतियों का सामना? मैं अपने शरीर को सज़ा क्यों दे रही हूं? मैं कुछ सालों में अपने ऊपर चढ़ा कर्ज अदा करने के लिए इतना सब संघर्ष क्यों कर रही हूं? अपने दोस्तों के साथ तीखी तकरार के बाद जब मैं चीखती हूं या मेरा शरीर ये सारे दबाव झेलने से जवाब दे रहा होता है, तो भी सोचती हूं कि आखिर मैं यह संघर्ष क्यों कर रही हूं कि यह साप्ताहिक समय से निकले और पाठकों तक पहुंचे?

यह कहना तो आडंबर होगा कि यह साप्ताहिक पत्रिका इस धरती के लोगों के लिए अपरिहार्य है। यह कहना अधिक बेहतर होगा कि हमने अपनी श्रेष्ठ क्षमता के अनुसार अपने लोगों के प्रति ईमानदार सरोकार जताया है।

अप्पा इस साप्ताहिक की आधारशिला हैं। यह उनके बताए गए दार्शनिक आधार पर खड़ी है। सांप्रदायिक सद्भाव और शांति को हमारे देश पर राज करना चाहिए, जातिवाद और भ्रष्टाचार से छुटकारा मिलना चाहिए, लोकतांत्रिक सोच और सिद्धांतों पर आधारित लेखन कार्य जगमगाए, उपेक्षित वर्गों, दलितों और महिलाओं की आवाज सुनी जाएः ये हमारी अपेक्षाएं हैं। अप्पा ने इन्हें साझा भी किया था। निश्चित ही, इनका हमारे समय में काफी महत्व है। हम इन अपेक्षाओं के कम से कम एक हिस्से को वास्तविकता का रूप देने के लिए संघर्ष कर रहे हैं।

वैश्वीकरण के इस दौर में, हम खुद को पहले की स्थिति से कहीं अधिक विषम परिस्थितियों में पाते हैं। ये संघर्ष जो हम कर रहे हैं, उनके लिए जरूरी है कि वैश्वीकरण और सांप्रदायिकता, निजीकरण और जातिवाद, आर्थिक उदारीकरण और उपेक्षित सामाजिक समूहों को अधिक दरकिनार करने के बीच संबंध को समझा जाए। हमें किसी भी चुनौती का सामना करने और संघर्ष करने के लिए परिस्थितियों को अधिक गहराई से समझने और अधिक निष्ठा तथा परिपक्वता की आवश्यकता है। इस तरह की समझ और परिपक्वता के बगैर, परिवर्तन के इस दौर में समता और सह-अस्तित्व के बारे में सोचना भी मुश्किल है।

मैं अपनी टीम के प्रत्येक सदस्य, जिन्होंने पिछले दस साल में इस संस्थान को बनाने और इसे पल्लवित करने में मुझसे ज्यादा कठोर परिश्रम किया है। विशेषरूप से राजू और सतीश जो शुरू से ही मेरे साथ हैं, गिरीश तलिकट्टे जो अब मेरे जितना ही काम करते हैं, किशोर और उमेश जिन्होंने मुझे परेशान किए बगैर पूरी संजीदगी के साथ काम किया, प्रसाद तमाम सारे काम खामोशी से करता है, कार्यालय में हमारा छोटा लक्ष्मण...। ये संस्था आपके बगैर एक कदम भी नहीं उठा सकती है। धन्यवाद साथियो।

मैं विवेकानंद तंदेला की आभारी हूं जो नियमित रूप से अपना साप्ताहिक लेख भेजते हैं और रा. सोमनाथ और डोडीपाल्या नरसिम्हामूर्ति जिन्होंने ऐसा लगता है कि मेरा रक्तचाप बढ़ाने के बाद ही हर बृहस्पतिवार को अपने लेख भेजने का संकल्प कर रखा है। साप्ताहिक अपनी लोकप्रियता का श्रेय आपको भी देती है। आपको धन्यवाद।

मैं एच. एल. केशवमूर्ति का भी आभार प्रकट करना चाहती हूं जिन्हें अप्पा स्नेह करते थे, बी. चंद्रगौड़ा, जो हमेशा ही जीवन के प्रति उत्साहित रहते हैं, मेरा मानस पुत्र डॉ. एच. वी. वासु, सुरेश भट बक्राबेल जिन्होंने *पत्रिके* से उन्हें जो मिला उससे कहीं अधिक उसे दिया, योगेश मास्टर जो हमारी टीम के सदस्य की तरह ही हैं, डॉ. चिन्नेश जिन्होंने *पत्रिके* को नई ऊंचाई प्रदान की और मेरे 'सांप्रदायिक सद्भाव' मित्र रमजान डार्गा—आप सभी ने अपने लेखों के माध्यम से *पत्रिके* को समृद्ध बनाया। आपका धन्यवाद।

मैं जी. राजशेखर, एस. एफ. योगप्पानावर, के. फणिराज, रहमत तारिकेरे, ए.के. सुबैया, बारागुर रामचंद्रैप्पा, कडिडलू शमन्ना, बाजागेरे जयप्रकाश, इंदुधर होन्नपुरा, सबीहा और भूमिगौड़ा, डॉ. एम. एस. आशादेवी और उनके भाई एम. एस. रविकुमार, के. शरीफा, डॉ. एच. एस. अनुपमा, बी. एम. बशीर, सिद्दनगौड़ा पाटिल, श्रीराम और पद्मा श्रीराम, हरि और सुकन्या, ज्योति गुरुप्रसाद, हृदयशिव, डॉ. एम. बी. राममूर्ति, के. एल. अशोक, गुरुशांत, भानुतेज, बागेश्री, भारती गौड़ा, आरती गडसाली, सत्या, के. एस. विमला, शिवसुंदर, सरजा शंकर हरलिमता, इस्मत फाजिर, शशिधर हेम्मादी, हयवदन मूदासगी, मल्लिकार्जुनैया, मीनाक्षी बी, के. नील, अज्जमपुरा वेंकटेश, राजशेखर कोटा और उसके पुत्र रवि, प्रो शिवरमैया, वी. एस. श्रीधर, नागरी बाबैया, नागरागेरे रमेश, विट्टल हेगडे, मल्लिग, गौरी, कुमार समतला और मेरे प्यारे बच्चे कुमार बुरादिकट्टी...मैं जानती हूं कि यह सूची अधूरी है और आप भी। कृपया मुझे क्षमा कर दीजिए यदि मैं कुछ नाम भूल गई हूं।

यह यात्रा मेरे धारवाड़ के वकील मित्रों बी. टी. वेंकटेश, पुरुषोत्तम पुजारी, जावेद, शिवमोगा के श्रीपाल और नागेश, गुलबर्गा के विलास कुमार, कोप्पा के सुधीर, सिद्दपुरा से के. जी. नायक, टुम्कुर से मारूति, सागर से राघवेंद्र, तीर्थहल्ली से प्रदीप, मेंगलुरू से सुनील के सहयोग के बगैर संभव नहीं थी। बहुत बहुत धन्यवाद।

आप कह सकते हैं कि राजहंस प्रेस के मालिक ए. बालाचंद्र हमारे परिवार के सदस्य हैं। अप्पा के जीवन काल में *पत्रिके* का मुद्रण उन्हीं के प्रसिद्ध प्रेस में होता था। वह अप्पा के बड़े प्रशंसक थे और मेरी कठिनाई

को अच्छी तरह जानते हुए वह मेरे प्रति भी उतना ही स्नेह रखते थे। इसी वजह से वह अक्का की संस्था की सारी सामग्री रियायती दर पर मुद्रित करते थे। वह मुझे बिल के भुगतान के बारे में तभी याद दिलाते थे जब यह काफी पुराना हो जाता था। मैं दिल से उनके प्रति आभारी हूं।

मैं अपने सभी मित्रों का आभार प्रकट करती हूं जिन्होंने पिछले दस के दौरान मेरा हौसला बढ़ाया और धन दिया और हर उस क्षण मेरी मदद की जब मुझे लगा कि अब मैं यह काम नहीं कर सकती।

मैं कर्नाटक में अपने उन विक्रेताओं के प्रति भी आभार प्रकट करती हूं जिन्होंने *पत्रिके* और हमारे दूसरे प्रकाशनों को खरीदा और हमारी मदद की। आपके सहयोग के बगैर मेरा या किसी अन्य का अथक परिश्रम सफल नहीं होता।

इस रविवार को अप्पा और *पत्रिके* को उनके जन्म दिन पर 'म्याऊं' कहने के लिए आएं। आप सभी को इसके लिए मेरा तहेदिल से आमंत्रण है।

18 मार्च, 2015, *गौरी लंकेश पत्रिके*

बागेश्री एस द्वारा अनूदित

रेखाचित्र

अप्पा

यह मेरे स्कूल में वार्षिक खेल दिवस का अवसर था।[1] मैंने अपने माता-पिता से इसके लिए आने का अनुरोध किया था। चूंकि मैंने स्प्रिंट के प्रारंभिक चरण में अच्छा प्रदर्शन किया था, मैं फाइनल में अपनी जीत के प्रति आश्वस्त थी। मेरा आत्मविश्वास देखते हुए मेरे माता-पिता मुझे पदक जीतते देखने के लिए सहर्ष तैयार हो गए।

परंतु मैं इस दौड़ के दौरान लड़खड़ा गई। मेरे संभलने से पहले ही दौड़ संपन्न हो गई थी। अपना अवसर गंवाने की वजह से मैं बहुत अपमानित महसूस कर रही थी और इस वजह से मैं सहानुभूति प्राप्त करने की खातिर ज़ोर-ज़ोर से रोने लगी। घर लौटते समय रास्ते में अम्मा ने मुझे ढाढस बंधाने की कोशिश की। अप्पा पूरे रास्ते चुप रहे।

शाम को, अप्पा मेरे लिए लघु कथाओं की एक पुस्तक लेकर आए। उन्होंने यह कहते हुए मुझे दी, "इससे क्या फर्क पड़ता है कि तुमने पदक नहीं जीता? यह पदक तुम्हारे प्रयास के लिए मेरी ओर से है।"

उस समय मैं दस बरस की थी। मेरे लिए कहानियों की वह पहली पुस्तक थी। हालांकि इस तरह की कहानियों के लिए जुनून पहले ही शुरू हो गया था। मैं रोज़ रात में सोते समय अपने पिता को परेशान करती थी: "अप्पा, मुझे कहानी सुनाओ।" मुझे याद है वह *ऐसॉप्स फेबल्स* से कहानियां

---

1. कन्नड़ में लिखने की गौरी की पहली कोशिश यह लेख *तलेमारिना तलामला : अ कलेक्शन ऑफ राइटिंग्स ऑन द लाइफ एंड वर्क्स ऑफ लंकेश* में प्रकाशित हुई। संपादक : गंगाधर कुश्तगी, कविता प्रकाशन, रायपूर, 1997

सुनाते थे। "शेर और चूहा" मेरी सबसे प्रिय कहानी हुआ करती थी। मैं पुस्तकों के लिए अप्पा को परेशान किया करती थीः मैं अपने कॉलेज के दिनों में प्रीमियर बुक शॉप से किताबें खरीदने के लिए उनसे ब्लैंक चेक ले जाती थी। हमेशा उनकी किताबों की अलमारी से किताबें चोरी करती।

जब मैं बच्ची थी, तो अप्पा को 'उल्लू' पुकारती थी। परिवार के बाकी सदस्य जब सोने चले जाते थे तो भी वह रात भर लिखते-पढ़ते रहते थे। कुछ समय बाद, अम्मा ने हम दोनों को ही उल्लू बुलाना शुरू कर दिया। रोज़ाना रात में हम दोनों को किताबों के पीछे दीवाना देख जब वह थक गईं तो वह हम दोनों को एक कमरे में ले गईं, "पिता-पुत्री जब तक चाहो यहां पढ़ सकते हो।" इससे अप्पा और मैं दोनों प्रसन्न हो जाते थे। दुर्भाग्य से पिता के साथ कमरा साझा करने की सर्वसम्मत व्यवस्था लंबे समय तक नहीं चल सकी।

मेरे पिता उन पुस्तकों के बारे में जानने के उत्सुक रहते जो मैं पढ़ती परंतु हमेशा ही स्कूल में मेरी कक्षा के बारे में अनभिज्ञ रहते। यदि कोई उनसे मेरी कक्षा के बारे में पूछता तो वह मेरे पास आते, "तुम किस कक्षा में हो?"

मेरी बहन, भाई और मैं जानती थी कि हमारे पिता असाधारण थे। परीक्षा में हमारे प्रदर्शन का उनके लिए महत्व नहीं था। जब कभी हमारे दुबले-पतले शरीर को देख अम्मा हम पर और अधिक खाने के लिए दबाव डालतीं (ठीक से खाओ), तो वह उन्हें झिड़कते हुए कहते, "तुम उन्हें क्यों परेशान करती हो? जब वे कुछ दिन बगैर खाने के ही जाएंगे तब वे खुद ही इसकी आवश्यकता महसूस करेंगे।"

परंतु अप्पा कभी भी हमारे प्रति उदासीन नहीं थे। वह संभवतः महसूस करते थे कि हमें अपने आप बड़ा होना होगा और जिंदगी की खुशियों के साथ ही पीड़ा का भी अनुभव करना होगा। अब हम वयस्क हैं। हमने कई मौकों पर गलतियां की हैं। लेकिन, कुछ हद तक, मैं समझती कि अप्पा जो चाहते थे वह हम बन गए, अच्छे व्यक्ति। इससे अधिक महत्वपूर्ण, हमने बेहतर मनुष्य बनने का प्रयास किया है।

कई मायनों में, अप्पा घर में बाहर से भिन्न नहीं थे। मसलन, यदि

'ऑयल पुल्लिंग' में उनकी दिलचस्पी होती थी तो वह ऐसा करने के लिए अम्मा पर भी दबाव डालते थे। वह जैसे घर में भुनभुनाते थे, वैसे ही ऑफिस में भी करते थे। यदि वह अच्छे मूड में होते तो मुस्कुराहट के साथ 'म्याऊं' की आवाज़ करते। अन्यथा, उनके चेहरे पर क्रोध झलकता था। हमें उनसे बात करने से पहले उनके मूड को भांपना होता था। अच्छे मूड का मतलब सारे अनुरोध मंजूर हो जाते। अन्यथा, हमें किसी और दिन के लिए इंतजार करना पड़ता। हालांकि किताबों और खादी के कपड़ों के लिए मेरा अनुरोध किसी भी समय स्वीकार हो जाता था।

सबसे दिलचस्प बात तो यह है कि हर व्यक्ति अप्पा को निर्भीक समझता था। परंतु उनके भी अपने भय थे। किसी बड़ी बात के लिए नहीं बल्कि बल्ब बदलने जैसी छोटी बातों के लिए। बिजली को लेकर वह इतने वहमी थे कि उन्होंने अपने जीवन काल में एक बल्ब भी नहीं बदला। यद्यपि अप्पा समकालीन प्रौद्योगिकीय विकास के प्रति जागरूक थे, इसके विस्तृत ब्योरों के लिए उनके पास धैर्य नहीं था। यदि वह टेलीविज़न देखना चाहते थे तो हममें से किसी एक को या फिर घर में काम करने वाली महिला को, टेलीविज़न चालू करके उनके लिए चैनल लगाना होता। ऑन-ऑफ करने के अलावा उन्हें रिमोट कंट्रोल के बारे में अधिक जानकारी नहीं थी।

अप्पा और मैं मार्केस या इसाबेल आय्येंदे के लेखों के माध्यम से ही एक दूसरे से जुड़ते थे। लेकिन हर किस्म की परिहास वाली बातों का आदान प्रदान मेरी बहन और उनके ही बीच में होता था। वह मुझे लगभग रोजाना ही काम के दौरान फोन करती और पूरे घटनाक्रम को बताने से पहले जोर जोर से बताती, "आज तो अप्पा ने बहुत जोरदार संवाद बोला।" वे दोनों हास परिहास की अकल्पनीय समझ को साझा करते थे।

अप्पा और मेरे भाई अजीतु में खेलों के प्रति रुझान था। शाम को विंबल्डन मैचों से शुरू होकर मध्य रात्रि में यूएस ओपेन टेनिस का प्रसारण देखते और उसके बारे में ही बहस करते थे।

हम तीनों भाई बहनों में कोई भी अप्पा जैसा नहीं है। उनके स्वभाव की कुछ बातें भले ही हम साझा करते हों परंतु किसी भी अन्य के मुकाबले अपने पिता के बहुमुखी स्वरूप को कहीं बेहतर समझ सकते थे।

मेरी मां, मेरी नानी जैसी ही, भालू सरीखी हैं,[2] एक सीमा तक शायद आधुनिक भालू जैसी। उन्होंने अनेक बार कई तरह से मेरे पिता और हम तीनों की देखभाल की, हौसला बढ़ाया और संरक्षण प्रदान किया। वह सदैव ही हम सबके लिए हाजिर रहीं।

मेरे पिता के अनेक मित्रों और शुभचिंतकों ने कभी भी अम्मा को नहीं देखा। इसके कई कारण हैं। पहला तो यह, अम्मा बहुत संकोची स्वभाव वाली हैं। दूसरा, वह अपने आप में सफल हैं। एक समझदार जीवनसंगिनी, एक शानदार मां और इन सबसे इतर एक सफल महिला उद्यमी हैं।

मेरे माता-पिता के बीच प्यार और तकरार दोनों ही असामान्य से थे। अम्मा हो सकता है कि अप्पा के बौद्धिक से संबंध नहीं रख पाती हों। और उनके पास भी अम्मा की रोजमर्रा की जिंदगी की चुनौतियों के लिए शायद संयम नहीं हो। क्या अप्पा की रागी मुद्दी गरम है या ठंडी हो गई, यह रोजाना अम्मा की उत्सकुता का कारण रहता था। इसी तरह, अप्पा लगातार अम्मा की सेहत की चिंता करते थे। चूंकि दोनों ही उच्च रक्तंचाप से पीड़ित थे, अप्पा अपने खान पान के अनुभव अम्मा पर भी अपनाते थे।

मेरे लिए, दोनों का एक दूसरे के प्रति सम्मान साझा करना ही उनके रिश्तों की खूबसूरती है। दोनों ने एक ही एक दूसरे को व्यक्तिगत रूप से निखरने का अवसर प्रदान किया। उन्होंने अपने तीनों को भी विकसित होने के लिए वही अवसर प्रदान किए।

बहरहाल, मैं एक बात का जिक्र करना एकदम भूल गई। हमारी अम्मा का नाम इंदिरा है। अप्पा का नाम लंकेश है।

*

वह जो कोई भी हो, उसे इस दुनिया से किस तरह विदा किया जाता है, यह बात उतनी ही महत्वपूर्ण है जितनी यह कि कैसे वह इसमें रहा। जब

---

2. पी. लंकेश की मशहूर कविता अव्वा (1963) गौरी की मां की परवरिश के तरीकों की जंगली भालू के तरीकों से करती है, जिसमें परंपराओं की बंदिश नहीं थी। देखें, 'मदर' एके रामानुजन द्वारा अनूदित, द ऑक्सफोर्ड एंथोलॉजी ऑफ मॉडर्न इंडियन पोएट्री, संपा. विनय धारवाड़कर एके रामानुजन, नई दिल्ली, 1997

मैं इस बारे में सोचती हूं, मैं अप्पा को याद करती हूं।[3]

जब मैंने 25 जनवरी, 2000 को दिल्ली से वापस पहुंचने पर अप्पा को देखा तो उनका एक हाथ थोड़ा सा उठा मानो वह अलविदा कह रहे हों। वह अपने पसंदीदा नीले स्वेटर में थे। मैं अपने आंसुओं के बीच से भी देख सकती थी कि कहीं कुछ कमी है। मैं फौरन ही समझ गई कि वह क्या है। उसी समय, मेरी बहन, कविता, मुझसे लिपट गई, "गौरी, हटा दो यह विभूति।" किसी ने अप्पा के माथे पर यह विभूति लगा दी थी। अप्पा के ठंडे पड़ गए शरीर को छूने का साहस नहीं जुटा पा रही मेरी बहन ने मेरे पहुंचने का इंतजार किया। मैं दुःख के बीच भी आक्रोशित महसूस कर रही थी। अपने बचपन के अलावा कभी भी अप्पा ने विभूति नहीं लगाई थी। या पूजा नहीं की थी। न ही लिंगा बांधा था। जब ऐसा व्यक्ति निःशक्त और प्रक्रिया व्यक्त करने में असमर्थ था तो किसी ने उनके माथे पर विभूति लगा दी। उसे उसी क्षण मिटाते हुए मैं चीखी, "मेरे पिता को कोई हाथ नहीं लगाए। यह सब मत कीजिए।"

हालांकि यह सब नहीं थमा। अब यह देखना भी एक काम हो गया था कि मेरे पिता के बड़े भाई शिवरुद्रप्पा और दूसरे रिश्तेदार, जो अगले दिन आए, उनका अपमान नहीं करें। हम अतिरिक्त सतर्क थे ताकि कोई भी अप्पा की पूजा न कर सके या उनके माथे पर कुमकुम या विभूति नहीं लगा सके।

जब हम अप्पा के पार्थिव शव को फार्म ले गए तो पहले से ही किसी ने एक अर्थी तैयार कर रखी थी। ऐसा लगता है कि अप्पा के शव को वैन से इसमें ले जाने का विचार था। मैंने और मेरी बहन ने तत्काल कहा कि इसे मेरे पिता के आसपास नहीं लाया जाए। अप्पा का शव जब फार्महाउस के भीतर ही था तो कुछ लोगों ने आम के एक पेड़ के बने गड्ढे के पास पूजा करना शुरू कर दिया। मेरे पिता के एक स्तब्ध सहयोगी मेरे पास भागते हुए आए, "क्या आप पारंपरिक लिंगायत रीति से उन्हें दफन कर रहे हैं? वह तो इसके खिलाफ थे।" मैंने जवाब दिया, "नहीं, अम्मा चाहती थी कि

3. "हीगोण्डु मरण पत्र" से, *गौरी लंकेश*, जुलाई 29, 2009

साधारण ही पूजा की जाए, बस। यहां कोई परंपरा शामिल नहीं है। मैंने पहले ही उन लोगों से कह दिया है कि मेरे पिता के शरीर को छुएं भी नहीं।'' परंतु स्थिति इतनी सरल नहीं थी।

मेरे पिता के रिश्तेदार और उनके पुत्र नागराजू ने आपत्ति की, ''यह क्या है? दफनाने के लिए गड्ढा लिंगायत रस्म के अनुसार नहीं खोदा गया है।'' हमने उन्हें समझाने के बहुत प्रयास किए, लेकिन वह नहीं सुन रहे थे। मेरे चाचा ने एक और मुद्दा उठायाः ''शव को सीधे लिटाना उचित नहीं है। हमारी परंपरा के अनुसार दोनों पैर मुड़े होंगे और शरीर बैठी मुद्रा में होगा।''

अप्पा का निधन हुए 36 घंटे हो गए थे। अतः मैंने कहा, ''क्या, आप अब अप्पा के हाथ और पांव तोड़ेंगे?'' मेरे चाचा ने शांत स्वर में कहा, ''उन्हें कोई पीड़ा महसूस नहीं होगी।'' मैं समझ नहीं पा रही थी कि मैं चीखूं या गुस्सा करूं। मैंने सारे मामले को वहीं खत्म कर दियाः ''मैं इन चीज़ों के बारे में कुछ नहीं जानती। परंतु कोई भी मेरे पिता की आस्था का उल्लंघन नहीं कर सकता। आपको हमारा आभारी होना चाहिए कि हमने आपको किसी तरह की पूजा करने की अनुमति दी।''

सारी क्रिया संपन्न हो रही थी। सिर्फ गड्ढे को मिट्टी से भरा जाना था। उसी समय, गड्ढे में अप्पा के शव के निकट खड़े व्यक्ति ने कहीं से लिंगा निकाला और अप्पा की गर्दन के चारों ओर लपेट दिया। मैं बहुत ही नाराज हुई। मैं चिल्लाई, ''इसे हटाओ, हटाओ इसे, अभी हटा लो।''

ठीक उसी समय, ढोल वाले, जिन्हें मेरे चाचा ने बुलाया था, अपने ढोल जोर जोर से बजाने लगे। इसके शोर में मेरी आवाज डूब गई। गुस्से में मेरी बहन चिल्लाई, ''इन ढोल वालों को बंद करने के लिए कहो।'' उस समय तक प्रकाश राय भी उसके पास आ गए थे, उन्होंने ढोल बजाना रुकवाया। मैंने गड्ढे के अंदर मौजूद व्यक्ति से कहा कि अप्पा की गर्दन में उसने जो लिंगा लपेटा है उसे हटाए। इस बार उसने हमारी बात सुनी। उसके पास इसे हटाने के अलावा कोई विकल्प नहीं था।

जातीय परंपराओं को भूल जाओ, हम अप्पा की परंपरा के प्रति निष्ठावान रहे। कागज़ और कलम, सिगरेट का एक पैकेट और माचिस, ब्लैक

लेबल स्कॉच व्हिस्की की एक बोतल, घुड़दौड़ की बाजी पर एक किताब, ताश की गड्डी, एक उपन्यास, ये सभी अप्पा की परंपरा का केंद्र थे। हमने इनके साथ अप्पा को विदाई दी।

अगले दिन, मेरी मां अप्पा की पसंद की अनेक मिठाइयां और नमकीन उन्हें दफनाई गई जगह पर लेकर गईं। निश्चित ही किसी ने उन्हें ऐसा करने की सलाह दी होगी या वह स्वयं ही कुछ रीतियों (हालांकि वह खुद भी इन परंपराओं में यकीन नहीं करती हैं) का पालन करना चाहती होंगी। एक प्लेट में थोड़े ओबट्टू और थोड़ा लेमन राइस रखकर उसे कौओं के लिए खुले में रख आईं। काफी समय बीत गया परंतु वहां कोई कौआ दिखाई नहीं पड़ा। मेरी बहन और मैंने मज़ाक किया, "अप्पा भी इस बेहूदगी के लिए नीचे से चिल्ला रहे होंगे। इसीलिए कौए भी नज़र नहीं आ रहे।" अंत में, हमने वह खाना दो गायों को दे दिया जो अप्पा की प्रिय थीं और घर लौट आए।

चंदन गौड़ा द्वारा अनूदित

अम्मा

मेरी मां इंदिरा बहत्तर वर्ष की हैं। उन्होंने अपने जीवन में सिर्फ एक पुस्तक लिखी है। उन्हें साहित्य के लिए बी. सरोजा देवी पुरस्कार से अब सम्मानित किया गया है। चूंकि यह पुस्तक, *हुलिमावु मट्टू नानू* (खट्टा आम और मैं), जो मेरे पिता के साथ उनके चालीस साल के वैवाहिक जीवन के बारे में इन पन्नों में शृंखलाबद्ध की गई थी, इसलिए मुझे अपने पाठकों का इससे परिचय कराने की आवश्यकता नहीं है।

लेकिन मैं इस पुस्तक की पृष्ठभूमि के बारे में कुछ शब्द जरूर साझा करना चाहूंगी। एक मासिक पत्रिका *मयूर* के जी. पी. बासवराजू इसकी वजह थे। उन्होंने अप्पा पर विशेष संस्करण प्रकाशित करने की योजना बनाई थी। उन्होंने अम्मा और मुझसे इस पर लिखने का आग्रह किया। अम्मा ने पहले तो संकोच किया, "नहीं, मैं नहीं लिख सकती।" उस समय तक अपने रिश्तेदारों को पत्र लिखने और अपनी सफलतापूर्वक चल रही साड़ी की दुकान का लेखा-जोखा रखने मात्र का लेखन उन्होंने किया था।

चूंकि मैंने भी उनसे अनुरोध किया, उन्होंने एक लेख लिखा जिसका नाम था, "स्कूटर डेज़।" मैंने इसे *मयूर* में भेजने से पहले इसका थोड़ा संपादन किया था। यह लेख अप्पा और अम्मा द्वारा स्कूटर खरीदने के लिए किए गए प्रयासों, इस पर आने-जाने में व्यतीत किए गए समय और ऐसी ही अन्य बातों के बारे में था। इसे अनेक पाठकों ने पसंद किया। यही वह समय था जब लंकेश टीम ने महसूस किया कि यदि मेरे पिता के बारे में एक ऐसे व्यक्ति द्वारा पुस्तक लिखी जाए जिसने उनके साथ चालीस साल

बिताए हैं तो इससे उनके चरित्र का एक अलग ही पहलू सामने आएगा।

हममें से कोई भी यह अनुमान ही नहीं लगा सका कि उनके भीतर एक लेखक है। प्रारंभ में हमने सुझाव दिया कि वह अपनी कहानी बताएं और कोई अन्य उसे लिखता जाएगा। मगर इस काम को कौन करेगा?

मैं अपनी अत्यधिक व्यस्तता की वजह से यह काम करने की पेशकश करने की स्थिति में नहीं थी। के. अक्षत, जिसने हाल ही में किसान नेता कादिदल शमान्ना की आत्मकथा *काड़ा तोरेया जाडू* (जंगल के निशान) पर बढ़िया काम किया था, बेंगलोर से काफी दूर रहता था। इसके बाद जिनके नाम हमारे दिमाग में आए, वे या तो व्यस्त थे या दूर दराज के स्थानों पर रहते थे। अतः इस पुस्तक पर काम कुछ सालों के लिए टल गया था।

अंत में, मैंने अम्मा से कहा, "जब भी आपको समय मिले, आप अपने संस्मरण लिखना शुरू कर दीजिए। किताब के बारे में बाद में सोचेंगे।" अम्मा ने लिखना शुरू कर दिया। कुछ दिन बाद उन्होंने अपने लिखे हुए कुछ काग़ज़ मुझे सौंपे और कहा, "क्या तुम इन्हें देख सकती हो कि पढ़ने में कैसे हैं?"

वे पढ़ने में काफी दिलचस्प थे।

मुझे यह सोच कर दुख हुआ कि जब अम्मा इतना अच्छा लिख सकती हैं तो मैंने नाहक ही किसी पत्रकार को इस काम के लिए खोजने में इतना समय नष्ट कर दिया। हमने अम्मा के संस्मरण साप्ताहिक के अगले अंक से ही प्रकाशित करने का फैसला किया। परंतु इसका शीर्षक क्या होगा? चूंकि राजेश्वर ने पहले ही 'माय तेजस्वी'[1] प्रकाशित की थी, हम इसके लिए एक अलग शीर्षक चाहते थे। 'लंकेश एंड आई' नीरस लग रहा था। मैं कुछ देर सोचा। चूंकि अप्पा की आत्मकथा का शीर्षक *हुलीमाविना मारा* (खट्टे आम का वृक्ष) था, मैंने सोचा *हुलिमावु मट्टू नानू* (खट्टा आम और मैं) इस स्तंभ का आकर्षक शीर्षक रहेगा। अम्मा को भी यह पसंद आया।

मैंने संपादक के रूप में काम करते हुए जितने भी स्तंभकार देखे उनमें इंदिरा सबसे अनुशासित स्तंभकार थीं। वह लेख भेजने की समय सीमा में कुछ दिन शेष रहते हुए ही अपना लेख भेज देती थीं। यदि उन्हें कहीं जाना होता था तो वह शहर से बाहर जाने से पहले ही अपना लेख लिख लेती थीं।

1. मशहूर लेखक पूर्णचंद तेजस्वी की पत्नी राजेश्वरी तेजस्वी के संस्मरण।

अम्मा के लेख बहुत जल्दी ही काफी लोकप्रिय हो गए। अनेक पाठक पत्रिका में और कुछ देखने से पहले अम्मा का स्तंभ पढ़ते थे। जब उनका स्तंभ खत्म हो गया तो मैंने सोचा कि इस पर शिमोगा में एक पुस्तक लोकार्पित की जाए, मेरे माता पिता जहां के निवासी थे। अम्मा इतनी अधिक संकोची स्वभाव की हैं कि उन्होंने पूछा, ''क्या मुझे पुस्तक के लोकार्पण के लिए आना होगा?'' मैंने कहा, ''तुम सिर्फ आ जाओ।'' वह मेरी भांजी ईशा के साथ वहां आईं।

इस बात का ज़िक्र करना भी ज़रूरी है कि मेरी मां ने हम लोगों को किस तरह बड़ा किया। जब हम छोटे थे तो मां के स्नेह और हम लोगों की पिटाई करने की उनकी कोई सीमा नहीं थी। हमारी छोटी-छोटी समस्या उन्हें उत्तेजित कर देती थी। लेकिन, अगर स्कूल की रिपोर्ट कार्ड में अंक कम नजर आएं तो वह हमारी खूब पिटाई करती थीं। (अप्पा ने कभी भी हमें नहीं मारा)। खेलना, किताब पढ़ना और ऐसे ही दूसरे काम स्कूल का गृह कार्य पूरा करने के बाद ही होते थे। वह खुद भी घर का सारा काम संपन्न होने के बाद ही किताब पढ़ने बैठती थीं। हमारे घर में आज भी दोपहर के भोजन के वक्त हम सभी के हाथ में किताब देखी जा सकती है। मेरी मां बहुत ही अनुशासनप्रिय थीं और वह भाव हम सभी में पैदा करना चाहती थीं। (सिर्फ मेरी बहन ने ही इसे अपनाया लेकिन मेरे और अनुशासन के बीच दूर दूर तक कोई संबंध नहीं है। अम्मा हमें खाने की थाली में सारा खाना खत्म करने और एक भी कौर नहीं छोड़ने के लिए बाध्य करती थीं। :मेरे भाई ने इस आदत को कभी नहीं अपनाया)।

इससे कहीं अधिक, अम्मा ने मुझे और मेरी बहन को स्त्रित्व के बारे में पहला पाठ सिखाया। वह महिलाओं के आंदोलन के इतिहास, इसके दर्शन और नेताओं के बारे में नहीं जानती हैं। उन्होंने अपने ही अनुभवों से सीखा था। उन्होंने जो सीखा उसमें एक सबक यह भी था कि शिक्षा और आर्थिक स्वतंत्रता का अभाव महिलाओं को पुरुषों पर निर्भर बनाता है और वे अपमान झेलती हैं। यही वजह थी कि वह अक्सर स्नेहपूर्वक सलाह देती, ''तुम्हें मेहनत करके पढ़ना चाहिए और अपने पैरों पर खड़ा होना चाहिए।'' कभी कभी तो वह सख्त आदेश भी देती थीं।

ऐसे ही एक मौके पर जब मां ने मुझे अपने पुरुष मित्र के साथ पकड़ लिया तो उन्होंने मुझे तमाचा लगाया था और दो दिन के लिए घर में ही कैद कर दिया था। यह सभी परिवारों में आम बात है कि जब लड़की किशोरावस्था के अंतिम दौर में होती है तो उसके लिए सुयोग्य लड़के की तलाश शुरू हो जाती है। लेकिन हमारे मामले में हमारी मां ने यह विषय तभी उठाया जब हमने अपनी पढ़ाई पूरी कर ली और नौकरी से हमें कुछ आमदनी होने लगी।

अम्मा का जीवन में संघर्ष और इसमें विजयी होना भी काफी रोमांचकारी रहा है। एक ओर उन्होंने 12वीं तक की शिक्षा भी प्राप्त नहीं की थी। दूसरी ओर, उन्होंने कोई ऐसा प्रशिक्षण भी प्राप्त नहीं किया था जिससे उन्हें नौकरी मिल सकती। उन पर तीन बच्चों को बड़ा करने की जिम्मेदारी थी। जब उनके पति एक अन्य महिला के पीछे पड़े तो उन्होंने अपना मंगलसूत्र उतार कर फेंक दिया था। उनके ज़हन में सवाल उठे, "मुझे ऐसा क्या करना चाहिए जिससे मैं आत्मनिर्भर बनूं और संतोषजनक जीवन जी सकूं? मुझे क्या करना चाहिए?" इन सवालों का सामना करते वक्त वह तैंतीस साल की थीं।

यही वह समय था जब उन्होंने घर से ही साड़ियां बेचना शुरू किया और देखते ही देखते उनके व्यवसाय में तरक्की हुई और उन्होंने एक बड़ी दुकान कर ली...मेरी मां ने, जो हमेशा ही एक स्वतंत्र और आत्मसम्मान की जिंदगी जीती रहीं, बहत्तर साल की उम्र में साहित्य का पुरस्कार प्राप्त किया। यह इंदिरा कोई साधारण महिला नहीं है।

कुसाकूरू सोमसुंदर इंदिरा लंकेश को हृदय से बहुत बहुत बधाई! मैं आपका और अप्पा का हमें इस तरह से बड़ा करने के प्रति आभारी हूं। आपको बहुत प्यार करती हूं।

22 अप्रैल, 2015, *गौरी लंकेश पत्रिके*

चंदन गौड़ा द्वारा अनूदित

चेन्नी

अप्पा की प्रिय चेन्नी की दो सप्ताह पहले मृत्यु हो गई।वह करीब 13 साल की थी और अपने जीवन के अंतिम पड़ाव पर पहुंच चुकी थी। उसने जीवन के अपने अंतिम दिनों में खाना छोड़ दिया था और घर के सदस्यों के संपर्क में आना बंद कर दिया था। उसे अम्मा के नीलमंगल फार्म में आज दफनाया जाएगा।

यह चेन्नी, अप्पा की प्रिय डाबरमैन थी। राजा और स्टेफी के बाद इसी कुत्ते ने अप्पा का दिल जीता था। रोज़ सवेरे जब अप्पा प्रातःकाल की सैर से लोटते तो वह उनके ही साथ घर में प्रवेश करती। जब अप्पा की मालिश हो रही तो चेन्नी उनके पास सोफे पर बैठी रहती जो उन्होंने उसके लिए विशेष रूप से बनवाया था। जब वह नाश्ता कर रहे होते तो चेन्नी उनके पास बैठकर रोटी के टुकड़ों का इंतजार करती जो वह उसे देते थे।

चेन्नी उस समय विशेषरूप से बहुत खुश होती जब अप्पा रात में घर लौटते थे। वह उनके ही साथ घर में आती और जब तक वह अपनी व्हिस्की और खाना खत्म करते चेन्नी उनके ही पास रहती और अप्पा द्वारा प्यार से बाहर भेजने पर ही जाती। इससे कोई फर्क नहीं पड़ता था कि चेन्नी घर कितना अस्त व्यस्त कर देती थी, हममें से कोई भी इसे मुद्दा नहीं बना सकता था। क्योंकि, अप्पा के अनुसार वह इस घर की रानी थी। यदि अप्पा घर में होते और उसे अंदर आने नहीं दिया जाता तो वह इतना हंगामा करती कि हम अंततः उसके लिए घर का दरवाजा खोल ही देते। दरवाजा खुलते ही वह सीधे अप्पा के पास जाती और उन्हें सूंघती, उनका

चेहरा चाटती और फिर उनके पांव के साथ खुद को रगड़ने के बाद ही बैठती थी।

यह वही चेन्नी थी जिसने उसी पीड़ादायक क्षति का अनुभव किया जो हमसभी ने 25 जनवरी, 2000 को महसूस की थी। उस दिन हज़ारों लोग अप्पा के अंतिम दर्शन के लिए आए थे लेकिन चेन्नी को उसके कुत्ता घर में ही रखा गया था। चारों तरफ हो रहे शोर शराबे के बीच चेन्नी ने अकेले ही उस पीड़ा को महसूस किया। उस रात जब अप्पा के पार्थिव शरीर को घर से ले जाया गया तो चेन्नी बहुत जोर से रोई थी। आज भी मुझे चेन्नी के विरोध की तेज आवाजें याद हैं जो उसके कुत्ता घर से आ रही थीं।

क्या आप जानते हैं कि सबसे अधिक विस्मित करने वाली बात क्या थी? अप्पा के निधन के बाद चेन्नी घर के भीतर नहीं आई। यहां तक कि जब हमने घर के दरवाजे पूरे खोले और कहा, "चेन्नी, अंदर आओ," वह हमारी ओर कुछ क्षण देखती और फिर खामोश हो जाती। अप्पा जब जीवित थे तो उसे घर के बाहर रखना मुश्किल था परंतु अब जब अप्पा नहीं है तो हम कितना भी प्रयास करें, उसे भीतर लाना असंभव है। अंततः एक दिन, अम्मा उसे अप्पा के कमरे, अध्ययन कक्ष, बाथरूम में ले गईं और उसे घूम घूम कर सूंघने दिया और कहा, "देखो चेन्नी, आपके अप्पा अब यहां नहीं हैं। लेकिन यह अप्पा का कमरा है।" चेन्नी ने कुछ क्षण कमरे में चारों ओर नजर दौड़ाई और फिर अम्मा के हाथ से निकल कर बाहर भाग गई। वह उस घर में नहीं रहना चाहती थी जहां उसके प्यारे अप्पा नहीं थे।

चेन्नी ने इसके बाद अगले एक दो साल तक खुद तक ही सीमित रखता और वह अपने में ही खोई रहती थी। इस दौरान वह जीवन में पहली बार मां बनी और उसने सात पिल्लों को जन्म दिया। मेरा नन्हा भांजा समर उसके बच्चों को देखकर आनंदित था। परंतु इसके कुछ दिन बाद ही चेन्नी को अप्पा के फार्म पर भेज दिया गया।

वहां, उसकी जिंदगी नरक बन गई। उसे दिन भर बंधा देकर मेरी बहन दुखी थी। बाद में, जब अप्पा का फार्म बेच दिया गया तो हमने चेन्नी

को अम्मा के नीलमंगल फार्म में स्थानांतरित कर दिया।

चेन्नी की सेहत में वहां चमत्कारिक तरीके से सुधार हुआ। वह फार्म की रखवाली करते हुए अपना समय बिताती और जब मैं वहां जाती तो मेरे पीछे पीछे चलती। लेकिन दो महीने पहले पर केयरटेकर कल्लपा ने फार्म छोड़ दिया और मवेशी पास में ही वकील जयराम के फार्म पर भेजे गए तो मैं चेन्नी को अपने साथ घर ले आई।

बार बार चोरी का शिकार हो रहे मेरे मकान में अब कुत्ता चौकीदार था और चेन्नी ने चोरों को घर से दूर ही रखा। मेरी अस्त व्यस्त जिंदगी के बीच उसकी थोड़ी सी देखभाल से भी चेन्नी संतुष्ट थी।

परंतु उसकी जिंदगी का अंत निकट आ रहा था। वृद्धावस्था के साथ ही उसे कई बीमारियों ने घेर लिया। उसने खाना छोड़ दिया, दवा खाने से भी इन्कार कर दिया। अंतिम दिनों में पशु चिकित्सक उसे जीवित रखने के लिए इंजेक्शन और ग्लूकोज़ देते रहे। जब पशु चिकित्सक ने कहा कि वह अब और अधिक समय जीवित नहीं रहेगी तो मैं उसे वापस अम्मा के फार्म पर ले गई।

जहां, चेन्नी चार दिन तक सिर्फ पानी पीकर ही जीवित रही और फिर उसने अंतिम सांस ले ली। एक दिन जब मैं अपनी नन्ही भांजी ईशा को फार्म पर लेकर गई तो उसने पूछा, "ताता का कुत्ता चेन्नी कहां है?" अम्मा ने कहा, "ताता की तरह ही चेन्नी भी अब तारा बन गई है।"

ईशा ने सवाल किया, "क्यों।"

अम्मा ने कहा, "वह यहां खूब रही। वह अपने ताता के साथ रहना चाहती थी। इसलिए वह चली गई। अब, रोज रात में, जिस तरह आपके ताता आसमान में नज़र आते हैं और आपको देखते हैं, चेन्नी भी उनके साथ नज़र आएगी और आपको देखेगी।"

23 अगस्त, 2006, *गौरी लंकेश पत्रिके*

सुषमा वीरप्पा द्वारा अनूदित

बी. वी. कारंत

जब मैंने सुना कि बी. वी. कारंत गंभीर रूप से बीमार हैं तो मैं उन्हें देखने गई। मैं उन्हें उस समय से जानती हूं जब मैं नन्हीं बच्ची थी।

मैंने पूछा, "आप कैसे हैं?"

उन्होंने कहा, "ऐलोपैथ ने जवाब दे दिया है। अब मैं घर पर ही कुछ उपचार करा रहा हूं।"

मैंने कहा, "यदि आपको किसी प्रकार की कोई आवश्यकता हो तो कृप्या मुझे बताएं। हम सब यहां आपके लिए हैं।"

उन्होंने मुझसे कहा, "मुझे किसी चीज की आवश्यकता नहीं है। *पत्रिके* का ठीक से ध्यान रखो। यह पर्याप्त रहेगा।" उनसे क्या कहूं, मेरी समझ में नहीं आया।

हाल ही में, मैं अपने मित्र जयंत कैकिणी के साथ कारंत के घर गई जो अपना एक म्यूजिक कैसेट देने जा रहे थे।

जब मैं छोटी थी तो अम्मा और अप्पा दिल्ली में कुछ दिन कारंत के घर पर ठहरे थे। मैं समझती हूं कि मैंने खराब अंग्रेजी में जो पत्र अम्मा को लिखा था उससे प्रेमा कारंत बहुत खुश हुई थीं। बाद में जब प्रेमा और कारंत बेंगलुरू लौट आए तो उन्होंने मेरे गले में अपना हाथ रखा और मेरे पिता से मजाक में कहा, "लंकेश, हमारे तो बच्चे नहीं हैं। तुम्हारी दो बेटियां हैं। तुम हमें गौरी को गोद लेने की अनुमति क्यों नहीं दे देते?" मेरे पिता जोर से हंसे और बोले, "निश्चित ही, तुम इसे ले जाओ।"

कारंत की रंगमंच की टोली प्रतिमा नाटक टांडा ने रवींद्र कलाक्षेत्र

परिसर में तीन नाटकों का मंचन किया, मेरी बहन, बेबी, और मैंने अप्पा के नाटक *किंग इडिपस एंड एंटिगन* में इडिपस (यह भूमिका गिरीश कर्नाड ने की थी) के बच्चों की भूमिका की थी। यह बहुत ही सहज रहा था क्योंकि इस किरदार का कोई संवाद ही नहीं था। जब हमने चंद्रशेखर कंबर के नाटक *संज्ञा बाल्या* के लिए ऑडिशन देने का प्रयास किया तो हम काफी घबराहट महसूस कर रहे थे और संवाद बोलने में भी हकला रहे थे, कारंत इससे प्रभावित नहीं थे और हम दोनों को उन्होंने 'गेट पास' दे दिया।

कई साल बाद उनसे मेरी मुलाकात हुई जब वह विजया हाई स्कूल आए जहां मैं एक नाटकके निर्देशन के बारे में सीख रही थी। उन सभी को, जो नाटक में भूमिका की उम्मीद कर रहे थे, माइक के सामने खड़े होकर अपने बारे में परिचय देना था। मैंने जानबूझ कर अपना परिचय देते समय अपने नाम के साथ पिता का नाम जोड़ दिया था ताकि ऐसा नहीं हो कि वेमुझे पहचानने में असमर्थ रहें। कारंत मेरी चतुराई पर मुस्कुराए और मुझे एक भूमिका दे दी। मुझे रवींद्रनाथ टैगोर के नाटक *द किंग्डम ऑफ काड्र्स* में पान की रानी की भूमिका अभिनीत करनी थी। मैंने महसूस किया कि अभिनय मेरे बस का नहीं है! अप्पा एकबार नाटक देखने आए थे और मैं उन्हें सामने की कतार में बैठे देखकर डर के मारे लगभग मूर्छित सी हो गई। बाद में उन्होंने कहा था, "तुम बहुत अच्छी लग रही थीं, परंतु मैं तुम्हारा कोई संवाद नहीं सुन सका।" वह रंगमच के साथ मेरे अनुभव का अंत था।

मैं इसके बाद अगली बार कारंत उस समय मिली जब मैं दिल्ली में पढ़ाई कर रही थी। वह हार्मोनियम के साथ पीने के सत्र के लिए आए थे और उन्होंने पूरी रात अपने गायन से हमारा मनोरंजन किया। इसके बाद, मैं उनसे सिर्फ एक पत्रकार के रूप में मिली। जब मैं मैसूर में रंगायन रिपर्टरी में उनसे मिली, उस समय वह वहां काम कर रहे थे, मुझे देखकर वह प्रसन्न नज़र आए परंतु उन्होंने पहले जैसी गर्मजोशी नहीं दिखाई। उन्होंने सीधे मेरी आंखों में देखते हुए दुख के साथ कहा, "भोपाल की घटना ने मेरे साथ यही किया है।"

कारंत को भोपाल की दुर्भाग्यपूर्ण घटना से उबरने में सालों लग गए।[1] प्रेमा कारंत ने कहा था, "वास्तव में वे हमारे लिए बहुत ही भयावह थे। आखिर में तो कारंत कभी-कभी हफ्तों गहरे अवसाद में रहते थे।" परंतु रंगायन में उनके सपने एक बार फिल स्फुटित होने लगे थे।

कुछ समय बाद, मैं उनसे हैदराबाद के निकट एक गांव में मिली जहां वह तेलुगू रंगमंच के पेशेवर कलाकारों को ब्रेष्ट के *मदर करेज* के बारे में पढ़ा रहे थे। वह हिंदी में तेज़ आवाज़ में बोल रहे थे और अभिनेताओं के संवाद तेलुगू भाषा में बोले जा रहे थे और अनुवाद इन दोनों के बीच में परेशानी में फंसा हुआ था। रंगमंच के प्रति कारंत का उत्साह हर जगह था। उन्होंने कहा था, "मैंने अपने रंगमंच के दिनों की शुरुआत गब्बी वीरन्ना के पेशेवर दल के साथ की थी। इसके बाद मैं इधर उधर भटकता रहा। अंततः मैं एक पेशेवर दल के साथ लौटा हूं।"

मैं जब उनके बिस्तर की बगल में बैठी और उन्होंने मेरा हाथ पकड़ा तो यह सारी स्मृतियां मेरे दिमाग में तेज़ी से घूम गईं।

उन्होंने पूछा, "क्या *पत्रिके* लाभ में चल रही है?" मैंने कहा, "मेरा भाई इतना संपन्न नहीं है कि उसे घाटे में चला सके।" उन्होंने कहा, "बधाई हो, मुझे यह जानकर खुशी हुई कि तुम अपने पिता की *पत्रिके* को चला रही हो।"

वह राष्ट्रीय नाट्य विद्यालय के वर्तमान निदेशक अंकुर के साथ बनारस में बिताए अपने दिनों को याद करने लगे, जो उस समय वहीं थे। छोटे बच्चे की तरह उन्होंने इस बात को मानने से इन्कार कर दिया कि लंबे समय के उनके सहयोगी होला उन्हें पीने के लिए प्रेरित कर रहे थे। उन्होंने पिंक फ्लॉयड कैसेट को तलाशा और जोर दिया कि कैकिणी को इसे सुनना चाहिए। वह अपनी बीमारी के महंगे इलाज को लेकर चिंतित थे। हालांकि

---

1. बी. वी. कारंत को, जो भोपाल स्थित भोपाल भवन में रंग मंडल के निर्माण में एक रंगमंच रिपर्टरी में मदद कर थे, 1986 में हत्या के आरोपों का सामना करना पड़ा, मीडिया में इस पर व्यापक चर्चा हुई। यह विवाद तभी जाकर थमा जब अदालत ने उनके खिलाफ आरोप खत्म कर दिए।

बात करते हुए वह थक रहे थे और उन्हें कुछ हिचकियां आईं, फिर वह धीरे धीरे सामान्य हुए और फिर बातचीत शुरू कर दी।

हमारी बातचीत का सिलसिला *कारंतरा कथाना* की ओर मुड़ गया जिसका संकलन वैदेही ने किया था। उन्होंने कहा, "इसके वर्णन में प्रेमा के बारे में एक महत्वपूर्ण अध्याय छूट ही गया। वह इतने लंबे समय तक मेरे साथ रही है। मेरी आत्मकथा में उसके बारे में अध्याय नहीं होना अन्याय होगा...प्रेमा ने ही मेरी परवरिश की है।"

कैकिणी ने उन्हें सांत्वना देने का प्रयास करते हुए कहा, "पहले आप स्वस्थ हो जाएं। तब आप इस अध्याय को जोड़ सकते हैं। इस सबके लिए पर्याप्त समय है। इस समय आपका स्वास्थ्य प्राथमिकता है।"

कारंत ने बार बार जोर दिया, "नहीं, नहीं, यह वास्तव में बहुत ही गलत होगा यदि उसमें प्रेमा के बारे में कुछ नहीं हो।"

कैकिणी ने कहा, "पहले आपकी सेहत में सुधार होने दीजिए। फिर मैं आऊंगी और प्रेमा के बारे में आप जो कुछ भी कहेंगे उसे लिखूंगी।" इससे लगा कि वह थोड़ा संतुष्ट हुए। बच्चे की तरह फिर पूछा, "वायदा?"

जिस तरह से उन्होंने 'वायदा' लिया उससे पता चलता है कि कारंत ने किस तरह अपना अपना भोलापन बनाए रखा था, जिनका जन्म गरीबी में हुआ था परंतु अपनी विलक्षण प्रतिभा के दम पर वह उससे बाहर निकल आए थे और इतनी अधिक लोकप्रियता हासिल की थी।

उस दिन उन्होंने सिर्फ हमारे लिए शक्ति बैंड, जिसने फ्यूजन संगीत को लोकप्रिय बनाया था, द्वारा गाया गया गीत सुनाया। इस गीत में खुद को ढालते हुए वह मेरा हाथ पकड़े हुए ही कहते हैं, "यह कितना सुकून दे रहा है!"

25 अगस्त, 2002, *लंकेश पत्रिके*
बागेश्री एस द्वारा अनूदित

बाबा आम्टे

जब मैं बासवानागुडी स्थित नेशनल कॉलेज में पढ़ रही थी तो खबर मिली कि वहां बाबा आम्टे आ रहे हैं। बाबा आम्टे उस समय कन्याकुमारी से कश्मीर और अरुणाचल प्रदेश से गुजरात को देश को एकजुट करने के लिए भारत जोड़ो अभियान का नेतृत्व कर रहे थे और शांति तथा पर्यावरण संरक्षण का संदेश दे रहे थे।

मैंने सुना था कि इस वयोवृद्ध व्यक्ति के रीढ़ की हड्डी नहीं है और उन्हें इस वजह से या तो लेटे या खड़े रहना पड़ता है। इसके बावजूद कोई भी इस 'रीढ़विहीन' व्यक्ति के हौसले पस्त नहीं कर पाया था। मैं उन्हें देखने के लिए बहुत ही उत्सुक थी।[1]

यह 1978 की एक दोपहर थी। बाबा आम्टे और उनके सैकड़ों युवा सहयोगी साइकिल से हमारे कॉलेज परिसर में पहुंचे। हम उनके चारों ओर एकत्र हुए तो मंच पर एक चारपाई बिछाई गई। बाबा आम्टे, जो मंच पर थे, स्वागत भाषण तथा दूसरी औपचारिकताएं पूरी होने तक चारपाई पर लेटे रहे। वह जब भाषण देने के लिए खड़े हुए तो हम सब बहुत ही खुश हुए। देश के भविष्य को खुद देखकर हम सभी बहुत ही गौरवान्वित महसूस कर रहे थे। मेरी इच्छा उसी दिन भारत जोड़ो आंदोलन में शामिल होने की हुई परंतु अपनी मां की मंजूरी नहीं मिलने के भय से मैं पीछे हट गई।

करीब 21 साल बाद, मुझे आनंदवन आश्रम में दो दिन रहने, उनका इंटरव्यू करने और उनकी पत्नी तथा दो बच्चों से बातचीत करने का अवसर

---

1. 1970 के दशक में सर्वाइकल स्पॉन्डिलोसिस के दो ऑपरेशन के बाद बाबा आम्टे सीधे नहीं बैठ सकते थे और थोड़े समय के लिए खड़े हो सकते थे।

मिला। मैं ईटीवी के दिल्ली कार्यालय में काम करती थी और दक्षिण अफ्रीका की यात्रा से, जहां मैं डरबन के निकट फिनिक्स में गांधी के पहले आश्रम गई थी, अभी लौटी ही थी और सोचा था कि महाराष्ट्र में उनके अंतिम आश्रम सेवाग्राम जाना उत्तम विचार होगा। रास्ते में ही मैंने आनंदवन जाने और बाबा का इंटरव्यू करने का फैसला किया।

मैं रात में करीब साढ़े दस बजे आनंदवन पहुंची। एक कार्यकर्ता ने मुझे मेरा कमरा दिखाया और कहा कि मेरा बाबा के साथ इंटरव्यू सवेरे के लिए निर्धारित किया गया है। इस छोटे से कमरे में एक चारपाई, मेज और लोहे की कुर्सी के अलावा कुछ नहीं था। आश्रम के नियमों के अनुसार कमरे को साफ सुथरा रखना उसमें रहने वाले की जिम्मेदारी थी और इसके लिए एक झाड़ू, बाल्टी और पोंछा भी रखा था।

मैंने सवेरे कमरा साफ किया और आठ बजे तक तैयार हो गई। बाबा सवेरे साढ़े चार बजे जग गए थे और टहलने, तथा स्नान के बाद नाश्ता भी कर लिया था। उन्होंने और उनकी पत्नी साधना ने इतनी गर्मजोशी से मेरा स्वागत किया कि मुझे ऐसा महसूस हुआ कि मानो मैं उनकी पुत्री हूं। बाबा ने पूरे आनंदवन दिखाया। आश्रम में कुष्ठ रोगी भी रहते थे और यह बहुत साफ सुथरा रखा जाता था।

इस आश्रम में कर्नाटक सहित देश के सभी भागों के लोग बुनाई, बागवानी और बढ़ई वाले विभागों में थे। मेरे जैसे अतिथियों सहित आश्रम में प्रत्येक व्यक्ति ने एक साथ खाना खाया और फिर अपनी प्लेटें खुद ही धो कर रखीं।

मैंने बाबा की एंबुलेंस जैसी गाड़ी में आश्रम का भ्रमण किया। मेरे साथ चल रहा वीडियो कैमरामैन काम करते हुए बाबा के दृश्य रेकॉर्ड कर रहा था। वह मरीजों का हालचाल ले रहे हैं और उनके सहायकों को परामर्श दे रहे हैं और इस तरह के दूसरे कार्यों में व्यस्त हैं। मैं फ्रेम में आने से बचने के लिए अपने सहयोगी से थोड़ा दूर खड़ी थी। हालांकि, बाबा मुझे अपने साथ खड़ा होने के लिए कहते हैं: "गौरी, आ जाओ इधर।" वह मेरा हाथ पकड़ कर उनके साथ टहलने के लिए कहते।

उन्होंने वृक्षों के घने झुंड की ओर इशारा किया और कहा, "शाम छह बजे तक वहां पहुंचो और तुम्हें विस्मित करने वाली कोई चीज़ नज़र आएगी। बाद में हम रात का भोजन एक साथ करेंगे।"

मैं समय पर वहां पहुंची। सूर्यास्त हो रहा था और इसके कुछ समय बाद अलग अलग दिशाओं से कुछ पक्षी आए। देखते ही देखते उनकी संख्या हजारों में हो गई। इसके थोड़ी देर बाद ही वे अपने बच्चों के पास घोसलों में लौट गए। वायुमंडल पक्षियों की चहचहाट से गूंज रहा था। प्रकृति के साथ इस तरह का संवाद मेरे लिए सबसे अधिक यादगार क्षण था।

जब मैं बाद में बाबा के आश्रम पहुंची, उन्होंने बच्चों की आंखों में उत्साह के साथ कौतुहल से पूछा, "वह कैसा था।"

जब मैं सेवाग्राम की यात्रा के बाद अगले दिन आनंदवन वापस लौटी तो मेरी मुलाकात बाबा के पुत्रों विकास और प्रकाश से हुई। मैं उनसे बाबा के रचनात्मक सालों और उनके जीवन को यह आकार देने वाले अनुभवों आदि के बारे में विस्तार से बात की। मुझे सवेरे दिल्ली लौटना था परंतु बाबा ने मुझसे रुकने का आग्रह किया। उन्होंने सवाल किया, "जल्दी क्या है?" मैंने उनका आग्रह मान लिया और एक दिन और रुक गई।

बाबा को उनके जीवनकाल में सैकड़ों पुरस्कारों और सम्मानों से सम्मानित किया गया लेकिन इसके बाद भी वह अत्यधिक विनम्र व्यक्ति ही बने रहे। उनकी ईमानदारी, सेवाभाव, संघर्ष करने की भावना और सभी से एकसमान स्नेह का व्यवहार करना बहुत ही मार्मिक था। कुष्ठ रोगियों की सेवा के लिए अपना जीवन समर्पित करने वाला यह व्यक्ति उस समय एक आंदोलन में कूद पड़ा जब उसे पता चला कि नर्मदा बांध से हजारों परिवारों के बेघर होने का खतरा है। नदी के पास ही लंबे समय से वह अपनी पत्नी के साथ एक झोंपड़ी जैसी छोटी इमारत में रहते थे और स्वास्थ्य बिगड़ने के बावजूद वह पानी में ही डूबने के लिए तैयार थे। परंतु जब बाबा को यह पता चला कि उन्हें रक्त कैंसर है तो उनके पास आनंदवन लौटने के अलावा कोई अन्य विकल्प नहीं था।

मुझे यह जानकर बहुत पीड़ा हुई कि प्रेम से देखभाल के प्रतीक, अहिंसा और सामाजिक संघर्ष के लिए प्रेरणास्रोत बाबा आम्टे अब हमारे बीच नहीं है, यद्यपि उनके साथ दो दिन बिताने का अवसर पाने के लिए मैं आभारी महसूस कर रही थी।

20 फरवरी, 2008 *गौरी लंकेश पत्रिके*
बागेश्री द्वारा अनूदित

के. पी. पूर्णचंद्र तेजस्वी

मैं नहीं जानती कि कहां से शुरू करू या क्या कहूं क्योंकि ढेर सारी स्मृतियां तेजी से कौंध रही हैं और एक दूसरे से टकरा रही हैं...। क्या मैं उस स्नेह के बारे में बात करूं जो पूर्णचंद्र तेजस्वी ने अप्पा के साथ झगड़े के बावजूद मुझ पर बरसाया? क्या मैं उनके उस स्नेह के बारे में बात करूं जो उन्होंने यह बड़बड़ाते हुए बरसाया कि, "मैं तो चिपकू हूं।" या उनकी प्रताड़ना के बारे में कि मैं चीजों की पेचीदगियों को समझ नहीं रही हूं? या इस बारे में कि अंत में वह अक्सर मुझसे सहमत होते थे: "हां, तुम भी सही हो। सारी व्यवस्था सड़ चुकी है?" इतनी सारी यादें हैं...। और वे आहें जो आने के लिए बेताब हैं।

मेरे पिता हमेशा ही अपनी *पत्रिके*, अपने लेखन और अपने मित्रों की दुनिया में मगन रहते थे। उनके साथ हमारा समय घर तक ही सीमित था और हम कभी कभार ही उनके मित्रों से मिले थे। हकीकत तो यह है, मैं पत्रकार बनने के बाद ही उनके अनेक मित्रों और पुराने मित्रों से मिली और उनके संपर्क बनाए।

परंतु इस मामले में तेजस्वी एक अपवाद थे। इसका मुख्य कारण मुदिगेरे में उनकी हवेली थी। *पत्रिके* के प्रकाशन के बाद अप्पा ने जब उनके यहां महीने में एक बार जाने का सिलसिला शुरू किया तब तक हम सारे बच्चे बड़े हो गए थे और हमें उन्हें तंग करने के लिए अम्मा से अनुमति लेने की आवश्यकता नहीं रह गई थी। और, अब वह अक्सर ही हमें अपने साथ मुदिगेरे ले जाते थे।

ऐसे ही एक अवसर पर मैं तेजस्वी के बच्चों के लिए रूबिक का क्यूब ले गई थी। उन्होंने जब इसे मेरे हाथ में देखा तो हंसते हुए पूछा, "तुम यह क्यों लेकर आई हो? मैंने इसे हल करने के प्रयास में एक पूरी रात बर्बाद कर दी थी।"

यह एक बहुत बड़ा घर था जिसमें चारों ओर बड़ा और सुंदर बगीचा था, खिले हुए फूलों के पौधे, बड़े बड़े पेड़, कॉफी की झाड़ियां और पीछे की ओर एक छोटी सी झील थी जिसमें एक कछुए भी नजर आता था। हवा में ठंड और बारिश ने हमें ऐसा आनंद दिया था कि बेसब्री से ऐसी यात्रा का इंतजार करते थे।

एक बार, अप्पा सुबह बरामदे की सीढ़ियों पर बैठे कॉफी की चुस्कियां ले रहे थे। उनके ठीक सामने खड़े तेजस्वी उनकी तस्वीर ले रहे थे। मैं उसी समय उठकर बाहर ही आई थी कि उन्होंने मुझसे कहा कि मैं अप्पा की बगल में बैठ जाऊं। मैं उनके पीछे झुकी और ठुड्ढी उनके कंधे पर टिका कर खड़ी हो गई। तेजस्वी ने उस दिन तो तस्वीर ली वह मुझे बहुत प्यारी है। वह मेरे ऑफिस में टंगी है।

उस दिन, उन्होंने मेरी और मेरी बहन की कई तस्वीरें लीं, उन्हें अपने डार्करूम में धोया, उनके पीछे हस्ताक्षर किए और जब हम वहां से चलने लगे तो हमें दे दीं। तेजस्वी की फोटोग्राफी के प्रति दीवानगी धीरे धीरे अप्पा पर भी आ गई। वह लगातार हमारी और ऑफिस में आने वालों की तस्वीर लिया करते थे। इस शौक पर तेजस्वी और अप्पा ने जो पैसा खर्च किया वह कम नहीं था।

*

मेरी बहन बेबी (कविता) ने अपनी फिल्म के लिए जो कहानी ली वह तेजस्वी की "किरूगूरिना गयालिंगालू" थी। हम दोनों एक सुबह बहुत जल्दी ही उनके साथ इस योजना पर चर्चा के लिए गाड़ी से मुदिगेरे पहुंच गए। उनकी पत्नी राजेश्वरी ने हमारे लिए बहुत ही शानदार मांसाहारी भोजन पकाया था। दोपहर में खाने के जब हम बैठे तो मैं बेहद रोमांचित थी और बेबी घबराई हुई थी। मैं बहुत ही खुशी खुशी मटन और मछली का आनंद लिया जबकि

बेबी को फ्राइड सब्जी और दही से संतोष करना पड़ा।

जब हम फिल्म के बारे में चर्चा करने बैठे तो उन्होंने कहा, ''फिल्म बनाना बहुत बड़ा सिरदर्द है। मैं *तबरूना काथे* फिल्म की शूटिंग देखने गया था और इससे अधिक बोरिंग कुछ हो ही नहीं सकता। तुम्हारी 'गयालिगालू' को फिल्म का रूप देने की किस तरह की योजना है? मैं समझता हूं कि इसके बारे में सोचना भी मुश्किल है।'' हम शाम तक इस पर बात करते रहे, बगीचे में टहलने गए और वापस लौट आए। हम दोनों ने महसूस किया कि वह 'गयालिगालू' को फिल्म बनाने के विचार से सहमत नहीं हैं। बाद में, बेबी ने अप्पा के उपन्यास *अक्का* को *देवेरी* शीर्षक से फिल्म में लिया और अपने इस प्रयास के लिए उसे अंतरराष्ट्रीय प्रशंसा के साथ ही अवार्ड भी मिले।[1]

बाद में, जब मैं छह महीने के लिए अमेरिका जा रही थी तो तेजस्वी के उपन्यास*जुगारी क्रास* को आधा ही पढ़ा था। अचानक ही मेरे मन में विचार आया कि मुझे इसका अनुवाद करने का प्रयास क्यों नहीं करना चाहिए। मैंने अपने सामान के साथ ही कन्नड़-अंग्रेज़ी शब्दकोश रखा। मैंने अपने अमेरिका प्रवास के दौरान इस पूरी पुस्तक का अनुवाद किया।

मैं जब तक लौटी, अप्पा और तेजस्वी में झगड़ा हो गया था और दोनों ने एक दूसरे से बात करना बंद कर दिया था। मैंने बहुत ही संकोच के साथ तेजस्वी को फोन किया और उन्हें बताया कि मैंने उनके उपन्यास का अनुवाद किया है। अप्पा के साथ भले ही उनका जो भी झगड़ा हुआ हो, उन्होंने मुझसे उसी तरह प्यार से बात की और कहा, ''मेरी अंग्रेजी इतनी अच्छी नहीं है कि मैं तुम्हारे अनुवाद की गुणवत्ता के बारे में कहूं। लेकिन इसे मेरे पास भेजो। मैं इसे पढ़ूंगा और तुम्हें इसके बारे में अपने विचार से अवगत कराऊंगा।'' उन्होंने अगले कुछ दिनों के भीतर ही वायदे के अनुसार उसे पढ़ा और फिर फोन करके मुझे उत्साहित करते हुए कहा, ''तुमने अच्छा अनुवाद किया है। इसमें यहां वहां थोड़ा बहुत सुधार करने की आवश्यकता है।''

---

1. *देविरी* को 1999-2000 का सर्वश्रेष्ठ फिल्म का कर्नाटक राज्य पुरस्कार मिला और इसे अनेक अंतरराष्ट्रीय महोत्सवों में प्रदर्शित भी किया गया।

*

अप्पा के निधन के बाद मैंने *पत्रिके* के संपादन की जिम्मेदारी संभाली, मैंने तेजस्वी को कई बार पत्र लिखकर अनुरोध किया कि वह हमारे लिए फिर से लिखें। उन्होंने निष्कपट स्नेह के साथ झिड़कते हुए कहा, "देखो, मेरे मन में तुम्हारे प्रति बहुत स्नेह है परंतु तुम्हारे अप्पा ने मुझे बहुत आहत किया है। मैं साप्ताहिक के लिए दुबारा कभी नहीं लिख सकता। इस तरह से मुझे परेशान मत करो।"

मैं, निश्चित ही, उन्हें ऐसे छोड़ने वाली नहीं थी। एक बार मेरे मित्र चंदन गौड़ा और मैं मुदिगेरे स्थित उनके घर गए। कार से उतर कर हम बाग में राजेश्वरी से बातें कर रहे थे तभी दरवाजे पर तेजस्वी नज़र आए। वह उसी समय पौधारोपण करके लौटे थे। वह दृश्य आज भी मेरे दिमाग में है। चौड़े कंधे और लंबे तगड़े शरीर वाले तेजस्वी दानव जैसे लगते थे। वह वहां हाथ में राइफल लिए सूती शर्ट और नीली जीन्स पहने खड़े थे। उन्होंने सवाल करते हुए कहा, "तुम दोनों यहां पहुंच गए! तुम्हें देर कैसे हुई?" ऐसा लगा कि मानो अगर हमने बहस की तो वह हमें गोली मार देंगे। वह दृश्य अविस्मरणीय है।

मैंने उस दिन उनका जो इंटरव्यू किया था उसे प्रकाशित किया और उनसे लगातार हमारे लिए लिखने का अनुरोध करती रही। मेरे दिमाग में एक नई योजना आई जिससे वह इन्कार नहीं करेंगे। मैंने एक दिन उन्हें फोन किया और कहा, "मैं आपके पास समकालीन मुद्दों पर दस सवालों की सूची भेजूंगी। क्या आप उनका जवाब दे सकेंगे?" जैसे ही इसके लिए वह राजी हुए, मेरे कुछ सहयोगी और मैं इस काम में जुट गई और दस सवालों की सूची तैयार कर ली। तेजस्वी ने उन्हें पढ़ने के बाद मुझे फोन किया।

उन्होंने कहा, "ये सवाल बहुत ही अच्छे हैं। ये कौन लाया?" मैंने अंदर की बात छिपाते हुए जवाब दिया, "मैंने बनाए हैं।"

उन्होंने कहा, "तुम मुझसे झूठ बोल रही हो। इस तरह के सवालों के जवाब मैं तीन चार वाक्यों में नहीं दे सकता। मैं प्रत्येक सवाल का विस्तृत जवाब तुम्हारे पास भेज दूंगा।" यह सुनकर मैं पूरी तरह से गद्गद हो गई थी।

हमने आर्थिक, उदारीकरण, प्रौद्योगिकी, कन्नड़, साहित्य और संस्कृति, कॉफी के दाम और ऐसे ही कई अन्य समकालीन विषयों पर तेजस्वी द्वारा हमें भेजे गए जवाबों की एक शृंखला 17 सप्ताह तक चलाई। यह संभवतः एकमात्र अवसर था जब तेजस्वी ने समकालीन विषयों पर इतने विस्तार से अपने विचार रखे।

तेजस्वी ने, जिन्होंने यह कहा था कि वह *पत्रिके* के लिए दुबारा कभी नहीं लिखेंगे, फिर से हमारे लिए ऐसा करना शुरू कर दिया। उनका जवाब समय से प्राप्त करने की जिम्मेदारी मुझ पर आ गई थी। वह बड़बड़ाते हुए कहते, ''यह बड़ा सिरदर्द है! ऐसा लगता है कि मानो मैंने इन सवालों के जवाब कल ही दिए हैं क्योंकि मैं हर सप्ताह लिख नहीं सकता हूं और अब तुमने मुझे यह नया सिरदर्द थमा दिया है।'' परंतु समय से अपना जवाब भेज देते। हालांकि मैंने तेजस्वी के स्तंभ को, ''मुदिगेरे पोस्ट'' नाम दिया था लेकिन हर बार जब वह मुझे ईमेल करते तो इसका सब्जेक्ट 'न्यूसंस' होता था। यह सिर्फ मेरे प्रति उनका स्नेह ही था कि तेजस्वी ने फिर से हमारे लिए लिखा।

18 अप्रैल, 2007, *गौरी लंकेश पत्रिके*
बागेश्री द्वारा अनूदित

मुथुराज/राजकुमार

मेरी बहन बेबी (कविता) और मैं उस दिन अवाक रह गए जब राजकुमार अचानक ही उस कमरे में आ गए जहां हम थे। सफेद शर्ट और सफेद धोती पहने उन्हें सबका अभिवादन करते हुए हम देख रहे थे, हम शर्मिंदा थे क्योंकि हम अपने परिधान बदल रहे थे और उस समय सिर्फ पेटीकोट में थे। इसके बाद भी हमने दोनों ने हाथ जोड़कर किसी तरह से उनका अभिवादन किया। उन्होंने हमारे गालों पर थपकी दी और आगे बढ़ गए। हम दोनों साक्षात राजकुमार को देखकर बहुत ही उत्साहित थे परंतु शर्मिंदा भी थे कि जब हम उनसे मिले तो हमारे तन पर नाममात्र के कपड़े थे!

यह घटना उस समय की है जब मैं करीब दस साल की थी और मेरी बहन सात साल की थी। उस दिन रवींद्र कलाक्षेत्र में मेरे पिता और उनके दोस्तों द्वारा आयोजित नाट्य महोत्सव का आखिरी नाटक *किंग इडिपस एंड एंटीगन* (पी लंकेश द्वारा लिखित) का मंचन था। मेरी बहन कविता और मैंने इडिपस की बेटियों की बहन की भूमिका अभिनीत की थी। हम दोनों के बहुत ही संकोची होने की वजह से हमें इडिपस की भूमिका निभा रहे गिरीश कर्नाड को सिर्फ बांहों में भर कर रोना था। हमारी भूमिका में बोलने के लिए एक भी लाइन नहीं थी!

नाटक समाप्त होने के बाद अन्य रंगकर्मियों के साथ हम (उस समय इतने छोटे थे कि हमें आदमियों के ग्रीन हाउस में धकेल दिया गया था) अपने नाटक के कपड़े बदल रहे थे जब 'नटसार्वभौम' राजकुमार ने प्रवेश किया। सिनेमा में चेहरे पर नजर आने वाली मूंछें नदारद थीं। हालांकि मेरा किशोर मन एक ऐसे व्यक्ति को देखकर बेहद निराश था जो धोती में सामान्य ग्रामीण जैसा लग रहा था। मुझे आज भी याद है राजकुमार की सहजता

और जिस तरह से लोगों ने उनका अभिवादन किया।

यह सही है कि अपनी फिल्मों के माध्यम से राजकुमार कई सालों तक मेरे जीवन का महत्वपूर्ण हिस्सा रहे। उनकी फिल्में मुझे और मेरी पीढ़ी के दूसरे लोगों के लिए अथाह खुशियां लाती थीं। हम लोग, जो उनकी फिल्मों की अंतरंगता और संवेदनशीलता का आनंद लेते थे, वे फिल्मों के माध्यम से उस दौर की पेश की जा रही सामाजिक सच्चाई के मूल्यों का विश्लेषण करने या उनकी तुलना में करने में सक्षम नहीं थे। और जब हम उन्हें समझने की स्थिति में पहुंचे तो हमने विश्लेषण करने के अपने रवैए को परे रखते हुए उन्हें 1995 में दादासाहेब फाल्के पुरस्कार से सम्मानित किए जाने का आनंद लिया। हमने विवेक शानाग के घर पर विशेष 'राज' पार्टी आयोजित की। उस पार्टी का मुख्य आकर्षण वीसीआर पर राजकुमार अभिनीत फिल्म *मयूर* देखना था।

ठीक उसी तरह जैसे बाल साहित्य के लेखक ऐनिड ब्लायटोन मेरे बचपन के साथी थे। राजकुमार की फिल्में भी मेरी स्मृतियों का एक हिस्सा बन चुकी थीं। इसका मुख्य कारण मेरी अम्मा थीं। वह हमारे देखने के लिए फिल्मों की संख्या सीमित कर देती थीं। अतः हम अक्सर ही राजकुमार की फिल्में और अंग्रेज़ी में बच्चों के सिनेमा का चयन करते थे।

जैसे जैसे मैं परिपक्व हुई, दूसरी भाषाओं की फिल्मों ने उसी तरह मेरी जिंदगी को समृद्ध किया जैसे कि दुनिया भर की पुस्तकों ने किया था और राजकुमार की फिल्में हमेशा संवेदनशीलता का प्रतीक बनी रहीं। उदाहरण के लिए, जब मैंने *भाग्यवानतरू* फिल्म कुछ साल बाद दुबारा देखी, मैं आश्चर्यचकित थी कि मैं इस तरह की प्रतिगामी फिल्म देख कर रोई थी। जब भी संभव होता, यहां तक कि अपनी खानाबदोश जिंदगी के दौरान भी, मैंने राजकुमार की फिल्म देखने का सिलसिला जारी रखा। यह सोचकर आज मैं दुखी होती हूं कि *शब्दवेदी* (2000) जैसी औसत दर्जे की फिल्म उनके जीवन की आखिरी फिल्म थी।

मैंने पत्रकारिता का अपना जीवन ठीक उस समय शुरू किया था जब 1980 के गोकक आंदोलन का जोश खत्म हो गया था और वह एक संकीर्ण भाषाई गौरव बनकर रह गया था। मुझे अभी भी वह क्षण याद है जब राज ने अशोका होटल में आयोजित प्रेस कॉन्फ्रेंस में आंदोलन छोड़ दिया था और वह उस समय इससे दूर हो गए थे जब अपने प्रशंसकों द्वारा कोलार में

तमिलों के साथ की गई हिंसा को माफ नहीं कर सके थे। उस दिन से कन्नड़ समाजसेवी राजकुमार हट गया और अभिनेता राजकुमार ही रह गया।

पत्रिके के संस्करण में शिवसुंदर ने लिखा है कि कैसे और क्यों एक स्वयंसेवारत व्यवस्था ने मुथुराज को राजकुमार में बदल दिया। जिस तरह से मुथुराज ने—जो, खुद एक पिछड़े और उपेक्षित समुदाय से थे—रजत पट पर अपने सामाजिक टकरावों पर अभिनय किया था, उनका सफर सिनेमा की दुनिया की तरह ही नाटकीय थे। खुल कर कहें तो, असमानता के खिलाफ उनका संघर्ष हमेशा ही उनके अपने शोषक की पुत्री से प्रेम करके उससे विवाह करने के साथ ही संपन्न होता था। एक ट्रेड यूनियन का लीडर फैक्टरी के मालिक की बेटी के प्रेम में पड़ जाता है या फिर एक गरीब किसान भूस्वामी की बेटी से शादी करता है, यह उस पात्र की सीमाएं और कमजोरियां थीं जिनका वह एक हीरो के रूप में अभिनय करते थे। परंतु वास्तव में और रजत पट पर दिखाए जाने वाले वर्ग संघर्ष में जमीन आसमान का अंतर होता है। जैसा कि शिवसुंदर कहते हैं, यह राजकुमार की उतनी विफलता नहीं है जितना कि उन लोगों की जिन्होंने अपने हित साधने वाली व्यवस्था को यथास्थिति संरक्षित रखने के लिए उनका इस्तेमाल किया। उनकी कामयाबी में प्रतिष्ठान की जीत और हकीकत की पराजय निहित होती थी।

राजकुमार के निधन से कहीं अधिक, जिन्होंने एक बार अपनी फिल्मों से मुझे प्रभावित किया और समाज में व्याप्त असमानता के प्रति जागरूक किया और कुछ हद तक मुझे आलोचनात्मक तरीके से सोचने करने के लिए बाध्य किया, मैं आज मुथुराज को खोने का शोक मना रही हूं जिसने अपनी प्रतिभा के दम पर जनता की भूरि भूरि प्रशंसा हासिल की।

यह सब कुछ कहने के बाद सिर्फ एक सच्चाई रह जाती है। वह जो जनता के लिए अपने पूरे जीवन काल में राजकुमार रहा अपने निजी जीवन में मुथुराज ही रहा। नटसार्वभौम ने डोडागजनूर से आए भोलेभाले व्यक्ति के रूप में ही अपनी सच्ची मानवीय पहचान कायम की।

भले ही मैं राजकुमार को उनकी फिल्मों के माध्यम से जानती थी, मेरा दिल गहराई तक भोलेभाले मुथुराज के प्रति समर्पित था। मेरी उन्हें प्रेम भरी विदाई।

26 अप्रैल, 2006, *गौरी लंकेश पत्रिके*

सुषमा वर्गीज द्वारा अनूदित

यू. आर. अनंतमूर्ति

जब मैं युवा थी, तभी से मैं यू. आर. अनंतमूर्ति की प्रशंसक हूं और ईर्ष्या भी करती हूं।[1] यद्यपि एक प्रसिद्ध साहित्यिक हस्ती हैं फिर भी वे युवा लोगों से इस तरह से बात करते मानो वे सब उनके मित्र थे। मैं उनमें इस व्यवहार की प्रशंसा करती हूं। और उनसे ईर्ष्या इसलिए करती हूं कि मेरे पिता को उनकी जैसी राष्ट्रीय और अंतरराष्ट्रीय प्रसिद्धि नहीं मिली। (हालांकि अप्पा कभी भी इससे विचलित नहीं होते, पर यह निश्चित ही मुझे परेशान करती है) क्या मुझे यह बताने की आवश्यकता है कि इसके पीछे अप्पा के लिए मेरा प्यार है।

मेरे पिता एक रूखे स्वभाव वाले व्यक्ति थे। एक ग्रामीण आदमी। एक ऐसा व्यक्ति जिसमें पाश्चात्य शालीनता की कमी थी। विदेश यात्रा की तो बात ही छोड़ो उन्होंने भारत के अधिकांश राज्यों का भी भ्रमण नहीं किया था। परंतु अनंतमूर्ति अलग तरह के व्यक्ति थे। वह तीर्थल्ली में ही सहज महसूस नहीं करते थे बल्कि न्यूयॉर्क में भी ऐसा ही महसूस करते थे। वह नाना प्रकार के लोगों के साथ संवाद कर सकते थे। उन्होंने दुनिया के अनेक देशों की यात्रा की थी और वहां रहे थे। मेरे पिता की तरह वह जल्दी विवेक खोने वाले या झगड़ालू व्यक्ति नहीं थे और दूसरे लोगों के साथ खुल कर घुलते मिलते थे।

जब मैं यह तलाशने का प्रयास कर रही थी कि मेरे पिता अपने दोस्तों

1. "81स्ट बर्थडे विशेज़ टू अनंतमूर्ति", *गौरी लंकेश पत्रिके*, एक जनवरी, 2014।

से क्यों झगड़ा कर लेते थे और फिर तन्हा हो जाते थे, मैं यह अनुभव करने से अपने को रोक नहीं पा रही थी कि अनंतमूर्ति कितनी सरलता से लोगों के साथ बातचीत करते थे। इसके बाद भी मैं आश्चर्यचकित थी कि एकदम विपरीत स्वभाव के दो व्यक्ति किस तरह परस्पर सम्मान रखते हैं।

मुझे अभी भी याद है डी. आर. नागराज ने मेरे पिता और अनंतमूर्ति के बारे में चर्चा करते हुए जो कहा था, "रामानुजन के अनुसार, एक दूसरे से झगड़ा करने की वजह हैः लंकेश अनंतमूर्ति की तरह बनना चाहते थे और अनंतमूर्ति लंकेश बनना चाहते हैं।" रामानुजन किस सीमा तक सही हो सकते थे?

*

अनंतमूर्ति ने मुझसे अंतिम वाक्य यह कहा, "मैं तुम सभी के साथ हूं। कृपया अपनी सूची में मेरा नाम भी शामिल कर लीजिए। यदि मैं स्वस्थ महसूस कर रहा होऊंगा तो निश्चित ही शामिल होऊंगा..."[2] यह अगस्त 10 या 11 का दिन था। कर्नाटक सांप्रदायिक सद्भाव फोरम का राष्ट्रीय अधिवेशन उसी सप्ताह आयोजित हो रहा था। मैं उन्हें इस सम्मेलन का उद्घाटन करने के लिए आमंत्रित करने गई थी। उन्हें यह जानकर प्रसन्नता हुई थी कि सम्मेलन में तीस्ता सीतलवाड़, आनंद तेलतुंबड़े, सुभाष गाताडे सहित अनेक लोग शामिल हो रहे हैं और इसमें सांप्रदायिकता तथा नव उदारवादी फासीवाद पर चर्चा होगी। उन्होंने कहा, "तीस्ता एक सशक्त महिला है। मैंने हाल ही में *हिंदुत्व या हिंद स्वराज?* शीर्षक से सौ पेज की पुस्तक लिखी है और मैं चाहता हूं कि वह पुस्तक का लोकार्पण करें।"

मैंने जवाब दिया, "तीस्ता को आपकी पुस्तक का लोकार्पण करके बहुत खुशी होगी। यदि आप रविवार को नहीं आ सके तो मैं उन्हें आपके घर ले आऊंगी।"

परंतु मुझे शनिवार को अचानक ही बेंगलुरू से बाहर जाना पड़ा और तीस्ता को उनसे मिलाने नहीं ले जा सकी। छह दिन बाद ही अनंतमूर्ति का निधन हो गया, वह हमें अनाथ छोड़ गए।

2. "राइटिंग इन द वॉइड अनंतमूर्ति लेफ्ट बिहाइंड", *गौरी लंकेश पत्रिके*, 10 सितंबर, 2014।

कुछ महीने पहले, एम.एम. कलबुर्गी की इस टिप्पणी ने एक विवाद को जन्म दे दिया था कि बचपन में अनंतमूर्ति ने धार्मिक मूर्तियों पर पेशाब किया था।[3] इस घटना से बेहद आहत, अनंतमूर्ति ने एक दिन मुझे बुलाया और कहा, "मैंने बचपन में भावना मूर्तियों (देवाडा कल्लू) पर यह देखने के लिए पेशाब किया था कि क्या हमारी समझ से परे अज्ञात ताकतों का अस्तित्व है। मैंने बाद में भय का अहसास किया। इस हादसे को गलत तरीके से पेश करते हुए वे अब कह रहे हैं कि मैंने भगवान की प्रतिमाओं पर पेशाब किया।"

"आपके युवा विरोधियों का दिमाग इसी तरह का होता है। कृपया निरुत्साहित महसूस मत कीजिए। अप्पा ने भी अपनी आत्मकथा में इसी तरह की घटना का जिक्र किया था। जब कभी भी उनके गांव में प्लेग या हैजा फैलता तो गांव वाले गांव की देवी मारम्मा के लिए एक छोटा सा रथ तैयार करते और उनकी पूजा करते थे। इसके बाद उस रथ को गांव के बाहर रख देते थे। एक बार, अप्पा और उनके दो दोस्तों ने आपस में ही प्रतियोगिता की कि कौन दूर से सफतापूर्वक पत्थर का निशाना लगाकर गांव की देवी की प्रतिमा को रथ से बाहर गिरा सकता है। कुछ ही दिन बाद, उनके दो दोस्तों की प्लेग से मृत्यु हो गई। यद्यपि अप्पा भी प्लेग की चपेट में आए थे, परंतु वह ठीक हो गए। क्या यह बेहूदा नहीं होगा यदि कोई इस घटना के बारे में पढ़े और कहे कि अप्पा ने अपने दोस्तों से कहा था कि भगवान पर पत्थर फेंको।"

उन्होंने कहा, "हां, क्या ऐसा नहीं होगा? इस घटना को मैं तो भूल चुका था। इसके बारे में स्मरण कराने के लिए मैं आभारी हूं। अगले सप्ताह घर आओ, हम बात करेंगे।"

जी. राजशेखर और रमजान डर्गा के लेखों ने मूर्तियों पर पेशाब करने के बारे में सही संदर्भ में रखा। इन्हें प्रमुखता से स्थान देकर *पत्रिके* ने अनंतमूर्ति के प्रति अपना समर्थन व्यक्त किया था। मैंने सोचा कि इससे उनकी पीड़ा

---

३. बेंगलुरू में अंधविश्वास विधेयक पर एक सेमिनार को संबोधित करते हुए कलबुर्गी ने कहा था, 'मूर्तियों पर पेशाब करने में कुछ भी गलत नहीं है' और यह भी जोड़ा कि अनंतमूर्ति ने एक बार ऐसा किया था।

कुछ हद तक कम हो गई होगी। उन्होंने मुझे फोन करके अपना आभार प्रकट किया। मैंने जवाब दिया, "नहीं, नहीं, हमने तो सिर्फ अपना कर्तव्य निभाया।"

कुछ ही दिन बाद कलबुर्गी की टिप्पणी ने अनंतमूर्ति को एक और विवाद में डाल दिया।[4] यह बासव पुरस्कार से उन्हें सम्मानित किए जाने के बारे में था। अनंतमूर्ति ने अपनी अप्रसन्नता साझा करने के लिए फोन किया। उन्होंने कहा, "देखो, मैं एक परपंरावादी परिवार से आता हूं। आधुनिक दुनिया से तो मेरा सामना बाद में हुआ है। मेरे लिए यह कहना इतना आसान नहीं है कि ईश्वर का अस्तित्व नहीं है। मैं तो अभी भी इसी जद्दोजहद में हूं कि उसका अस्तित्व है या नहीं। मैं अपनी जाति की आस्थाओं और प्रथाओं पर सवाल करते हुए ही बड़ा हुआ हूं और इसके बाहर सच्चाई खोजने का प्रयास करता रहता हूं। बासव लगातार मेरा पीछा करता रहा है। शुरू में, उसे अपने दर्शन का संदेश फैलाने में समर्थन मिला। बाद में उनमें एक चिंता घर कर गईः क्या जो उसके साथ खड़े हुए वे उसके दर्शन में विश्वास करते हैं? बासव अपना जीवन खोने लगा। आजकल मेरे दिमाग में बुद्ध बहुत अधिक हैं। यदि मेरे पास समय होता तो मैं उन्हें अधिक बेहतर तरीके से समझ पाता।"

उस दिन उनकी आवाज कंपकपा रही थी। मुझे इस तरह की चिंता का ऐसा अहसास हुआ कि शायद अब वह अधिक दिन हमारे बीच नहीं रह पाएंगे। अनंतमूर्ति ने यह स्पष्टीकरण देते हुए कि उन्होंने बासव सम्मान स्वीकार करके गलती नहीं की, कहा, "मेरे इलाज का खर्च 80,000 रुपए महीना है। मैं इतने धन की व्यवस्था कहां से करूंगा? पुरस्कार की राशि ने मुझे उपचार का खर्च वहन करने में मदद की।"

यह सुनकर मुझे दुख हुआ।

---

4. कर्नाटक सरकार ने जब अनंतमूर्ति को बासव सम्मान प्रदान किया तो कलबुर्गी ने इस फैसले पर यह कहते हुए आपत्ति की कि अनंतमूर्ति के काम में बसवन्ना की भावना नज़र नहीं आती है। बासव के समता मूलक जाति संबंधी विचारों पर अनंतमूर्ति की प्रतिकूल टिप्पणी, जो बाद में पता चला कि गलत तरीके से उनके नाम पर चलाई गई थी, कलबुर्गी की आपत्ति का आधार थी।

मैं टेलीफोन पर अनंतमूर्ति से अक्सर बातें करती रहती थी। परंतु अंतिम बार उनसे मेरी मुलाकात दो महीने पहले हुई थी। मैं अपने मित्र चंदन गौड़ा के साथ उनके घर गई थी। चंदन और मुझे उम्मीद थी कि शायद वह खाली होंगे और हम कुछ घंटे उनके साथ विभिन्न मुद्दों पर चर्चा कर सकेंगे। परंतु कोई उनका इंटरव्यू रेकॉर्ड कर रहा था। वह जब भी इंटरव्यू के बीच अंतराल होता तो हमसे बात करते। हमेशा की तरह ही उन्होंने लगाव के साथ बात की। परंतु उनका शरीर थक गया था। वह जहां बैठे थे, वहां से उठने में उन्हें परेशानी हो रही थी। जब वह खड़े हुए तो उनका शरीर जर्जर लग रहा था।

बीच बीच में रुक रुक कर हमारी बातचीत का सिलसिला दोपहर बाद तक चलता रहा। हम किसी भी बारे में विस्तार से चर्चा नहीं कर सके थे। जब दूसरे लोग जाने के लिए तैयार हो गए तो यह अनंतमूर्ति के लिए दवाएं लेने और भोजन का समय हो गया था। जब वह भोजन कर रहे थे, चंदन और मैंने आंबेडकर की *एनाइहिलेशन ऑफ कास्ट* पर अरुंधति रॉय की प्रस्तावना पर चर्चा की। चूंकि वह दोपहर में आराम करते थे, हम चलने के लिए तैयार हो गए। उन्होंने मेरे पिता के साथ मां के अनुभव और उनके साथ बिताई जिंदगी के बारे में उनकी पुस्तक की सराहना की। उन्होंने कहा, "उसने बहुत ही अच्छी किताब लिखी है। यह लंकेश को फिर से मेरे पास ले आई।"

मैंने उनसे कहा कि मैं शीघ्र ही उनसे मिलने के लिए फिर आऊंगी, परंतु यह उनके साथ मेरी अंतिम मुलाकात साबित हुई।

अनंतमूर्ति हर तरह से मुझसे वरिष्ठ थे। लेकिन, पिछले दो सालों में वह सांप्रदायिकता के खिलाफ हमारे संघर्ष में हमारे जैसे जोश के साथ ही शामिल हुए। वह एक पथप्रदर्शक और नेता थे।

मैंने जब यह सुना कि वह हमारे बीच नहीं रहे, मैं एक बेहद संघर्षशील व्यक्ति को खोने की पीड़ा से बुरी तरह आहत हो गई।

चंदन गौड़ा द्वारा अनूदित

स्तंभकार के रूप में

मृत्यु में, एक सितारे का उदय

पुलिस द्वारा साकेत राजन की हत्या, संवाद का दरवाजा बंद

पिछले दो सप्ताह मेरी ज़िंदगी के बहुत अधिक मानसिक यंत्रणा वाले सप्ताह रहे हैं।

यह सब पश्चिमी घाट पर छह फरवरी को पुलिस द्वारा मुठभेड़ में दो नक्सलियों को मारे जाने से शुरू हुआ। खबर आते ही यह स्पष्ट हो गया कि मुठभेड़ में मारे गए नक्सलियों में से एक कम्युनिस्ट पार्टी (माओवादी) का सचिव प्रेम था। लेकिन इस तथ्य ने अनेक लोगों को हतप्रभ किया कि प्रेम और कोई नहीं बल्कि साकेत राजन था। मैसूर के कॉलेजों से लेकर दिल्ली के जवाहरलाल नेहरू विश्वविद्यालय परिसर तक में लोग साकेत की बौद्धिक प्रतिभा की बात कर रहे थे जिसे वे लोग उसके भूमिगत होने से पहले करीब दो दशकों से जाने थे।

हालांकि पुलिस इस महत्वपूर्ण सफलता पर प्रसन्नता व्यक्त कर रही थी, लेकिन विभिन्न क्षेत्रों के लोग साकेत की मौत पर शोक मना रहे थे। इस सबसे अलग, अनेक लोग उसे 'साकी' नाम के साथ प्रकाशित उसकी दो पुस्तकों के लिए याद करते हुए उसकी प्रशंसा कर रहे थे। दो खंडों में प्रकाशित 'मेकिंग हिस्ट्री' नीचे से कर्नाटक के इतिहास पर नजर डालने के लिए उल्लेखनीय है। यहां तक कि कर्नाटक के मुख्यमंत्री (2014-16) धरम सिंह ने तो यहां तक कहा कि वह 'इस बात को लेकर बहुत दुखी हैं कि इस तरह का प्रतिभावान व्यक्ति मार दिया गया है।'

ऐसा लग रहा था कि मानो मौत को वरण करके साकेत कर्नाटक के क्षितिज पर एक नए तारे की तरह चमकने लगा था। एक ही व्यक्ति

में बौद्धिक और एक्टिविस्ट के सम्मिश्रण ने—कर्नाटक की राजनीतिक संस्कृति में यह बहुत ही दुर्लभ है—एक जनता की उम्मीद और कल्पना को झकझोरा था जो किसी आदर्श के लिए व्यर्थ भटकती रहती है। ऐसे व्यक्ति को पुलिस द्वारा निर्दयता से मार गिराने के कारण नक्सली मुद्दे के प्रति सहानुभूति की लहर पैदा हो गई थी। इसके बाद ही पुलिस में इसे लेकर घबराहट पैदा हो गई थी।

इस कहानी में कुछ व्यक्तिगत भाव भी हैं। मैं साकेत को जानती थी जब वो बेंगलुरू विश्वविद्यालय और भारतीय जनसंचार संस्थान, नई दिल्ली में मेरा सीनियर था। वह कुछ समय बाद भूमिगत हो गया था। दो दशक बाद वह पिछले जून (2006) में कर्नाटक में नक्सलियों की पहली प्रेस कॉन्फ्रेंस में सामने आया जहां कुछ अन्य पत्रकारों के साथ मैं भी आमंत्रित थी। उस समय मैं साकेत से दुबारा मिली जिसने अब प्रेम नाम अपना लिया था। इस प्रेस कॉन्फ्रेंस ने पुलिस द्वारा प्रचारित कुछ झूठी कथाओं को ध्वस्त कर दिया। पहला तो यही था, वे आंध्र प्रदेश के नक्सली नहीं थे बल्कि उनका जन्म और लालन पालन कनार्टक में ही हुआ था। दूसरा यह, यह कोई दिशाभ्रमित युवकों का गिरोह नहीं बल्कि राजनीतिक दल है जिसने कुद्रेमुख राष्ट्रीय उद्यान में आदिवासियों की समस्याओं को सामने लाने का बीड़ा उठाया था। इस प्रेस कॉन्फ्रेंस में उन्होंने कहा कि वे बातचीत के लिए तैयार हैं परंतु चाहते हैं कि सरकार आदिवासियों की कुछ मांगें पहले स्वीकार करे।

इस प्रेस कॉन्फ्रेंस के तुरंत बाद मुख्यमंत्री ने यह कहते हुए सकारात्मक प्रतिक्रिया दी कि नक्सली मुद्दा कानून व्यवस्था की समस्या नहीं बल्कि सामाजिक-आर्थिक मुद्दा है। इसी पृष्ठभूमि में सिटीजंस इनीशिएटिव फॉर पीस (सीआईपी) का गठन हुआ था। हमारा मकसद एक ऐसा माहौल तैयार करने का था जिसमें सरकार और नक्सली लोगों की पुरानी जरूरतों और विकास के मुद्दों के संदर्भ में बातचीत शुरू कर सके। यहां यह ध्यान रखना महत्वपूर्ण है कि आदिवासी एक राष्ट्रीय उद्यान के नाम पर उन्हें बेदखल किए जाने के खिलाफ और अपने पारंपरिक अधिकारों के लिए लंबे समय से संघर्षरत हैं।

हमने नक्सलियों से हथियार डालने की अपील की तो साथ ही हमने

सरकार से भी अपील की कि वार्ता की दिशा में पहले कदम के रूप में वह भी अपनी दबिश की कार्रवाई बंद करे। हमें चिंता इस बात की थी कि पुलिस, जिसने नवंबर, 2003 में दो नक्सली महिलाओं को मार गिराया था, और लोगों को मार सकती है। यदि ऐसा हुआ तो निश्चित ही नक्सली बदले की कार्रवाई करेंगे। साकेत की मौत ने यही किया जिसका हमें लंबे समय से डर था।

साकेत और उसके सहयोगी के मारे जाने के तुरत बाद ही सिटीज़ंस इनीशिएटिव फार पीस ने कुछ मांगों के साथ सरकार से संपर्क किया। हमने इस 'मुठभेड़' की जांच की मांग की, एक बार फिर नक्सलियों के खिलाफ दबिश की कार्रवाई रोकने की अपील की, राष्ट्रीय मानव अधिकार आयोग के दिशा निर्देशों और उच्चतम न्यायालय की व्यवस्था के अनुरूप दोबारा पोस्टमार्टम की मांग की। आखिर में हमने कहा कि यदि कोई भी साकेत और दूसरे युवक के शव पर दावा नहीं करेगा तो हम उनका अच्छी तरह से अंतिम संस्कार करेंगे। हालांकि मुख्यमंत्री इनके शव हमें देने के लिए तैयार हो गए थे, पुलिस और प्रशासन ने इसमें कानूनी अड़ंगा लगा दिया। उन्होंने कहा कि वे सिर्फ मृतकों के नजदीकी रिश्तेदारों को ही शव सौंपेंगे। एक और समस्या थी। चूंकि साकेत के साथ मारे गए दूसरे युवक को कोई नहीं जानता था, उसकी अभी पहचान होनी थी। कुछ को संदेह था कि यह युवक बेल्लारी का शिवलिंगू है और उसके माता पिता को यहां आकर उसकी पहचान करने के लिए संदेश भेजा गया था।

इस समय साकेत की मां सामने आईं। मैंने एक बार उन्हें यह भरोसा दिलाया था कि हम साकेत के पार्थिव शरीर को मैसूर नहीं ले जाएंगे तो उन्होंने कहा कि सरकार को उसका शव हमें सौंप देना चाहिए। पुलिस ने हालांकि उन्हें सूचित किया था कि साकेत का शव हमें सौंपने के लिए मुख्यमंत्री राजी हो गए हैं, उन्होंने उनसे एक पत्र पर हस्ताक्षर कराए जिसमें कहा गया था कि सरकार को शव का अंतिम संस्कार कर देना चाहिए। इसी पत्र के आधार पर पुलिस महानिदेशक एस. एन. बोरकर ने घोषणा की कि पुलिस स्वयं ही उसका अंतिम संस्कार करेगी।

टेलीविज़न पर, साकेत की मां ने अपने साथ छल किए जाने को लेकर

पुलिस के खिलाफ अपना आक्रोश व्यक्त किया। उन्होंने मुख्यमंत्री को एक पत्र फैक्स किया जिसमें कहा गया था कि उनके बेटे का शव सिटीजंस इनीशिएटिव फॉर पीस को सौंप दिया जाए। उस समय तक दोबारा पोस्टमार्टम की प्रक्रिया पूरी हो चुकी थी और हम उन शवों को लेने जा रहे थे। इसी दौरान हमें सूचना मिली कि पुलिस दोनों शवों के साथ किसी अज्ञात स्थान पर चली गई है। मुर्दाघर पर मौजूद कुछ कार्यकर्ताओं ने जब पुलिस की गाड़ियों को रोकने की कोशिश की तो उनकी बेरहमी से पिटाई की गई। हमें बताया गया कि पुलिस दोनों शवों को अंतिम संस्कार के लिए विल्सन गार्डन ले गई है। हमने दुबारा मुख्यमंत्री से संपर्क किया तो उन्होंने पुलिस महानिदेशक से संपर्क करने का प्रयास किया। हम जब श्मशान भूमि पहुंचे तो हमें वे नहीं मिले। हमें पता चला कि इन शवों को शहर के अंतिम छोर पर स्थित एक अन्य श्मशान घाट पर ले जाया गया है और अंततः पुलिस ने खुद ही उनका अंतिम संस्कार कर दिया।

इस जबर्दस्त घटनाक्रम ने दिखा दिया कि मुख्यमंत्री का अपनी ही पुलिस पर कोई नियंत्रण नहीं है। और इसने मुख्यमंत्री के इस बहाने का भी पर्दाफाश कर दिया कि उनके और पुलिस प्रमुख के बीच संवादहीनता की स्थिति थी।

इस बीच, पुलिस ने यह सुनिश्चित किया कि शिवलिंगू के गरीब और अनपढ़ माता पिता किसी भी स्थिति में हमारे संपर्क में नहीं आ पाएं। शुरू में उन्हें रायचूर के निकट एक थाने में रोक लिया गया और हमारे जोर देने पर उन्हें बेंगलुरू लाया गया। उन्हें पुलिस आयुक्त के कार्यालय में रखा गया था ताकि वे हमसे संपर्क नहीं कर सकें। उनको हमसे मुलाकात करने देने के मुख्यमंत्री के आदेश के बावजूद पुलिस उन्हें अज्ञात स्थान पर ले गई। आज तक किसी को नहीं मालूम कि वे कहां हैं। और इस मुठभेड़ में मारे गए दूसरे युवक के बारे में कोई भी व्यक्ति निश्चित रूप कुछ नहीं जानता है।

जहां सिटीजंस इनीशिएटिव फॉर पीस ने सरकार और नक्सलियों के बीच वार्ता का माहौल तैयार करने का प्रयास किया और नक्सलियों के शवों का अच्छी तरह से अंतिम संस्कार सुनिश्चित करने के प्रयास किए, वहीं

संघ परिवार 'नक्सलियों का समर्थन' करने के नाम पर हमारे खून का प्यासा हो गया। उसी दौरान समाचार पत्रों में खबर आई कि गृह विभाग और पुलिस हमारे खिलाफ मामला दायर करने पर विचार कर रहा है और शीघ्र ही हमें गिरफ्तार किया जाएगा। मामले को और उलझाते हुए नक्सलियों ने प्रतिशोधात्मक कार्रवाई करते हुए आंध्र प्रदेश की सीमा पर पावगढ के निकट कर्नाटक राज्य आरक्षी पुलिस पर हमला करके सात पुलिसकर्मियों की हत्या कर दी। इस कार्रवाई ने इतना आक्रोश पैदा कर दिया कि हर कोई हमारी गिरफ्तारी की मांग करने लगा।

हम भौंचक्के थे। हम शुरू से ही नक्सलियों के सशस्त्र संघर्ष के हिमायती नहीं थे और न ही इसका समर्थन करते थे। इससे अधिक महत्वपूर्ण यह था कि हमने जो कुछ भी किया वह संविधान की भावना को ध्यान में रखते हुए कानून के दायरे में ही किया था। इसके बावजूद हम पर ही आरोप लगाया जा रहा था कि पुलिसकर्मियों की हत्या की मुख्य वजह हम थे।

मेरा भाई पुलिस और संघ परिवार के कुचक्र में आ गया और उसने मुझे *लंकेश पत्रिका* के संपादक पद पर से हटाने के लिए इस अवसर का इस्तेमाल किया। मेरे पिता पी. लंकेश ने जब साप्ताहिक पत्रिका के रूप में इसे शुरू किया था तो उन्होंने बेजुबानों को लोकतांत्रिक स्पेस उपलब्ध कराने के लिए ऐसा किया था। 1980 में इसका प्रकाशन शुरू होने के समय से ही *लंकेश पत्रिका* निहित स्वार्थी तत्वों और फासीवादी ताकतों के खिलाफ संघर्ष जारी रखे हुए है। पांच साल पहले जब मेरे पिता का निधन हो गया तो हमने इस पत्रिका का प्रकाशन सिर्फ यह सुनिश्चित करने के लिए जारी रखा कि लोकतांत्रिक स्पेस अवरुद्ध नहीं होना चाहिए और उनकी विरासत बनी रहनी चाहिए। यह उस समय की बात है जब मैंने इसके संपादक की जिम्मेदारी संभाली और परिवार ने मेरे भाई को *लंकेश पत्रिका* का स्वामी और प्रकाशक मनोनीत किया।

परंतु पिछले कुछ सप्ताह के दौरान पुलिस और संघ परिवार का दबाव इतना अधिक था कि मेरे भाई ने मेरे संपादकीय प्रकाशित नहीं करने का निर्णय लिया। उसका आरोप था कि यह नक्सल समर्थक हैं। हकीकत तो

यह है कि मैंने अभी तक अपना लेख लिखा ही नहीं था।

मेरे साथ जो कुछ हुआ उसे पारिवारिक विवाद मानते हुए नजरअंदाज किया जा सकता था। परंतु यह साफ हो गया था कि पावगढ हत्याकांड की कहीं अधिक व्यापक जटिलता थी। दस से अधिक दिन तक चले इस घटनाक्रम ने यह तो दिखा दिया कि सरकार किस तरह से लोकतांत्रिक स्पेस को बंद कर सकती है। भय और संदेह ने एक बार फिर आपातकाल की याद दिला दी। जिस समय यह लेख लिखा जा रहा है तो उस समय विश्वविद्यालय के शिक्षकों से उनके दृष्टिकोण और गतिविधियों के बारे में पूछताछ हो रही है। फोन टैप किए जा रहे हैं और मुफ्ती पुलिसकर्मी असहमति रखने वालों का पीछा कर रहे हैं। यह माना जाता है कि भारत एक सहिष्णु और लोकतांत्रिक राष्ट्र है। परंतु इस लोकतांत्रिक स्पेस की सीमा ऊपर वर्णित घटना जैसे संकट के क्षणों में ही सामने आती है।

ऐसे ही क्षणों में लोकतांत्रिक आवाज का दृढ़ता से टिके रहना जरूरी है। यह महसूस करना महत्वपूर्ण है कि लोकतंत्र वोट और चुनावों से भी कहीं अधिक है, यह असहमति के स्वरों को जगह देने का सवाल है। इस असहमति का एक महत्वपूर्ण पहलू शासन से सवाल करना भी है जिसे हम समझते हैं कि यह एक सशक्त लोकतंत्र के निर्माण में मददगार होगा।

19 फरवरी, 2007, *तहलका*

फिर भी यह किसका धन है?

स्व-पोषित शहरों के मिथक को तोड़ते हुए

पिछले कुछ सालों में राज्य के बजट पर चर्चा के दौरान बहस में प्रयुक्त एक लाइन ने मुझे चौंकाया है। बहस इस तरह चलती है: चूंकि बेंगलुरू से राज्य के राजस्व का आधा हिस्सा मिलता है, इसलिए यह राज्य सरकार से यह अपेक्षा तर्कसंगत है कि वह दृढ़ता के साथ शहर के विकास के लिए धन निवेश करे। मैं पक्की बेंगलूरियन हूं और फिर भी इस तरह की सोच मुझे डराती है। हां, राज्य की राजधानी के रूप में बेंगलूरू को पीने के पानी, पैदलपथ, साफ सुथरी सड़कों आदि की बेहतर सुविधा की आवश्यकता है। लेकिन यह कहना, 'अरे, यह हमारा पैसा है जो हमने कर के रूप में दिया है। इसे दूसरों को देने की तुम्हारी हिम्मत कैसे हुई?'' इससे अहंकार की बू आती है।

बेंगलूरू अधिक राजस्व देता है क्योंकि यह एक ऐसा शहर है जिसमे पेशेवर लोग बहुत अधिक है। लेकिन क्या इन लोगों ने कभी यह सोचा कि इतने लोभ के साथ उपभोग करने वाली यह सारी सुविधाएं आती कहां से हैं? बेंगलूरू एक यूनिट भी बिजली पैदा नहीं करता है, फिर भी यह सबसे अधिक बिजली का उपभोग करता है। बेंगलूरू के पास अपना एक भी बड़ा जल स्रोत नहीं है लेकिन वह 25 टीएमसी से ज्यादा पानी का उपभोग करता है। बेंगलूरियन जिन इमारतों में रहते हैं उनका निर्माण भी उन्होंने नहीं बल्कि उन हजारों किसानों ने किया, जो गुलबर्गा और रायचूर जिलों सहित दूरदराज के स्थानों से मजदूरों के रूप में यहां आए। वास्तव में, बेंगलूरू बाहर से संसाधनों को चूसता है, सर्वश्रेष्ठ हिस्सा हजम करता है और कचरा बाहर फेंक देता है।

शहर में पेशेवरों को 24 घंटे बिजली की आपूर्ति के लिए कुछ पिछड़े जिले के हजारों लोगों को वायु और जल प्रदूषण से क्यों प्रभावित होना चाहिए? कोड़गू को, जहां से कावेरी नदी निकलती है, पीने के पानी का अभाव क्यों झेलना चाहिए ताकि बेंगलूरियन के पास अपनी कारें साफ करने के लिए पर्याप्त जल हो? उन असंख्य आवास परियोजनाओ का क्या होगा यदि कामगार अपने औजार रख दें? यदि बेंगलूरू के चलते रहने के लिए दूसरे लोगों ने त्याग किया है और परेशानी उठाई है तो क्या यह सही नहीं होगा कि शहर से मिलने वाले राजस्व का एक हिस्सा उनकी मदद के लिए भी वापस भेजा जाए? मान लिया जाए, ऐसे लोगों की क्या प्रतिक्रिया होगी यदि मैं कहूं, ''कोरमंगला ज्यादा कचरा निकालता है। अतः इसका अधिकांश हिस्सा कोरमंगला के लोगों को लौटाया जाना चाहिए।'' मैं आश्वस्त हूं कि वे यही कहेंगे, ''नहीं, नहीं, इसे मंडूर या दूर किसी वीरान जगह भेज दिया जाए।'' धन भी कचरे की तरह ही दुतरफा काम करता है, दोस्तो, दोनों को ही आसपास फैलाना होना चाहिए, यदि नहीं किया, तो वे बदबू करने लगते हैं।

गंभीर बात तो यह है कि यह तर्क लोकतंत्र विरोधी है कि जिस जगह से अधिक राजस्व आता है उसे अधिक धन आवंटन किया जाना चाहिए। लोकतंत्र का आधारभूत सिद्धांत सिर्फ एक व्यक्ति एक वोट नहीं है बल्कि सभी को समान अधिकार और समान अवसर भी है। यह कहना, ''हमारा कर, हमारा विकास'' स्वतंत्र लोकतंत्र की मूल बुनियाद के ही खिलाफ है।

ये उसी तरह के लोग हैं जो किसानों को दी जाने वाले सब्सिडी को धन की बर्बादी करने जैसा तर्क देते हैं। और चूंकि कृषि क्षेत्र देश के सकल घरेलू उत्पाद में 17 प्रतिशत का योगदान करता है, इसलिए इसके समान धन या कुछ कम इस क्षेत्र पर खर्च किया जाना चाहिए। वे यह भी दलील देते हैं कि खेती या बुनाई क्षेत्र को दी गई सब्सिडी संसाधनों की बर्बादी है क्योंकि वे रोजगार का सृजन नहीं करते हैं जबकि व्यावसायिक घरानों को सब्सिडी देने का औचित्य समझ में आता है क्योंकि वे रोजगार के ढेर सारे अवसर उपलब्ध कराते हैं।

यह लक्ष्य से बहुत दूर है। आज भी हमारी 60 प्रतिशत से अधिक जनसंख्या प्रत्यक्ष या अप्रत्यक्ष रूप से कृषि या बुनाई के क्षेत्रों की गतिविधियों से किसी न किसी रूप में जुड़ी हुई है। इनमें व्यापारिक घरानों द्वारा उपलब्ध कराने जाने वाले रोजगार से दस गुणा अधिक काम है।

ऐसे लोग बड़ी सहजता से इस तथ्य को छिपा लेते हैं कि 'कर देने वाला' वही अभिजात्य वर्ग राज्य और केंद्र सरकार से प्रत्यक्ष अथवा अप्रत्यक्ष रूप में कई तरह की सब्सिडी प्राप्त करता है। बेंगलुरू में स्थित कुछ प्रमुख सॉफ्टवेयर फर्म आज जो कुछ भी हैं वह राज्य सरकार द्वारा उन्हें दी कई नाना प्रकार की 'रियायतों' की वजह से ही हैं। यदि उन्हें इस तरह की 'वित्तीय छूट' नहीं मिली होती तो ये व्यावसायिक घराने अत्यधिक प्रतिस्पर्धी 'खुले बाजार' में अपना कारोबार बंद कर चुके होते क्योंकि 'खुला बाजार' किसी तरह का रहम करना नहीं जानता है।

मेरे मित्र शिवसुंदर ने, जो एक राजनीतिक विश्लेषक हैं, मुझे बताया कि इस साल के केंद्रीय बजट में बड़े व्यावसायिक घरानों को 60 हजार करोड़ रुपए की प्रत्यक्ष सब्सिडी और करीब पांच लाख रुपए की अप्रत्यक्ष सब्सिडी मिल रही है। यह केंद्र से राज्य को हस्तांतरित होने वाले संसाधनों का दो गुना और मनरेगा तथा ग्रामीण स्वास्थ के लिए आवंटित धनराशि को एकसाथ करने पर आने वाले जोड़ का तीन गुना है।

मुझे आश्चर्य होता है, यदि इन कंपनियों की कमान ऐसे विश्व प्रसिद्ध 'विलक्षण' व्यावसायिक नेतृत्व के हाथों में है और 'फॉर्ब्स सूची' में शामिल लोग इतना अच्छा कर रहे हैं तो फिर उन्हें राज्य सरकार से ऐसी मदद की क्या जरूरत है? मुझे अचरज होता है कि यदि उनके पास सरकार से मिली 'खैरात' नहीं होती तो क्या उनके कर्मचारी करों का भुगतान करने की स्थिति में होते? मैं यह सोचकर विस्मित हूं कि यदि बेंगलूरू अपने करों का संग्रह नहीं कर सके तो क्या होगा...। मैं सोचती हूं, यदि उन्हें ऐसी दरियादिली दिखाने की बजाए कॉर्पोरेट की सब्सिडी हमारे देश के स्वासथ्य और प्राथमिक शिक्षा के क्षेत्रों में सुधार के लिए ख़र्च की जाती तो लोकतंत्र कैसा होता।

मैं यह सोचकर भी अचरज में हूं कि ये आकर्षक व्यावसायिक घराने और ऐसी कंपनियों में काम करने वाले किसके धन पर अपना हाथ डाल रहे हैं।

इससे दूर रहो क्योंकि यह गाढ़ी कमाई का पैसा है। यह जनता द्वारा बहाए गए पसीने का प्रमाण है...। आप कैसा महसूस करेंगे यदि वे कहें, 'ओह, यह हमारा पैसा है, आप इसे दूसरे लोगों को देने का साहस कैसे कर रहे हैं?''

15 मार्च 2015, *बैंगलोर मिरर*

भाषा जड़ है और अंग्रेज़ी आसमान

प्राथमिक स्कूलों में मातृभाषा की हिमायत में

बैंगलोर मिरर के तमाम पाठकों की तरह ही मुझे भी वहां से शिक्षा दिलाई गई जिसमें अंग्रेज़ी माध्यम से पढ़ाई होती थी। इसका परिणाम यह हुआ (हालांकि मेरी मातृ भाषा कन्नड़ है) कि मैं अंग्रेज़ी में ही सोचते, सपने देखते, जीते और अपनी बात रखते हुए बड़ी हुई। अंग्रेज़ी ने मुझे एनिड बाइटोन, पी. जी. वोडहाउस और शेक्सपियर का दीवाना बना दिया। आज भी मैं दुनिया में चल रही गतिविधियों के बारे में अंग्रेज़ी के समाचार पत्रों, समाचार चैनलों और निश्चित ही, विभिन्न वेबसाइटों और ब्लॉग्स के माध्यम से जानकारी प्राप्त करती हूं। हां, मैं प्राथमिक स्कूल स्तर पर मातृ भाषा को ही शिक्षा का माध्यम बनाने की वकालत कर रही हूं। ओह, हां, मैं आपकी सामूहिक रूप से पीड़ा को सुन सकती हूं! परंतु, मुझे खारिज करने से पहले कृपया मुझे सुनिए।

एक ऐसे व्यक्ति की तरह जो कन्नड़ और अंग्रेज़ी दोनों ही ओर रहा हो और जिसने दोनों में काम किया हो, मैं अपने अनुभव से महसूस करती हूं कि यदि मेरी प्रारंभिक शिक्षा मातृ भाषा कन्नड़ में होती और अंग्रेज़ी एक अतिरिक्त साधन के रूप में होती तो मुझे दोनों ही दुनियाओं का सर्वश्रेष्ठ मिल जाता। हमें यह समझना चाहिए कि भाषा सिर्फ संवाद अथवा अच्छी नौकरी के लिए साधन मात्र नहीं है। इसकी बजाय, यह 'अपने आप में जीवन' है क्योंकि यह हमारी पहचान, हमारे इतिहास, हमारी परंपराओं, हमारी संस्कृति और समाज के रूप में हमारी आत्मा में समाहित है। मैं एक उदाहरण देती हूं। अंग्रेज़ी माध्यम से पढ़ाई करने वाले बच्चे एक कविता गाते हैं, ''रेन,

रेन, गो अवे, कम अगेन अनदर डे, लिटिल जॉनी वान्ट्स टू प्ले'। कन्नड़ माध्यम से पढ़ने वाले बच्चे गाते हैं, "हुयूयो, हुयूयो, मलेराया, बाले लोटक्के नीरिल्ला' (इसका मोटे तौर पर अनुवाद यह है कि 'वर्षा कृप्या जोर से बरसो धरती को भर दो, हमारे केले के पौधों के लिए जल नहीं है')। पहली कविता, जो मूलतः ब्रिटिश है, तकलीफदेह अंग्रेज़ी मौसम को परिलक्षित करती है जिसका भारत में कोई मतलब नहीं है। दूसरी कविता पूरी तरह स्थानीय है, हमें बताती है कि हमारा कृषि प्रधान समाज है, और हम बारिश पर निर्भर हैं और यहां केले की पैदावार होती है। यह सब हमारे बच्चों का ज्ञानवर्धन करती है।

आइए, दूसरे देशों की शिक्षा की ओर नज़र डालते हैं। चीन में, जिसकी आज सबसे तेजी से बढ़ रही अर्थव्यवस्था है, विश्वविद्यालय स्तर तक शिक्षा का माध्यम मातृ भाषा ही है। आज, वे बाजार की वास्तविकता की बजह से छात्रों को अंग्रेज़ी और दूसरी यूरोपीय भाषाएं वैकल्पिक विषय के रूप में उपलब्ध कराते हैं। जापान, कोरिया, फ्रांस और जर्मनी में भी यही होता है। यदि इन देशों के प्राथमिक स्कूलों के शिक्षक अपने बच्चों को अपनी स्थानीय भाषा में साइंस, गणित, समाज विज्ञान और इतिहास पढ़ा सकते हैं तो हमारे शिक्षक ऐसा क्यों नहीं कर सकते? कोई भी उनसे बहुत जटिल सिद्धांतों या प्रमेय पढ़ाने के लिए नहीं कहता है। इनसे यही अपेक्षा की जाती है कि प्राथमिक स्कूल की बुनियादी सामग्री पढ़ाएं।

केन्या के चिरपरिचित लेखक और अमेरिकी विश्वविद्यालयों में अंग्रेज़ी तथा तुलनात्मक साहित्य के प्रोफेसर न्गुगी वा थ्योंग'ओ कहते हैं, "भाषा हमारे जीवन का सार है, हमारी आत्मा का मूल है, हमारी यादों का माध्यम है, स्थान और समय के बीच का संपर्क है और हमारे सपनों का मूलाधार है।" निश्चित ही, हम अपनी भाषा को नजरअंदाज नहीं कर सकते।

अनेक लोग यही मानते हैं कि अंग्रेज़ी सशक्तीकरण का एक साधन है और इसलिए शिक्षा का माध्यम यही होना चाहिए। प्रो सी. एन. राव या अब्दुल कलाम सरीखे बड़े बड़े वैज्ञानिकों ने अंग्रेज़ी माध्यम से पढ़ाई की। प्रतिष्ठित ज्ञानपीठ पुरस्कार से सम्मानित होने वाले आठ कन्नड़ लेखकों में से पांच को अंग्रेज़ी, उसके साहित्य और उसकी बारीकियों का जबर्दस्त ज्ञान

था। फिर भी उन्होंने कन्नड़ में लिखना पसंद किया क्योंकि यह भाषा उनकी शिराओं में प्रवाहित हो रही थी।

यह दुखद है कि आज अधिकांश माता पिता, अंग्रेज़ी के प्रति आसक्त हैं और इसी वजह से वे अपने बच्चों के लिए अंग्रेज़ी माध्यम के स्कूलों का चुनाव करते हैं (जैसा मेरी मां ने किया था)। एक बात जो वे नहीं जानते कि अधिकांश शोध कार्यों से पता चला है कि जब प्राथमिक शिक्षा के स्तर पर कोई बच्चा एक ऐसी भाषा में शिक्षित होता है जो उसे सबसे अधिक पसंद है, मतलब मातृभाषा, बच्चा बेहतर तरीके से ज्ञान का आत्मसात करता है।

और बेंहतर, शोध के नतीजों से पता चला है कि पहली भाषा में प्राप्त की गई अनेक विधाएं दूसरी भाषा में हस्तांतरित की जा सकती हैं। उदाहरण के लिए, यदि एक बच्चे ने कन्नड़ में अच्छे वाचन की योग्यता हासिल कर ली है तो वह इस विधा को अंग्रेज़ी पढ़ते समय लागू करने में सक्षम होगा। इसका मतलब हुआ कि यदि आप अपने बच्चे को अतिरिक्त विषय के रूप में अंग्रेज़ी भाषा दिलाएं तो वे अधिक सरलता से इसे आत्मसात कर सकेंगे। अतः दिक्कत क्या है?

मैं इस बात से सहमत हूं कि आज अंग्रेज़ी बहुत आवश्यक है। परंतु यदि हम इस पर अधिक जोर दें और हम अपनी भाषा को नजरअंदाज करें तो हम एक जड़विहीन आत्माओं के देश का सृजन ही करेंगे। यही कारण है कि मैं पूरी गंभीरता से महसूस करती हूं कि हमें अपने बच्चों को प्राथमिक स्कूल की शिक्षा अंग्रेज़ी के साथ ही अपनी मातृ भाषा में दिलानी चाहिए। इससे उनके पांव जमीन पर दृढ़ता से टिके रहेंगे और आसमान उनकी मुट्ठियों में होगा क्या यह अति उत्तम नहीं होगा!

6 अप्रैल, 2015, *बैंगलोर मिरर*

‘सुयोग्य लड़की’ तलाश रहे हैं

कब इस मांग से पैदा होगा सम्मान?

30 से 40 साल की उम्र के बीच के एक किसान नटराज बेकरार हैं। कुछ साल पहले तक बहुत मीन मेख निकालने वाले नटराज को आज अपनी पसंद का कोई नहीं मिल रहा है। इसका नतीजा यह है कि ‘बहुत छोटी है’, ‘रंग थोड़ा दबा हुआ है’ ‘ओह, इतनी मोटी’, और सबसे अधिक महत्वपूर्ण, ‘मेरी जाति की नहीं’ जैसा घमंड करने के दिन चले गए। इसकी बजाए, अब वे कहते हैं, ‘‘मुझे इसकी परवाह नहीं कि वह कैसी लगती है, या वह किस जाति की है। मैं तो सिर्फ यह चाहता हूं कि वह मिजाज के अनुकूल हो।’’ फिर भी, उसके लिए शादी की शहनाई अभी तक नहीं बजी है।

नटराज, मांड्या का वोकलिगा, ऐसा अकेला व्यक्ति नहीं है। उसके जैसे अनेक युवक हैं जिनके विवाह के लिए लड़की का मिलना मुश्किल हो रहा है। स्थानीय लोगों के साथ काम करने वाले दोस्त कहते हैं कि, मांड्या जिले के अधिकांश गांवों में, विवाह योग्य आयु के प्रत्येक दस युवकों के लिए सिर्फ दो या तीन लड़कियां हैं। इसके लिए किसको दोष दें? कन्या भ्रूण हत्या और पुरुष उत्तराधिकारी होने की पसंद के बारे में एक वैज्ञानिक अध्ययन इस संकट के कारणों को साबित करता है। अभी तक सिर्फ अनुमान लगाने की कोशिश करते और कहते कि चूंकि हमारा समाज प्रगति कर रहा है, इसलिए विवाह योग्य उम्र की लड़कियों के सामने काफी विकल्प हो गए हैं। मांड्या में आजकल नटराज जैसे युवक ‘जींस पैंट की बीमारी’ को इसका दोष देते हैं। गांवों के युवक, जिन्हें बेंगलुरू में होटल या फैक्टरियों में काम मिल गया है, घर आने पर अपनी नीली और गहरे रंगों की जींस के साथ

इतराते हैं। गांव की लड़कियां इसकी दीवानी हैं और उन्हीं से शादी करके बेंगलुरू में बसना चाहती हैं जो नटराज जैसे किसान खुद को अपने खेतों में खड़े बिजूकों की तरह महसूस करते हैं।

यह सिलसिला सिर्फ मांड्या तक ही सीमित नहीं है। मलनाड और कर्नाटक के तटीय जिलों में विभिन्न समुदायों के युवक वधु पाने के लिए बेकरार हैं। यह संकट उस समय से बढ़ने लगा जब कृषि संबंधी गतिविधियों की तुलना में शिक्षा और औद्योगिकीकरण को अधिक महत्व मिलने लगा। इस परिवर्तन से सबसे पहले प्रभावित होने वाला समुदाय हव्याका ब्राह्मणों का था।

अन्य ब्राह्मण उप संप्रदायों से इतर हव्याका ब्राह्मण सामान्यतया किसान हैं। उदार और प्रगतिशील होने की वजह से हव्याका ब्राह्मणों ने यह सुनिश्चित किया कि उनके लड़के लड़कियों को शिक्षा मिले। उनके लिए यह दुर्भाग्यपूर्ण ही था कि इनकी कुछ शिक्षित लड़कियों ने हव्याका लड़कों से शादी करके सुपारी की खेती पर जिंदगी गुजारने की बजाए अपनी जाति से बाहर के लड़कों से शादी करना और वकील, डॉक्टर, इंजीनियर के रूप में काम करना पसंद किया।

दो दशक पहले, सुपारी की खेती करने वाले किसानों के लिए प्रकाशित होने वाले समाचार पत्र *आदिके वर्ते* में एक लेख में हव्याका समाज की इस समस्या को उजागर किया था। धीरे धीरे यह मसला दूसरे ब्राह्मण समुदायों में भी फैल गया। अपने ही एक उप संप्रदाय में लड़की खोजना इतनी बड़ी समस्या बन गई कि कुछ समय पहले, विभिन्न ब्राह्मण उप संप्रदायों के मठ प्रमुखों ने घोषणा की कि उप संप्रदायों के बीच विवाह करना कोई मुद्दा ही नहीं है। हालांकि, यह भी संकट हल नहीं कर सका। उन्होंने अब एक नई प्रक्रिया लागू की है जिसे 'घर वासी' भी कहा जा सकता है। ब्राह्मण परिवार, जो अपने लड़के के लिए सुयोग्य लड़की नहीं खोज पाते हैं, अब लिंगायत समुदाय की लड़कियों का स्वागत कर रहे हैं।

वोकलिंगा या कुरूबा से इतर, लिंगायत ब्राह्मणों की भांति ही शाकाहारी होते हैं जो इस 'खुलेपन' को बयां करता है। लिंगायत लड़की को पसंद करने की प्रक्रिया पूरी होते ही उसे 'घर वासी' की रस्म से गुजरना होता

है जिसमें वर के मामा लड़की को अपनी पुत्री की तरह 'गोद' लेते हैं जिसका मतलब होता है कि उसका लिंगायत अतीत अब 'खत्म' हो गया। इस रस्म के बाद ब्राह्मण लड़के और नई ब्राह्मण बनी लड़की के बीच विवाह संपन्न कराया जाता है। (यहां यह ध्यान देना महत्वपूर्ण है कि गैर ब्राह्मण लड़कों के साथ ब्राह्मण लड़कियों के विवाह को स्वीकार करने के लिए कोई नई रस्म नहीं बनी है।) जहां तक लिंगायतों का सवाल है तो उन्होंने 'लिंग दीक्षा' का चयन किया है जिसमें विवाह की रस्मों से पहले लड़की को लिंगायत धर्म में शामिल किया जाता है।

इस समस्या की गंभीरता को समझने के लिए, हम नक्सली नेता श्रीमन नागराज का मामला ले सकते हैं, जो हाल ही में मुख्य धारा में लौटा है। तीन दशक से भी पहले जब नागराज ने विजातीय लड़की से विवाह किया तो उसके परिवार का उसके समाज से बहिष्कार कर दिया गया था। इस भय से कि बहिष्कार के कारण उन्हें विवाह के लिए कोई लड़का नहीं मिलेगा, उसकी रिश्तेदार दो लड़कियों ने आत्महत्या कर ली थी। आज वही लोग, जिन्होंने नागराज का बहिष्कार किया था, खुशी खुशी अपनी लड़कियों का अपने समाज से बाहर विवाह कर रहे हैं।

एक वधु पाने के लिए बेकरार, अनेक युवकों ने अपना दायरा बड़ा कर दिया है। कई बार इसका अंत वैवाहिक आनंद तो कभी कभी प्रफुल्लता में होता है। यह अजीबो गरीब मामला एक 'शाकाहारी' समुदाय के व्यक्ति से संबंधित है। करीब 40 से अधिक उम्र का यह व्यक्ति अच्छी नौकरी कर रहा है, उसके पास एक बंगला और एक शानदार कार है। परंतु वह कुंवारा है। अंततः उसने 'मछुआरे' जाति के एक परिवार के साथ करार किया। लड़की के गरीब माता पिता इस बात से रोमांचित थे कि उनकी बेटी की शादी एक संपन्न व्यक्ति से हो रही है। हालांकि, जिस दिन सारी औपचारिकताओं को अंतिम रूप दिया जा रहा था, आशान्वित वर ने जोर दिया कि विवाह के बाद वधु को सामिष भोजन करना बंद कर देना चाहिए। यह सुनते ही लड़की ने इस व्यक्ति को उसके बंगले और कार को ठुकरा दिया।

बहरहाल, 'विवाह के बाजार' में आज कल लड़कियों की बहुत ज्यादा 'मांग' है। दुर्भाग्य से, बाजार के सिद्धांत में, यह मांग 'महत्व' में परिवर्तित

नहीं हुई। लड़कियों को अभी भी उपेक्षा से देखा जाता है और कभी कभी मांड्या जैसे और कई अन्य स्थानों पर तो अपनी जाति से बाहर विवाह करने पर 'सम्मान की रक्षा हेतु हत्या' के जरिए उन्हें दूसरी दुनिया में भेज दिया जाता है। इस सबकी वजह से इच्छा की जाती है जहां तक लड़कियों का सवाल है तो यह 'मांग' 'सम्मान' में तब्दील हो।

18 मई, 2015, *बैंगलोर मिरर*

हत्या करें या न करें
139 देशों ने छोड़ा मृत्युदंड, भारत कब छोड़ेगा?

'राज्य ईश्वर नहीं है। इसे वह छीनने का अधिकार नहीं है जिसे यह इच्छा होने पर लौटा नहीं सकता।' **–अंटोन चेखव**

जार्ज ओर्वेल का आलेख, 'अ हैंगिंग' हर उस व्यक्ति को पढ़ना चाहिए जो मृत्यु दंड को लेकर चिंतित है। बर्मा का दृश्य है जहां ओर्वेल भारतीय ब्रिटिश के पुलिस अधिकारी के रूप में तैनात थे, यह निबंध उस हिंदू व्यक्ति के बारे में बताता है जिसे कुछ ही समय में फांसी पर लटकाया जाना है। ओर्वेल ने नोटिस किया कि फांसी के तख्त तक लाया जा रहा कैदी बारिश के पानी की वजह से हुए कीचड़ से बचने के लिए थोड़ा परे हटा। इस दृश्य ने लेखक को विस्मित किया। ''यह दिलचस्प है, परंतु उस क्षण तक मैंने यह महसूस ही नहीं किया था कि एक स्वस्थ और चैतन्य व्यक्ति को नष्ट करने का मतलब क्या होता है। जब मैंने देखा कि कैदी कीचड़ से बचने के लिए एक ओर हो गया, मैंने उमंग से भरे जीवन के अंत के रहस्य को देखा जिसे बयां नहीं किया जा सकता और जो अनैतिक है। यह व्यक्ति मर नहीं रहा था, वह भी हमारी तरह ही जीवित था।''

किसी भी सभ्य समाज में अपराध के लिए दंड आवश्यक है। परंतु मौत की सजा, भले ही दुर्लभ में भी दुर्लभतम मामलों में, एक ऐसा अंत है जिसे पलटा नहीं जा सकता है। अनेक लोग और हमारी न्यायपालिका भी अनेक कारणों से मृत्यु दंड को न्यायोचित मानती है। इनमें (क) हतोत्साहित करना, (ख) न्याय और (ग) प्रतिशोध या बहुसंख्यकों की शैतानियत की

तुष्टि जिसे सामूहिक अंतःकरण को संतुष्ट करना भी कहते हैं।"

दुनिया भर में किए गए असंख्य अध्ययनों से पता चलता है कि मृत्यु दंड अपराध के लिए हतोत्साहित करने वाला कारक नहीं बन सका है। उदाहरण के लिए, संयुक्त राज्य अमेरिका के जिन राज्यों में मृत्यु दंड का प्रावधान नहीं है वहां हत्या की दर उन राज्यों की तुलना में कम है जहां अपराधियों को बिजली की कुर्सी पर भेजा जाता है। भारत में ही, राजीव गांधी हत्याकांड में टाडा अदालत के विशेष न्यायाधीश ने सभी 26 षड्यंत्रकारियों और अपराध के लिए उकसाने वालों को (सभी असली हत्यारे मर चुके थे) इस आधार पर प्राण निकलने तक फांसी पर लटकाने की सजा सुनाई थी कि "यह सभी विदेशी षड्यंत्रकारियों या आतंकवादियों को भविष्य में भारत की जमीन पर अपनी नापाक साजिशें करने से हतोत्साहित करेगा।" मैं समझती हूं कि अजमल कसाब और उसके साथियों ने न्यायाधीश की इस चेतावनी को नहीं सुना था। यह सोचना महज मजाक ही है कि मृत्यु दंड आंतकवादियों को, जो मरने के लिए तैयार हैं, हतोत्साहित करेगा। अतः हम किस तरह के अवरोध की बात कर रहे हैं?

अमेरिकन गॉड्स (2001) में लेखक नील गैमन कहते हैं, "मेरा मानना है...कि प्रत्येक मानव जीवन पवित्र है। मौत की सजा में कुछ भी गलत नहीं है यदि आप कानूनी व्यवस्था के निहितार्थ पर विश्वास करते हैं और कोई अन्य नहीं बल्कि एक मूर्ख ही कानूनी व्यवस्था पर हमेशा भरोसा करेगा।"

कुछ लोग कानूनी प्रक्रिया के आधार पर मौत की सजा का समर्थन करते हैं। परंतु अध्ययनों से पता चलता है कि ऐसे अधिकतर मामलों में जहां अदालतों ने मौत की सजा सुनाई, आरोपियों को बहुत की खराब कानूनी सहायता मिली थी। हमें इसकी सत्यता की परख करने के लिए बहुत दूर नहीं जाना है। भारत की संसद पर दिसंबर 2001 में हुए हमले के मामले में नचली अदालत ने अफजल गुरु और एस. ए. आर गिलानी दोनों को ही मौत की सज़ा सुनाई थी। चूंकि प्रसिद्ध वकील राम जेठमलानी ने गिलानी का मामला अपने हाथ में लिया था, उच्चतम न्यायालय ने उन्हें बरी कर दिया। हालांकि अफजल गुरु को, जिसे बहुत ही खराब कानूनी मदद मिली, मौत की सजा मिली। संयुक्त राज्य अमेरिका जैसे देशों में भी धीमी जांच

के आधार पर या फिर पूर्वाग्रहों से प्रभावित न्यायपालिका ने अनेक लोगों को मौत की सजा सुनाई है। सबसे अधिक चर्चित मामला तो मुक्केबाज रूबिन 'हरीकेन' कार्टर, जिसे 20 साल जेल की सलाखों के पीछे रहने के बाद, एक बार नहीं बल्कि दो बार मौत की सजा मिली। कार्टर को 1985 में निर्दोष घोषित करके रिहा किया गया। 2009 में हमारे देश के उच्चतम न्यायालय ने स्वीकार किया कि उसने मौत की सजा से संबंधित कुछ मामलों की सुनवाई में गलती की। ऐसी स्थिति में क्या हम स्वच्छ अंतःकरण के साथ यह कह सकते हैं कि जब किसी व्यक्ति की जान ले रहे हैं तो कानून का पालन किया गया है?

विक्टर ह्यूगो ने अपने लघु उपन्यास *द लास्ट डे ऑफ अ कन्डेम्ड मैन* (1829) में लिखा है, "लेकिन दूसरी बात आप कहते हैं कि 'समाज को ठीक प्रतिशोध लेना चाहिए और समाज को सही दंड देना चाहिए।' दोनों बिंदुओं पर गलत हैं। प्रतिशोध व्यक्ति विशेष से आता है जबकि सजा ईश्वर देता है।"

कुछ लोगों का मानना है कि किसी व्यक्ति को मौत की सजा सुनाना अदालत के लिए, और इसलिए शासन के लिए सही है। वे महसूस करते हैं कि जनता की व्यापक भलाई में शासन के लिए मौत की सजा देना ठीक है। जब एक व्यक्ति के लिए हत्या करना ठीक नहीं है तो फिर सिर्फ राज्य के लिए यह सही कैसे है? यदि हम मानव वध के लिए मौत की सजा का समर्थन करते हैं तो फिर हमें मध्यकालीन युग में जाना होगा और कहना होगा कि आंख के बदले आंख, बाजू के बदले बाजू, आगजनी के बदले आगजनी, बर्बादी के लिए बर्बादी। हमें तर्कसंगत होना चाहिए और तालिबान के मुल्लों की तरह व्यवहार नहीं करना चाहिए। 'सामूहिक अंतःकरण को संतुष्ट करना' अदालतों का काम नहीं है और कानून में ऐसी चीज के लिए कोई जगह नहीं है जो इसकी तरह ही बेतुकी हो।

मानव अधिकार कार्यकर्ता के. बालगोपाल ने अपने एक लेख में इस तथ्य को उजागर किया था कि "किसी अपराध के जवाब में व्यक्तिगत प्रतिशोध को आधुनिक कानून ने स्पष्टतया नकारा है। यहां तक नैतिक रूप से सबसे अधिक न्यायोचित बदले की भी अनुमति नहीं है। तो फिर क्या

इसे पिछले दरवाजे से लाकर काला लबादा पहनाया जा सकता है, समाज के नैतिक अंतःकरण की भाषा बोलकर मौत की सजा दी सकती है?" हम हिंदुस्तानी यह सोचना पसंद करते हैं कि हम और अधिक वैश्विक हो रहे हैं। फिर भी, हम दुनिया के उन 139 देशों के साथ खड़े नहीं होंगे जिन्होंने मौत की सजा पर प्रतिबंध लगा दिया है। निश्चित ही, हम असंगत हो चुकी न्याय प्रणाली को बनाए रखने और इराक, ईरान, उत्तर कोरिया, चीन और हां, अमेरिका के साथ खड़े रहना पसंद करेंगे। क्या यह हमारे परिपक्व होने का समय नहीं है?

यह लेख लिखते समय तक याकूब मेमन का भाग्य अनिर्णित है। यदि वह 257 व्यक्तियों की जान लेने का दोषी है तो फिर उसे अपनी अंतिम सांस तक नर्क में ही रहने दो। मैं निश्चित उसका खून अपने हाथ या दिमाग पर नहीं चाहती हूं।[1]

28 जुलाई, 2015 *बैंगलोर मिरर*

1. यह लेख प्रकाशित होने के दो दिन बाद 33वें जन्मदिन पर मेमन को फांसी पर लटका दिया गया था।

'कल बसवण्णा, आज कलबुर्गी'
लिंगायत धर्म का विस्मृत समतावाद

यह 2003 या 2004 में हुआ था। देवानागरे जिले के छोटे से कस्बे मालेबेन्नूर में कुछ लिंगायत युवकों ने 'जय श्रीराम' के नारे लगाते हुए अल्पसंख्यक समुदाय की दो महिलाओं को निर्वस्त्र किया और उनसे बलात्कार किया। इस घटना के तुरंत बाद ही दंगा और लूटपाट होने लगी। इस घटना ने मुझे बहुत बुरी तरह मुझे आहत किया क्योंकि मालेबेन्नूर मामा की ओर से मेरे पैतृक गांव के काफी नजदीक था।

मालेबेन्नूर ऐसा स्थान रहा है जहां पीढ़ियों से हिंदू और मुसलमान सद्‌भावना के साथ रहते आ रहे हैं। इस घटना के तुरंत बाद, मुझे देवानागरे में एक लिंगायत मठ में चर्चा के लिए आमंत्रित किया गया था। अभी तक मैं लिंगायत मठ से बच रही थी। मैं वहां जाने का निश्चय किया ताकि मैं स्थानीय लिंगायतों को अपनी भावनाओं से अवगत करा सकूं। मैं बसवण्णा के प्रसिद्ध वचनों में एक को उद्धृत किया जो ए.के. रामानुजन के भाषांतर में इस प्रकार है:

शिव के लिए अमीर मंदिर बनवाएंगे
मैं एक गरीब आदमी क्या करूं?
मेरे पांव स्तंभ हैं
मेरा शरीर धर्मस्थल है
सिर सोने का एक गुंबद है
सुनो, नदियों को मिलाने वाले ईश्वर
खड़ी चीजें गिर जाएंगी, परंतु चलायमान हमेशा बनी रहेंगी।

मैंने वहां एकत्र लोगों से पूछा, "आपके लिंगायत धर्म के संस्थापक, बसवण्णा, मंदिर निर्माण और मूर्ति पूजा के खिलाफ थे, तो फिर आप उन ताकतों के साथ कैसे हो गए जो एक काल्पनिक भगवान का मंदिर बनाना चाहते हैं?" इस पर वहां उत्तेजना फैल गई। मुझे अपनी बात समाप्त नहीं करने दी गई। स्थानीय लिंगायत इतने अधिक नाराज थे कि मुझे पुलिस संरक्षण प्रदान किया गया।

मेरी खुशकिस्मती थी कि उस दिन कलबुर्गी भी देवनागरे में थे और वह मेरे होटल में ही ठहरे हुए थे। उन्हें पता चला कि मठ में क्या हुआ और उन्होंने मेरे लिए संदेश भेजा। सिर्फ यही मौका था जब मैं उनसे मिली थी। एक सज्जन और विद्वान व्यक्ति, उन्होंने विभिन्न अभिलेखों और वचनों का जिक्र करते हुए बताया कि लिंगायत कैसे हिंदू नहीं हैं। उन्होंने मुझे उत्साहित करते हुए कहा, "तुमने जो कुछ भी कहा सही है, अपने विचार प्रकट करने से घबराओ मत।"

कलबुर्गी की नृशंस हत्या के कारणों का अभी पता लगना है। हालांकि, उनके निधन से दक्षिणपंथी तत्वों में व्याप्त खुशी बताती है कि बहुसंख्यकों की आस्था के खिलाफ बोलना सदैव ही कितना खतरनाक है।

हम कन्नड़भाषी अपने कुछ पड़ोसियों से इतर इसमें विश्वास करना पसंद करते हैं कि हम भिन्न भिन्न विचारधाराओं के बारे में अत्यधिक सहिष्णु हैं। बदकिस्मती से, नौ शताब्दियों से भी अधिक समय से चीजें बहुत अधिक नहीं बदली हैं। कलबुर्गी की हत्या के विरोध में रविवार को आयोजित एक सभा में प्रदर्शित एक पट्टी में इसे प्रतिपादित किया गया था। इसमें कहा गया था, "कल बसवण्णा, आज कलबुर्गी"।

बसवण्णा, बारहवीं सदी के एक समाज सुधारक और कवि थे, जो जाति प्रथा के खिलाफ डटकर खड़े रहे थे। उन्होंने जातिविहीन समाज के लिए प्रयास किया जो सिर्फ काम ही पूजा में विश्वास करता हो। उन्होंने ब्राह्मणवादी व्यवस्था के खिलाफ विद्रोह किया और 'निम्न' जातियों में जन्म लेने वालों के साथ अपनी पहचान बनाई। अपने वचनों में से एक में वह यह घोषणा करने की सीमा तक चले गए कि उनका जन्म मादरा चन्नैया के सेवक और ककैया की चमड़े का काम करने वाली सेविका से हुआ था।

बसवण्णा और दूसरे वचनाकारों ने एक सशक्त आंदोलन खड़ा कर दिया जिसने सभी जातियों और वर्गों के लोगों को आकर्षित किया। इस नए सामाजिक पक्ष में आने वालों ने कहा कि लिंगायत धर्म अपनी पहले की जातीय पहचान का त्याग करता है और अब सभी को समान मानता है। बसवण्णा की असली परीक्षण की घड़ी शादी विवाह के रूप में सामने आई।

बसवण्णा के दो कट्टर समर्थकों में हरलैया एक मोची था और मधुवर्षा एक अमीर ब्राह्मण था। हरलैया और मधुवर्षा यह दिखाना चाहते थे कि वे भावना और कृत्य दोनों ही रूप में वास्तव में बसवण्णा के समतावादी समाज में विश्वास करते हैं। अतः उन्होंने फैसला किया कि हरलैया का पुत्र शीलवंत मधुवर्षा की पुत्री लावण्य से विवाह करेगा। निश्चित ही बसवण्णा ने इस नवदंपती को आशीर्वाद दिया।

ब्राह्मण कन्या और एक अछूत लड़के के बीच विवाह इस सवर्ण वर्ग की सहिष्णुता के दायरे से बाहर था। उन्होंने इस विवाह का विरोध किया और बिज्जाला से इसकी शिकायत की। बिज्जाला, जो स्वयं नाई समुदाय का था, सवर्ण जातियों के दबाव का प्रतिरोध नहीं कर सका और वह झुक गया। इसकी सजा तत्काल और बहुत नृशंस थी। लड़के शीलवंत की आंखें निकाल ली गईं और इसके बाद उसे, हरलैया और मधुवर्षा को हाथियों के पांव से बांधकर उनकी मृत्यु होने तक सड़कों पर घसीटा गया।

बिज्जाला की सेना ने भी लिंगायतों पर धावा बोल दिया। हजारों लोग मारे गए और अनेक दूसरी दिशाओं में भाग गए। उनके पास साक्ष्य के रूप में सिर्फ जातिविहीन वर्गविहीन समाज की स्थापना के प्रयास को साबित करने के लिए विभिन्न लोगों द्वारा संकलित किए गए वचन ही थे। इन वचनों को संरक्षित करने के उद्‌देश्य से लिंगायतों ने उन्हें विभिन्न स्थानों पर कई लोगों के पास सुरक्षित रख दिया था। 20वीं सदी में ही इन्हें संग्रहित किया गया। नौ सौ साल पहले संकलित किए गए लाखों वचनों में से आज करीब बीस हजार ही शेष बचे थे। जहां तक बसवण्णा का संबंध है तो वह अंतर-जातीय विवाह के बाद फैली अराजकता से निराश हुए और दूर कल्याण चले गए।

आज, अधिकांश लिंगायत उन अनुकरणीय आदर्शों को भुला चुके हैं जिनके आधार पर उनके धर्म की स्थापना हुई थी। इसकी बजाए, वे मंदिर जाने वाले और मूर्ति पूजा के उपासक बन गए हैं। इससे भी अधिक दुःखद यह है कि वे उसी पुजारी वर्ग के गुलाम बन गए हैं जिनके खिलाफ उनके बसवण्णा ने जबर्दस्त विद्रोह किया था। जब कलबुर्गी जैसे विद्वान ने, जिन्होंने वचन आंदोलन और कन्नड़ भाषा के सांस्कृतिक इतिहास का अध्ययन किया था, उनसे यह कहने का प्रयास किया, "यह आपका धर्म नहीं है", तो उन्होंने उन्हें ईशनिंदक कहा और अनेक मुकदमे करके उन्हें हैरान परेशान किया। और जब उनकी गोली मारकर हत्या कर दी गई तो उन्होंने घूरते हुए कहा, "यदि आप हिंदुत्व का उपहास करेंगे, आप कुत्ते की मौत मारे जाएंगे।" परंतु वे यह भूल गए कि कलबुर्गी की तरह ही यदि बसवण्णा ने कई सदी पहले आवाज उठाते हुए अपनी राय नहीं दी होती तो लिंगायत का अस्तित्व नहीं होता।

कोई नहीं जानता कि कलबुर्गी की मृत्यु से किसे लाभ होगा। परंतु यह साफ है कि इससे दक्षिणपंथी फासीवादी ताकतों की वैचारिकता को बल मिलेगा जब बसवण्णा और कलबुर्गी जैसे समाज सुधारकों की आवाज बर्बरता के साथ कुचली जाएगी। हालांकि, विचार कभी नहीं मरते।

31 अगस्त, 2015 *बैंगलोर मिरर*

अंतःकरण के रखवाले और 'निर्मित संकट'

अवार्ड वापसी से घबराई भाजपा

भारत के इतिहास में यह पहला अवसर है जब साहित्य जगत ने बहुत ही तीखी आलोचना के साथ पिछले कुछ सप्ताहों में (अक्तूबर 2015) अपना असंतोष व्यक्त किया है। भारत के मिले-जुले 'आदर्श' को बनाए रखने के प्रयास में अभिव्यक्ति की आजादी और जीवन शैली की पसंद की लड़ाई में अब अंतरराष्ट्रीय समर्थन भी मिल गया है। स्वाभाविक है इस सब ने उन्मादी दक्षिणपंथी खाकी निक्करधारियों को परेशानी में डाल दिया है। यह जानकारी नहीं होने पर कि इस बढ़ते असंतोष पर कैसे काबू पाया जाए, उन्होंने अब अनेक नई परिकल्पनाएं पेश करना शुरू कर दिया है। आइए, इनकी इन परिकल्पनाओं पर एक एक करके नजर डालते हैं।

यह केंद्र के खिलाफ 'खड़ा किया गया एक संकट' है।

यह नोम चोम्सकी की 'सहमति निर्मित करने' की अवधारणा को अरुण जेटली द्वारा इसे इसके सिर के बल खड़े करने का प्रयास है। लेकिन जेटली ने यहां जिस एक तथ्य को ध्यान में नहीं रखा वह यह है कि हमारे समाज में बढ़ती असहिष्णुता के खिलाफ अपना असंतोष व्यक्त करने वाले ये लेखक न तो आपस में मिले हैं और न ही उन्होंने एक दूसरे के लेखन को सुना या पढ़ा है। इन लेखकों के बीच ऐसा कोई संपर्क नहीं था जिसमें वह जानबूझ कर संकट पैदा करें। इन सभी ने व्यक्तिगत रूप से और बगैर किसी तैयारी के अपनी प्रतिक्रिया व्यक्त की है। सच्चाई तो यह है, यह संघ परिवार है जिसे 'कमंडल बनाम मंडल', और प्रत्येक चुनाव से पहले गरीबी, बेरोजगारी,

भेदभाव आदि के मुद्दों से जनता का ध्यान पूरी तरह हटाने के लिए ईसाइयों, मुसलमानों, दलितों और महिलाओं आदि पर हमले करके सांप्रदायिक तनाव पैदा करने जैसे 'संकट निर्मित करने' में महारत हासिल है।

'बहुत ही कम लोगों ने इन लेखकों के काम को पढ़ा है। अतः उनका विरोध निरर्थक है और यह आमआदमी को प्रभावित नहीं करेगा।'

सही है, आम आदमी पूछ सकता है, "यह नयनतारा सहगल कौन हैं?" इसी तरह, हो सकता है कि चंपा (चंद्रशेखर पाटिल जिन्होंने पंपा पुरस्कार लौटाकर पुरस्कार लौटाने की बौछार करा दी) और कुम वीरभद्रप्पा के पास भी लाखों पाठकों का समर्थन नहीं हो। परंतु जैसा सहगल ने कहा, "मैं देश के अंतःकरण को जगाने, लोगों को उनके आसपास घटित हो रही घटनाओं के प्रति जागरूक करने, हमारी धर्मनिरपेक्ष विरासत पर हो रहे हमले रोकने के लिए पुरस्कार लौटा रही हूं। भले ही यदि वर्तमान सरकार नहीं सुन रही हो तो भी मैं समझती हूं कि जनता सुन रही है। मैं आश्वस्त हूं कि यह संदेश नीचे तक पहुंचा है।" एकदम यही बिंदु उनके विरोध का है और उन्हें इसमें उल्लेखनीय सफलता मिली है। क्योंकि आज आम आदमी यह पूछने की बजाए 'कौन सहगल?' पूछ रहा है, 'बीफ खाने की वजह से एक व्यक्ति की हत्या क्यों की गई?"

'ये लेखक प्रचार के भूखे हैं। ये कायर हैं।'

विरोध प्रकट करने वाले लेखकों को उस समय भरपूर प्रचार मिल गया था जब उन्हें इन प्रतिष्ठित पुरस्कारों से सम्मानित किया गया था। अतः अब वे इसके लिए और क्यों लालयित होंगे? क्योंकि इस समय हम ऐसे दौर में रह रहे हैं कि यदि असंतुष्ट खुशकिस्मत हुआ तो अटल बिहारी वाजपेई के पूर्व सहयोगी और इस समय दक्षिणपंथी विचार मंच के अध्यक्ष सुधींद्र कुलकर्णी जैसों के चेहरे पर सिर्फ कालिख पोती जाएगी, यदि वे उनमें नहीं हुए तो उन्हें गोली मार दी जाएगी (एम. एम. कलबुर्गी इसका ताजा उदाहरण हैं) यदि विरोध प्रकट करने वाले लेखक वास्तव में कायर थे तो फिर वे इसके खिलाफ अपनी आवाज ही क्यों उठाते और कहते, "मैं असहमत हूं" और इस तरह उन्मादी भीड़ की दया पर अपनी जान दांव पर लगाते।

'जब सलमान रुश्दी की पुस्तक पर प्रतिबंध लगाया गया था तो ये लेखक कहां थे? वे कहां थे जब तस्लीमा नसरीन को भारत से बाहर खदेड़ा गया था?'

जब रुश्दी की पुस्तक पर प्रतिबंध लगाया गया था तो देश के प्रमुख बुद्धिजीवियों ने इस प्रतिबंध की निंदा करते हुए प्रमुख अंग्रेज़ी अखबारों में पूरे पेज का विज्ञापन निकाला था। जहां तक तसलीमा नसरीन का संबंध है तो पी. लंकेश जैसे लोगों का मानना था कि भले ही वह एक खराब लेखिका हो, उसे अपनी राय व्यक्त करने का अधिकार है। हाल ही में, कर्नाटक में, यह उदारवादी ही थे जिन्होंने यह सुनिश्चित किया कि 'वाल्मीकि यारू' (वाल्मीकि कौन?) पुस्तक से प्रतिबंध हटाया जाए। इस पुस्तक में दावा किया गया था कि वाल्मीकि जन्म से बेड़ा (नायक) नहीं बल्कि ब्राह्मण थे और इसके लेखक के. एस. नारायणाचार्य आरएसएस से सहानुभूति रखते थे। हिंदुत्व के कट्टरपंथी तसलीमा का मुद्दा सिर्फ इसलिए उठा रहे हैं क्योंकि उसने इस्लामिक कट्टरपंथ की निंदा की है। यदि वे वास्तव में तस्लीमा और दूसरे लेखकों की अभिव्यक्ति की स्वतंत्रता की रक्षा के प्रति गंभीर थे तो उन्होंने तमिल उपन्यास *मातृभागन* के लेखक पेरूमाल मुरुगन के पीछे क्यों पड़ गए थे? कट्टरपंथी हिंदू संगठनों ने क्यों उन्हें एक लेखक के रूप में अपना ही मृत्यु लेख लिखने के लिए मजबूर किया?

अधिकांश सांप्रदायिक दंगे और हत्याएं कांग्रेस के शासनकाल में ही हुईं। फिर भी, वे मोदी सरकार को क्यों निशाना बन रहे हैं?

हां, जब कांग्रेस ही सत्ता में थी तब महात्मा गांधी की हत्या हुई थी। हां जब कांग्रेस सत्ता में थी तभी बाबरी मस्जिद ध्वस्त की गई थी। ठीक है, यह इतिहास है, अतः इसे लेकर अब परेशान नहीं हों। परंतु यहां सवाल यह है कि पिछले 18 महीने में बिहार और उत्तर प्रदेश-संयोग से दोनों ही राज्यों में गैर कांग्रेसी सरकार है—में सांप्रदायिक घटनाओं में तीन गुणा वृद्धि कैसे हो गई? ऐसा क्यों हुआ कि गुजरात में नरेंद्र मोदी के हाथ में सत्ता सिमटने के बाद वहां एक भी सांप्रदायिक घटना नहीं हुई? इसलिए, क्या यह देखने की बजाए कि उस समय सत्ता में कौन था, यह देखना अधिक महत्वपूर्ण नहीं हो जाता कि सांप्रदायिक हिंसा भड़काने वाली ताकतें कौन हैं?

'दादरी कांड उत्तर प्रदेश में हुआ और कर्नाटक में कलबुर्गी की हत्या हुई। इनसे मोदी का क्या लेना देना? दादरी एक हादसा था और कलबुर्गी की मौत एक दुःखद घटना। बस यही है।'

चाहे यह दादरी हो या बाबरी, दिल्ली में 1984 का नरसंहार या गुजरात में मुसलमानों का जनसंहार या फिर कलबुर्गी, नरेंद्र दाभोलकर और गोविंद पानसरे की हत्याएं हों...इनमें से कोई भी महज हादसे, इक्का-दुक्का घटनाएं या जनता की असहमति की अभिव्यक्ति नहीं थी। ये सब बहुत ही सुनियोजित तरीके से किए गए अपराध थे। इनमें से कोई भी घटना सत्ता के सक्रिय समर्थन और वैचारिक मोर्चे पर सहयोग के बगैर संभव हो ही नहीं सकती थी।

'इसके पीछे राजनीतिक एजेंडा है। वे पहले खामोश क्यों थे?'

निश्चित ही उनका राजनीतिक एजेंडा है। जैसा कि शोवन चौधरी ने *स्क्रॉल. इन* में लिखा : "लेखकों पर राजनीति करने का आरोप लगाना ठीक वैसे ही है, जैसे मनुष्यों पर सांस लेने के लिए आरोप लगाना। हम सभी हाफ गर्लफ्रैन्ड्स के बारे नहीं लिख सकते।" परिहास से इतर, यह स्वीकार करना अधिक महत्वपूर्ण है कि अधिकांश लेखक चुनावी राजनीति की बजाए लोकतंत्र और अभिव्यक्ति की आजादी के प्रति अनुरागी हैं। पहले भी लेखकों को सत्ता के प्रति असहमति के लिए जाना जाता रहा है।

भाजपा विरोध के हमलों से अब परेशान है क्योंकि वे जानते हैं कि लेखक अपने काम की लोकप्रियता से इतर किस हद तक जनता को आकर्षित कर रहे हैं। भाजपा के भय की जड़ यह जानकारी है कि जबर्दस्त चुनावी जीत और मोदी के विदेशों में 'रॉक स्टार' कार्यक्रमों के बावजूद ये लेखक ही हैं जो प्रभावी तरीके से राष्ट्र के अंतःकरण के रखवाले हैं। मैं समझती हूं कि हर चीज का उभार का एक समय होता है। लेखकों के विरोध के मामले में मुद्दा मोहम्मद अखलाक की पीट पीट कर हत्या करने का था जिसके घर में खाना पकाने के लिए आग जलाई गई थी।

19 अक्तूबर, 2015, *बैंगलोर मिरर*

हम एकलव्य के वंशज हैं

हिंदू धर्म के आलोचक एक दलित कवि पर हिंदुत्व गुंडों का हमला

हुछंगी प्रसाद सामाजिक-राजनीतिक मुद्दो को लेकर एक विद्रोही व्यक्ति हैं। अपने 23 साल के अल्प जीवन में इस युवक ने पीड़ा, दमन, गरीबी, अभाव और दासता देखी। वह जिन परिस्थितियों से गुज़रे उसने स्वाभाविक रूप से उन्हें एक बहुत ही क्रोधी युवक बना दिया। अधिकांश युवा कवियों की तरह ही प्रसाद भी अपने काम के माध्यम से अपना आक्रोश जाहिर करते हैं। परंतु उनके आक्रोश में चिंता भी झलकती है।

जैसा कि प्रसिद्ध कवि दू सरस्वती कहते हैं, "प्रसाद की कविताएं पीड़ा की ज्वाला, असंतोष और आवेश से ओतप्रोत हैं। लेकिन उसके जोशीले शब्दों में भी दया और हमदर्दी है।" प्रसाद की कुछ कविताओं को, जो *अडाला किच्छु* :भीतर की ज्वालाः शीर्षक से प्रकाशित हुईं और जिसे कर्नाटक पुस्तक प्राधिकरण से पुरस्कार भी मिला, सरसरी तौर पर पढ़ने से पता चलेगा कि वह जाति प्रथा, हिंदुत्व और अंधभक्ति का विरोध कर रहा था। बी.आर. आंबेडकर के उपदेशों के अनुयायी प्रसाद को आंबेडकर या बसवण्णा जैसी किसी हस्ती की वापसी का इंतज़ार है जो उन व्यक्तियों को बेड़ियों से मुक्त कराएंगे जो अज्ञानता के कुएं में फंसे हुए हैं।

देवदासी मां और दलित पिता से जन्मे प्रसाद को अपना बचपन एक बंधुओं मजदूर के रूप में बिताने के लिए बाध्य किया गया। इस दयनीय जीवन से उन्हें सरकार की योजना चिन्नाराकोला ने बचा लिया, जो बाल मजदूरों के पुनर्वास और उन्हें शिक्षित करने में मदद करती है। शिक्षा ने उसकी जिंदगी के उस अंधकार को दूर कर दिया जिसने उसे अपनी गिरफ्त में ले रखा था

और उनमें जागरूकता पैदा कर दी। जैसा कि प्रसाद कहते हैं, "मैंने वही लिखा है जो मैंने जीया है, अनुभव किया है और देखा है। इसमें गलत क्या है?"

खैर, कुछ लोगों के अनुसार उन्होंने तमाम गलत काम किए। पिछले साल मार्च में, प्रसाद ने सिर्फ अपनी कविताओं का संग्रह ही प्रकाशित नहीं किया बल्कि उन्होंने अपनी पुस्तक के लोकार्पण के लिए प्रो के. एस. भगवान को बुलाने का साहस भी किया। लंबे समय से कट्टरपंथी हिंदुओं की आंखों की किरकिरी बने हुए और इस समय जान के खतरे की धमकी का सामना कर रहे 'दिग्गज़' भगवान और 'नवोदित' प्रसाद का मेल, हिंदू जागरण वेदिके और श्री राम सेना के बरदाश्त से बाहर है, जिन्होंने प्रसाद को धमकियां देने के लिए गुमनाम तरीके से फोन किए बल्कि पुलिस में रिपोर्ट भी दर्ज कराई। किसी को यह नहीं मालूम कि बाद में पुलिस में दर्ज शिकायत का क्या हुआ परंतु धीरे धीरे प्रसाद को फोन पर मिलने वाली धमकियां बंद हो गईं।

यह बहुत पहले की बात है। इसके बाद बहुत खून बह चुका है, सांप्रदायिक नफरत फैल चुकी है और दक्षिण पंथी गुंडों में उनके एजेंडे के खिलाफ सोचने वालों पर हमला करने का पर्याप्त भरोसा आ गया था। पिछले सप्ताह, उनमें से ही कुछ लोगों ने प्रसाद को दावानागेर के एक सूनसान स्थान पर बुलाया और उन पर हमला किया। हमलावरों ने प्रसाद के चेहरे पर सिर्फ कुमकुम ही नहीं लगाया बल्कि उन्होंने यह कहते हुए धमकी भी दी, "तुम कमीने हो, हिंदू धर्म की आलोचना करने की तुम्हारी जुर्रत कैसे हुई? पिछले जन्म में किए गए पापों की वजह से तुम एक मादिगा (दलित जाति) पैदा हुए हो। तुम्हारे जैसे बदमाश को तो मार दिया जाना चाहिए। हिंदू धर्म के विरुद्ध लिखने के कारण हम तुम्हारी उंगलियां काट देंगे, हरामी कहीं के।" एक हमलावर ने तो प्रसाद का हाथ काटने के लिए ब्लेड भी निकाल लिया था। हाथ गंवाने के डर ने प्रसाद को उनका कड़ा प्रतिवाद करने की ताकत प्रदान कर दी और वह अपनी हथेली में मामूली जख्म के साथ हमलावरों से बच कर निकलने में कामयाब हो गए।

वह कहते हैं, "हिंदू धर्म की मेरी आलोचना में क्या गलत है? आंबेडकर ने भी हिंदू धर्म की आलोचना की थी। हिंदुस्तान तो असमानताओं की धरती है।" प्रसाद अपने दृष्टिकोण का बचाव करते हुए कहते हैं, "मेरा मानना

है कि दुनिया का कोई अन्य धर्म हिंदू धर्म जैसा वीभत्स नहीं है।'' साथ ही वह सवाल करते हैं, ''वे कौन सा राम राज्य स्थापित करना चाहते हैं? क्या उन्होंने कभी इस बात पर विचार किया कि राम राज्य में शंबूका जैसे शूद्र का क्या हुआ था? क्या उन्होंने कभी यह सोचा कि राम राज्य में महिलाओं को क्या स्थान प्राप्त था? सीता के मामले में क्या हुआ? हमें उनका राम राज्य नहीं चाहिए। हम प्रजाराज्य चाहते हैं जैसा कि संविधान के अंतर्गत परिकल्पित है।''

अपनी दाहिनी जख्मी हथेली की ओर इशारा करते हुए प्रसाद ने अपना आक्रोश व्यक्त करते हुए कहा कि अभी कुछ समय तक शायद लेखन कार्य नहीं कर सकूं। वह कहते हैं, ''वे द्रोणाचार्य के वंशज हो सकते हैं। हम एकलव्य के वंशज हैं।'' इसने मुझे कुवेंपू के नाटक *बेलार्ज कोराल* की याद दिला दी। जैसा कि सभी जानते हैं, द्रोण ने अपने सर्वप्रिय शिष्य अर्जुन के सर्वश्रेष्ठ धनुर्धर की छवि बचाए रखने के लिए एकलव्य से गुरु दक्षिणा में उसको अपना दाहिना अंगूठा देने के लिए बाध्य किया था। परंतु वन में रहने वाले एकलव्य के लिए जीने के लिए शिकार करना आवश्यक था। कुवेंपू का नाटक इस बिंदु के साथ खत्म होता है कि एकलव्य अपने बाएं हाथ से तीर चलाने की विधा सीख रहा है। मैंने जब प्रसाद से इसका जिक्र किया तो वह कहते हैं, ''क्या ऐसा है? मुझे यह नहीं मालूम था। जो मैं निश्चित रूप जानता हूं कि वे कभी भी मुझे या मेरी भावना को तोड़ नहीं सकेंगे। आंबेडकर ने हमें अपने आत्मसम्मान, आत्म जागरूकता और खुद खड़े होने का मूल्य सिखाया है। मैं सदैव ही उनके मार्ग का अनुसरण करूंगा।''

ठीक है, लाठी और पत्थर उनकी हड्डियां तोड़ सकते हैं, परंतु प्रसाद जैसे लोगों के दिमाग में बैठे आंबेडकर के विचार दक्षिणपंथी गुंडे कभी भी चूर चूर नहीं कर सकेंगे।

26 अक्तूबर, 2015 *बैंगलोर मिरर*

सशक्त और बुद्धिमत्तापूर्ण अभिव्यक्ति

अंधविश्वास को रोकने वाला विधेयक दक्षिणपंथी प्रचार की भेंट चढ़ा

14 सितंबर, 2014 को हजारों लेखक, प्रगतिशील विचारक, वामपंथी, बुद्धिजीवी और छात्र प्रतिष्ठित विद्वान एम. एम. कलबुर्गी की नृशंस हत्या और बुद्धिजीवियों तथा लेखकों को मिल रही धमकियों की निंदा करने के लिए धारवाड़ में एकत्र हुए थे। उसी दिन *टाइम्स ऑफ इंडिया* में एक रिपोर्ट प्रकाशित हुई जिसका शीर्षक था: 'कर्नाटक साइट्स नो कंसेंसस, किल्स एंटी सुपर्स्टिशन बिल।'

जैसा कि सर्वविदित है कि कलबुर्गी की हत्या के बाद अनेक लोगों ने कहा था कि कर्नाटक सरकार के लिए कर्नाटक अंधविश्वास रोकथाम विधेयक लाने का राज्य सरकार के लिए यही सबसे उपयुक्त समय है। यहां यह ध्यान रखने वाली बात है कि अब्राहम कवूर, एच. नरसिम्हैया या नरेंद्र दाभोलकर जैसी सोच वाले तर्कवादी कलबुर्गी नहीं थे। इसकी बजाए, वह कट्टर लिंगायत थे और लिंगायत धर्म रूढ़िवादिता और वहम का घोर विरोध करता है। फिर भी, यह संयोग ही था कि विरोध प्रदर्शन और प्रस्तावित विधेयक को चुपचाप दफ्न करने की घटना अर्थपूर्ण तरीके से उस दौर को बयां कर रही थी जिसमें हम रह रहे हैं।

2013 में, जब राज्य में कांग्रेस सत्ता में लौटी, मुख्यमंत्री सिद्दारमैया और कानून मंत्री टी. बी. जयचंद्रन ने यह शपथ ली थी कि वे अंधविश्वास के खिलाफ कानून लागू करने में व्यक्तिगत दिलचस्पी लेंगे। उनके आग्रह पर, विभिन्न क्षेत्रों के विशेषज्ञों और नेशनल लॉ स्कूल ऑफ इंडिया यूनिवर्सिटी, बेंगलुरू ने महाराष्ट्र में लागू इसी तरह के विधेयक का अध्ययन किया और

कानून बनाने के लिए एक मसौदा तैयार किया था। आरएसएस और भारतीय जनता पार्टी, बजरंग दल और विश्व हिंदू परिषद जैसे उसके कई संगठनों ने आरोप लगाया कि हिंदुओं की धार्मिक भावनाओं को आहत करने के इरादे से ही जानबूझ कर यह विधेयक लाया जा रहा है। हिंदू कट्टरपंथियों ने इस विधेयक के खिलाफ राज्य भर में जबर्दस्त दुष्प्रचार अभियान चलाया। उनके इस अभियान की वजह से ग्रामीण इलाकों में लोगों ने यह पूछना शुरू कर दिया, "क्या यह सही है कि इस विधेयक के कानून बनने के बाद हमारी महिलाओं को मंगलसूत्र और कुमकुम नहीं धारण करने दिया जाएगा?" कुछ ने तो यहां तक कहा, "ऐसा लगता है कि जल्दी ही हमें अपने घरों से अपने देवताओं की सारी मूर्तियां और चित्र भी हटाने पड़ेंगे।"

दक्षिणपंथियों ने न सिर्फ पूरे राज्य में झूठा प्रचार किया बल्कि उन्होंने अपनी खुद की अज्ञानता का भी परिचय दिया। मसलन, दक्षिण कर्नाटक भाजपा इकाई के अध्यक्ष प्रताप सिम्हा नायक ने स्वीकार किया कि उन्होंने विधेयक का मसौदा नहीं पढ़ा था। परंतु इसने उन्हें यह गलत प्रचार करने से नहीं रोका कि "विधेयक में संतों-स्वामियों की पाद पूजा और साधुओं द्वारा रूद्राक्ष की माला पहनना अंधविश्वास बताया गया है। इसलिए इसका विरोध होना चाहिए।" यही नहीं, पूर्व कानून मंत्री सुरेश कुमार ने, जिन्हें शेष मतभ्रमित भगवा ब्रिगेड की तुलना में बुद्धिमान माना जाता है, कहा, "सरकार धार्मिक क्रिया कलापों को अंधविश्वासी आचरण बताकर इस पर प्रतिबंध लगाने का प्रयास कर रही है। यदि वे यह विधेयक लाएंगे तो निश्चित ही यह एक कलंक होगा।" प्रगतिशीलता के ताबूत में आखिरी कील राज्य भाजपा अध्यक्ष प्रहलाद जोशी ने ठोंकी। विधेयक का विरोध करते हुए जोशी ने धमाकेदार दावा कियाः हिंदुओं में स्वतः ही सुधार आते हैं। बदलाव लाने के लिए कानून बनाने की आवश्यकता नहीं है।" अरे, हां, मिस्टर जोशी, मल उठाने पर प्रतिबंध लगाने के लिए किसी कानून की जरूरत नहीं थी, ये भी स्वाभाविक रूप से आ गया। और हां, निर्वस्त्र पूजा और निम्न जाति की महिलाओं पर पानी वाले रंग डालने की परंपरा किसी कानून से नहीं बल्कि हिंदुओं के आत्मनिरीक्षण से ही खत्म हो गई।

सच्चाई तो यह है कि कर्नाटक अंधविश्वास व्यवहार रोकथाम विधेयक,

2013 के मसौदे का उद्देश्य वैज्ञानिक माहौल, मानवता और शोध तथा सुधार की भावना फैलाना था। इसलिए इसका मकसद एक प्रतिमा को खुश करने के लिए मानव बलि देने की परंपरा पर प्रतिबंध लगाना, जादू टोना या काला जादू करना, मानव के शव को खाना, दैवीय शक्ति की सिद्धि होने का दावा करना, मानव शरीर को नुकसान पहुंचाने वाले अनुष्ठान करने, बच्चों के लिए खतरनाक होने वाले अनुष्ठान कराना, रजस्वला महिलाओं को एकांत में रखना और गर्भवती महिलाओं को अलग करना, महिलाओं की निर्वस्त्र परेड कराना या किसी भी तरह से उनकी गरिमा को ठेस पहुंचाना और अलौकिक तरीकों की आड़ में महिलाओं का यौन शोषण करना जैसी प्रथाओं पर प्रतिबंध लगाना था। कोई भी विवेकशील व्यक्ति इस बात से सहमत होगा कि सभ्य समाज में इस तरह की किसी भी प्रथा के लिए कोई स्थान नहीं होना चाहिए।

परंतु हिंदु कट्टरपंथियों को विधेयक के मसौदे के दो अन्य बिंदुओं ने खफा किया था। इनमें एक मेदे स्नाना (निम्न जातियों के लोगों का पत्तलों पर लोटना और ब्राह्मणों का छोड़ा गया भोजन लेना) और पंक्तिभेद (अलग जाति के आधार पर भोजन करना)। उच्चतम न्यायालय द्वारा मेदे स्नाना के बारे में नाराजगी के बावजूद यह प्रथा मेंगलोर के कुक्कु सुब्रमण्या मंदिर और दूसरे स्थानों पर अभी भी जारी है। पंक्तिभेद का जहां तक संबंध है, अधिकांश हिंदू मंदिरों और मठों में यह परंपरा जारी है। उगाड़ी दिवस पर 2014 में मणिपाल में व्याख्याता वनीता शेट्टी उदुपी स्थित कृष्ण मंदिर गई थीं। प्रसाद ग्रहण करने के लिए वह अपने कुछ मित्रों के साथ खाने के लिए बैठ गईं। लेकिन, भोजन कक्ष की व्यवस्था देख रहे ब्राह्मणों ने उनकी जाति पूछी। उन्होंने जब यह कहा कि वह बंट जाति की हैं, उन्हें अपमानजनक तरीके से बाहर निकाल दिया गया। मादे स्नाना ब्राह्मणों की श्रेष्ठता का सूचक है, पंक्तिभेद जातियों के आधार पर भेदभाव को लागू करता है।

यदि यह विधेयक पारित हो गया होता तो इन कुरीतियों का अनुसरण करने वाले अनेक मठों के पुजारियों को जेल की सजा मिलती।

कानून मंत्री जयचंद्र ने अंधविश्वास निरोधक विधेयक पारित कराने में अपनी असमर्थता व्यक्त की। *टाइम्स ऑफ इंडिया* के अनुसार उन्होंने कहा, "जो लोग यह विधेयक चाहते थे, उनकी कोई आवाज नहीं थी, जो

इसके खिलाफ थे उन्हें बहुत अधिक प्रचार मिला था।'' जयचंद्र जी, आप गलत थे। कृपया उन हजारों व्यक्तियों की आवाज सुनिए जो सोमवार को धारवाड़ में एकत्र हुए थे। उन सभी ने जोर दिया था कि यह विधेयक जल्द से जल्द पारित कराया जाए। उनकी अभिव्यक्ति ताकतवर ही नहीं है, बल्कि यह सुधारवाद विरोधी और पीछे की ओर धकेलने वाले नायक, कुमार, जोशी और दूसरे तत्वों से कहीं अधिक बुद्धिमत्तापूर्ण थी।

15 सितंबर, 2015 *बैंगलोर मिरर*

चीता मोदी और उसके निशान

मोदी संघ परिवार के दूसरे हुड़दंगियों और मोदी में कोई फर्क नहीं है

क्या मुख्यधारा का मीडिया और राजनीतिक टीकाकार कृपा करके विष वमन करने वाली हिंदुत्व ब्रिगेड को 'हाशिए के तत्व' या 'हाशिए पर बैठे तत्व' बताना बंद करेगी? हालांकि वे ऐसा कर रहे हैं, क्या वे प्रधानमंत्री नरेंद्र मोदी से यह अपेक्षा करना बंद करेगी कि वे बोलें और पहले से ही बनी मोटी चमड़ी वाली छवि से मुक्ति पा लें? ये दो अनुरोध लगातार किए जा रहे हैं और ऐसा लगता है कि हर कोई इस उन्मादी ब्रिगेड को मोदी से अलग करना चाहता है और यह अपेक्षा करता है कि किसी न किसी तरह वह इन कट्टरपंथियों को नियंत्रित करें। वे इस तथ्य का सामना करने से इन्कार कर रहे हैं कि मोदी भी हिंदुत्व ब्रिगेड की ही पैदावार हैं और उसका अंग हैं। वास्तव में, यह कहना गलत नहीं होगा कि यह मोदी ही हैं जो नफरत वाले उस नाटक के पटकथा लेखक, निदेशक और निर्माता हैं जो 2014 में केंद्र में भाजपा की सरकार के सत्ता में आने के समय से पिछले 18 महीने से चल रहा है।

क्या यह दूर की कौड़ी है? ठीक है, आइए कुछ दृष्टांतों पर नजर डालते हैं।

उन्नाव से भाजपा के सांसद साक्षी महाराज ने यह कहा है, "चार बीवियों और 40 बच्चों की अवधारणा अब भारत में काम नहीं करेगी।" केंद्रीय राज्य मंत्री साध्वी निरंजन ज्योति ने दिल्ली में मतदाताओं से कहा कि उन्हें 'रामजादों' और 'हरामजादों' के बीच चयन करना है। भाजपा के टिकट पर उत्तर प्रदेश विधान सभा के लिए पुरकाजी निर्वाचन क्षेत्र से चुनाव

में असफल रहने वाली विश्व हिंदू परिषद की नेता साध्वी प्राची ने दावा किया है, "वे (मुस्लिम) लव जिहाद के जरिए हमारी बेटियों को फंसा रहे हैं। ये लोग, जो 35-40 बच्चों को पैदा करते हैं...हिंदुस्तान को दारूल इस्लाम बनाने का प्रयास कर रहे हैं।" विहिप के एक अन्य नेता शंकराचार्य वासुदेवानंद सरस्वती ने सुझाव दिया था कि "हिंदू महिलाओं को दस बच्चे पैदा करने चाहिए ताकि हिंदू धर्म अल्पसंख्यक न बन जाए।"

मोदी भले ही इन मुद्दों पर अभी मौन व्रत रखे हों। परंतु आइए देखते हैं कि उन्होंने पहले मुसलमानों के बारे में क्या कहा था। गुजरात में 2002 के दिल दहलाने वाले दंगों के तुरंत बाद मोदी ने मेहसाणा जिले में एक सभा में कहाः "हम उनके लिए राहत शिविर क्यों चलाएं? राहत शिविर तो वास्तव में बच्चे पैदा करने वाली फैक्टरी हैं। वे जो आबादी को बढ़ाते रहते हैं, उन्होंने सबक सिखाया जाना चाहिए।"

हंगामेबाज़ साक्षी महाराज ने गौ हत्या करनेवालों को मौत की सजा देने की हिमायत की थी। साध्वी प्राची को एक बार फिर उद्धृत करते हैं, उन्होंने घोषणा की थी कि जो कोई भी बीफ खाने का दुस्साहस करेगा उसे दादरी के 55 वर्षीय अखलाक की तरह ही पीट पीट मार दिया जाना चाहिए। भारत के सांस्कृतिक मंत्री महेश शर्मा ने कहा था, "एक हिंदू को गाय उसकी मां की याद दिलाती है, अतः मांस के लिए गौ वध करना किसी की मां की हत्या करने के समान है।" केंद्रीय कृषि और खाद्य प्रसंस्करण मंत्री संजीव बलियान ने कहा था कि यदि गौ हत्या नहीं रोकी गई तो दादरी जैसी और घटनाएं होंगी। भाजपा सांसद योगी आदित्यनाथ के संगठन ने तो दादरी की घटना के बाद बिसाहड़ा गांव के हिंदुओं को बंदूकें देने की भी पेशकश की थी।

आइए, गौ हत्या पर मोदी के नजरिए को देखते हैं। जैन कारोबारियों के एक सम्मेलन को 2012 में संबोधित करते हुए मोदी ने कहा था, "इस साल, केंद्र ने कहा है कि भारत दुनिया का सबसे बड़ा बीफ निर्यातक देश है। क्या यही है जिस पर हमें गर्व है? भाइयों और बहनों, मैं नहीं जानता कि क्या इससे आप दुःखी है परंतु मेरा दिल इस पर चीत्कार करता है। मैं समझ नहीं पा रहा हूं कि आप सब खामोश क्यों हैं, क्यों आप लोग इसे चुपचाप सह रहे हैं?"

बाद में, 2014 के चुनावों के दौरान 'पिंक रिवोल्यूशन' मोदी का प्रिय जुमला था। बिहार में एक चुनावी रैली में मोदी ने कहा, ''ग्रामीण इलाकों में हमारे पशुओं का वध किया जा रहा है। हमारे मवेशियों को हमारे गांवों से चोरी किया जा रहा है और उन्हें बांग्लादेश ले जाया जा रहा है। पूरे भारत में भी बड़ी संख्या में कत्लखाने चल रहे हैं। और यही पर्याप्त नहीं है। दिल्ली सरकार किसानों या यादवों को गाय पालने के लिए सब्सिडी नहीं देगी परंतु वह उन लोगों को सब्सिडी देगी जो गौवध करते हैं, जो पशुओं का वध करते हैं, जो हमारी दूध की नदियों को नष्ट कर रहे है और कत्लखाने लगा रहे हैं।''

वास्तविकता तो यह है कि महेश शर्मा, संजीव बलियान और भगवा ब्रिगेड के दूसरे लोगों की तरह ही मोदी भी इसमें विश्वास करते हैं कि हिंदुओं को राणा प्रताप का अनुसरण करना चाहिए जिन्होंने, वे कहते हैं, लड़ाइयां लड़ीं और गाय के संरक्षण के लिए युवाओं का बलिदान किया। जब सोनिया गांधी का जिक्र आता है तो मोदी कटु भाषा बोलने वाले गिरिराज सिंह से बहुत पीछे नहीं हैं। सिंह को कैमरे पर यह कहते हुए रेकॉर्ड किया गया था, ''यदि राजीव गांधी ने 'गोरी चमड़ी' वाली सोनिया गांधी की बजाए एक 'नाइजीरियाई' महिला से शादी की होती तो कांग्रेस पार्टी ने उन्हें अपना नेता स्वीकार नहीं किया होता।'' मोदी को भी यह कहते सुना गया, ''इटली की बेटी ने यह खुला प्रमाण पत्र दिया है कि हमने महात्मा गांधी और सरदार पटेल की भूमि का अपमान किया है...महात्मा गांधी कहा करते थे कि इन गोरे लोगों को बाहर खदेड़ो।'' परंतु कांग्रेस ने क्या किया? उन्होंने कहा कि अरे, गोरे लोगों, कृपा करके आओ, हमारी कांग्रेस के अध्यक्ष बनो।''

जब भगवा गुंडे अपना जहर उगलते हैं तो पाकिस्तान कभी भी उनके विचारों से बहुत अधिक पीछे नहीं है। अप्रेल, 2014 में, भाजपा नेता गिरिराज सिंह ने कहा था, ''मोदी की आलोचना करने वालों को पाकिस्तान चले जाना चाहिए।'' सिंह को इस तरह की टिप्पणी करने पर फटकार नहीं लगाई गई। इसकी बजाए उन्हें मोदी के मंत्रिमंडल में मंत्री बनाकर पुरस्कृत किया गया। भाजपा अध्यक्ष अमित शाह ने हाल ही में (29 अक्तूबर, 2015) को बिहार की एक चुनाव सभा में कहा, ''इस चुनाव में अगर भाजपा हार गई तो

पाकिस्तान में पटाखे फूटेंगे।'' उन्हें यह गलतफहमी थी कि चुनाव में इसी तरह उसे भी पुरस्कृत किया जाएगा।

आलोचकों और पाकिस्तान के संदर्भ में मोदी कहां खड़े हैं? जम्मू कश्मीर में 2014 में एक रैली में मोदी ने अपने राजनीतिक प्रतिद्वंद्वियों को ''पाकिस्तान के एजेंट और भारत के दुश्मन'' कहा था। क्या कोई भी हिंदुत्व ब्रिगेड और मोदी के पिछले कथनों के बीच किसी प्रकार का अंतर पा सकता है? क्या महाराज और गिरिराज सिर्फ उन्हीं संवादों को दोहरा नहीं रहे हैं जो इससे पहले उनके 'अर्धदेवता' द्वारा बोले गए थे?'' चूंकि ये सभी एक ही डीएनए के हैं, ऐसी स्थिति में क्या हमारे लिए यह अपेक्षा करना हास्यास्पद नहीं है कि चीता अपने निशान छोड़ देगा?

9 नवंबर, 2015, *बैंगलोर मिरर*

अंधविश्वास के खिलाफ एक मंत्री की जंग

श्मशान में भोज के साथ जरकिहोली, आंबेडकर को याद करते हैं

2013 से कर्नाटक सरकार के लघु उद्योग मंत्री सतीश जरकिहोली छह दिसंबर एक विशिष्ट तरीके से मनाते हैं। डॉ. भीमराव आंबेडकर की पुण्य तिथि को अंधविश्वास विरोधी दिवस के रूप में मनाते हुए जरकिहोली अपना दिन (और रात) बेलागवी के श्मशान में बिताते हैं।

हालांकि जरकिहोली मुख्य धारा के राजनीतिक हैं जिन्हें चुनाव जीतने के लिए अपने मतदाताओं को खुश करना होता है, लेकिन उन्होंने अंधविश्वास के विपरीत दिशा में चलना पसंद किया है। मानव बंधुत्व वेदिका के तत्वाधान में जिसकी स्थापना जरकिहोली ने की है, 2014 में सदाशिवनगर श्मशान में एक बड़ा कार्यक्रम आयोजित किया गया था। इस आयोजन में हजारों की संख्या में आम आदमी, सैकड़ों कार्यकर्ता, लिंगायत मठों के धर्माचार्य और दूसरे धर्मों के नेता शामिल हुए। इन सभी ने इस बारे में विचार व्यक्त किए कि किस तरह अंधविश्वास में भरोसा रखने की वजह से गरीब और पिछड़े लोग अंधकार में रह रहे हैं। सभी ने इसका मुकाबला करने के उपायों पर चर्चा की और सामूहिक भोजन में हिस्सा लिया, हालांकि उस समय भी कुछ मृतकों को दफनाया जा रहा था या उनका दाहसंस्कार किया जा रहा था।

दिन ढलने पर हालांकि शेष सभी लोग चले गए थे लेकिन जरकिहोली और उनके मुट्ठी भर दूसरे लोगों ने श्मशान में ही लगाए गए टेंट में रात गुजारी। इसी तरह का कार्यक्रम इस साल भी आयोजित किया गया। यह पहला अवसर नहीं था जब जरकिहोली ने अंधविश्वास के खिलाफ सार्वजनिक

रूप से ऐसा कुछ किया। ज्योतिषियों के अनुसार चंद्र ग्रहण के दौरान किसी को भी कुछ खाना पीना नहीं चाहिए। इस तरह के ज्योतिषियों को मानने वाले लोग घर में भंडार किया गया सारा पानी फेंक देते हैं, ताजा जल भरते हैं और ग्रहण के दुष्प्रभावों से मुक्ति के लिए पूरा घर साफ करते हैं।

इन ज्योतिषियों और उनके अंध भक्तों को गलत सिद्ध करने के इरादे से जरकिहोली ने 2014 में चंद्र ग्रहण के दौरान चाय और वड़ा पाव कार्यक्रम आयोजित किया। अशुभ मानी जाने वाली महालय अमावस्या के दिन अपने बाल कटाते हुए अपनी फोटो फेसबुक पर डाली और इसे व्हाट्सऐप के माध्यम से लोगों को भी भेजा।

अज्ञेयवादी जरकिहोली का दृढ़ विश्वास है कि जाति, धर्म और अंधविश्वास 'निम्न' समुदायों को दबाकर रखने और अपना आरामदायक जीवन सुनिश्चित करने के लिए पुजारी वर्ग ने ही इसे बनाया था। वह कहते हैं, "ईश्वर या भूत नहीं होता है। मैं लोगों के सामने यह साबित करना चाहता हूं। इसीलिए मैं इस तरह के कार्यक्रम आयोजित करता हूं।"

बुद्ध, बसवण्णा और आंबेडकर के पक्के अनुयायी, जरकिहोली जानते हैं कि मतदाताओं के विश्वास के खिलाफ जाने पर वह उनके कोपभाजन का शिकार बन सकते हैं। विधान सभा में एमकानामार्डी निर्वाचन क्षेत्र का प्रतिनिधित्व करने वाले जरकिहोली घोषण करते हैं, "मैं जानता हूं कि एक राजनीतिक व्यक्ति के रूप में मैं लोगों की आस्था के छत्ते में सीधे अपना हाथ डालने का जोखिम उठा रहा हूं। ठीक है, जनता में जागरूकता लाने का प्रयास करने की वजह से बौद्ध धर्म को भी देश से बाहर खदेड़ दिया गया था। 12वीं सदी में बसवण्णा को भी, जो समता मूलक समाज के लिए संघर्ष कर रहे थे, हमारे अपने ही लोगों ने मंत्री के रूप में पद त्यागने के लिए बाध्य किया था। उनकी तरह ही, यदि मैं सत्ता गंवाता हूं तो मुझे इसकी परवाह नहीं है। मैं अंधविश्वास के खिलाफ अकेले ही अपनी जंग जारी रखूंगा।"

जरकिहोली चुनाव से पहले अपना नामांकन पत्र दाखिल करते समय 'राहु काल' आदि नहीं देखते हैं। वह न तो मंदिर जाते हैं और न ही होम

और हवन करते हैं। पिछले साल, अपने बच्चों की शिक्षा की सुविधा के लिए वह अपने पैतृक गांव गोकक से बेलागवी आ गए। वह वाकपटुता के साथ कहते हैं, "यह नए घर में हमारे आने के बाद की बात है कि मुझे पता चला कि लोगों ने इस घर में रहने से इन्कार कर दिया था क्योंकि इसका निर्माण एक श्मशान पर किया गया था। चूंकि मैं पुनर्जन्म या भूतों में यकीन नहीं करता हूं, मृत लोग मुझे और मैं उन्हें परेशान नहीं करते।"

निश्चित ही, नए आशियाने में आने से पहले गृह प्रवेश या अन्य किसी प्रकार का समारोह आयोजित नहीं किया गया था। कुछ समय के लिए, जरकिहोली समय न्यूज चैनल के मालिक थे। हालांकि चैनल वित्तीय संकट में था, उन्होंने किसी ज्योतिषी या वास्तु शास्त्र विशेषज्ञ की सलाह लेने से इन्कार कर दिया। जरकिहोली, जिन्होंने बाद में वित्तीय घाटे पर काबू पाने के लिए चैनल बेच दिया, कहते हैं, "इस चैनल को खरीदने का मकसद तर्कवाद को बढ़ावा देना था। कुछ लोगों ने ज्योतिष और वास्तु शास्त्र जैसे मंबो-जंबो कार्यक्रमों के प्रसारण के लिए 50 लाख रुपए प्रतिमाह तक देने की पेशकश की। मैंने झुकने से इन्कार कर दिया।"

अंधविश्वास के खिलाफ उनकी लड़ाई दो दशक से भी अधिक पुरानी है। वह बताते हैं, "जब मेरी शादी हुई तो इसकी रस्में संपन्न कराने के लिए कोई पुरोहित नहीं था। फिर भी, मैं और मेरी पत्नी खुशहाल जीवन बिता रहे हैं। मैं भगवान की आराधना में समय नष्ट नहीं करता हूं। न तो बिल गेट्स और न ही मैंने कभी देवी लक्ष्मी की कभी भी पूजा अर्चना की। फिर भी, वह आज अरबपति है जबकि मेरा 600 करोड़ रुपए का कारोबार है। मां सरस्वती की पूजा करने की बजाए, मैं समझता हूं कि सावित्री बाई फुले, जिन्होंने लड़कियों के लिए पहला स्कूल खोला, का स्मरण करने में अधिक समझदारी है।"

जरकिहोली जोर देकर कहते हैं, "भारत ने बुद्ध, बसवण्णा, आंबेडकर, जोतिबा फुले, पेरियार और नारायण गुरु जैसे अनेक समाज सुधारक देखे हैं। फिर भी, इतने अधिक लोग अभी भी गरीब और जाहिल क्यों हैं? क्योंकि वे समाज सुधारकों के उपदेशों को भूल गए हैं और उन्हीं लोगों पर विश्वास

करते हैं जो सदियों से उनका शोषण करते आ रहे हैं। जब हम अपने समाज सुधारकों के विचारों का अनुसरण करेंगे तभी हमारा देश प्रगति करेगा।"

जरकिहोली एक राजनीतिक व्यक्ति हैं। परंतु जब अंधविश्वास और अंध आस्था के खिलाफ दृढ़ रुख अपनाना होता है और सामाजिक बुराइयों के खिलाफ संघर्ष के लिए अपनी जेब से पैसा खर्च करना होता है तो वह पीछे हटने वाले नेता नहीं हैं।

7 दिसंबर, 2015, *बैंगलोर मिरर*

आत्महत्या और जाति की राजनीति

एबीवीपी और भाजपा ने रोहित वेमुला को मौत के मुंह पर धकेला

इस समय जब मैं अपना यह स्तंभ लिख रही हूं, देश भर में हजारों छात्र राहित वेमुला की मृत्यु को लेकर विरोध प्रदर्शन कर रहे हैं। यह रोहित कौन था?

26 वर्षीय रोहित तीक्ष्ण बुद्धि और कौतुहल रखने वाला एक युवक था। यद्यपि वह गुंटूर में एक गरीब परिवार से आया था, परंतु वह इतना बुद्धिमान था कि उसे दो जूनियर रिसर्च फेलोशिप मिल गई थी। फेसबुक पर उसने अपनी पोस्टें डाली थीं, उनसे पता चलता था कि उसे अपनी सिगरेट पसंद थी, बीयर का आनंद लेता था और दोस्तों के साथ बाहर घूमना पसंद था। इनसे यह भी पता चलता है कि वह सामाजिक दृष्टि से जागरूक था। मसलन, आंबेडकर जयंती पर दो साल पहले उसने लिखा था, "आइए हम एक ऐसे समाज की कामना करें जहां एक दूसरे के प्रति समता, करुणा और प्रेम हो...ऐसा माहौल हो जहां हम कोई भी सांप्रदायिक दंगा नहीं देखें और जहां हम बच्चों की वंशावली के परे जाकर उनके चेहरों पर मुस्कान देख सकें...।"

हाल में इससे भी अधिक, उसने एम. एम. कलबुर्गी की हत्या की निंदा की और मुख्यमंत्री सिद्दारमैया की यह कहने के लिए प्रशंसा की, "मैं बीफ खाऊंगा, आप कौन होते हैं मुझसे पूछने वाले?" साथ ही उसने सावित्री बाई फुले की जयंती के अवसर पर उनके कथन को उद्धृत किया, उस्मानिया विश्वविद्यालय में आयोजित बीफ फूड महोत्सव का समर्थन किया और पठानकोट में भारतीय जवानों के शहीद होने पर शोक व्यक्त किया। संक्षेप

में, रोहित एक संवेदनशील और उदार व्यक्ति था जो समता में विश्वास करता था। एक पोस्ट में उसने ख़ुद को 'जीवन-समर्थक आंबेडकरी' बताया था। ऐसा क्या हुआ कि जीवन समर्थक इस युवक ने अपना जीवन समाप्त कर लिया?

हालांकि वामपंथ ने दिल्ली स्थित जवाहरलाल नेहरू विश्वविद्यालय में दक्षिणपंथ को अपना ठिकाना नहीं बनाने दिया परंतु देश भर में शेष सभी शैक्षणिक संस्थाओं ने उन्हें खुली छूट दी। उनका मुख्य मकसद अपने सांप्रदायिक पाले में युवाओं की भर्ती करना है, कई बार इसकी वजह से हिंसक मौतें भी हुई हैं। उदाहरण के लिए, 2006 में इंदौर में एक कॉलेज के प्रधानाचार्य को हृदय आधात हो गया जब अखिल भारतीय विद्यार्थी परिषद के सदस्यों ने उनका घेराव कर लिया, 2010 में अखिल भारतीय विद्यार्थी परिषद के सदस्य गुजरात विश्वविद्यालय के कुलपति परिमल त्रिवेदी के घर में जबरन घुस गए और उनसे मारपीट की, 2011 में उज्जैन में प्रो सुंदर सिंह ठाकुर की अखिल भारतीय विद्यार्थी परिषद के सदस्यों द्वारा उनके सहयोगी की पिटाई का दृश्य देखने के बाद सदमे से मौत हो गई। हमारे अपने राज्य कर्नाटक में, 2005 में, अखिल भारतीय विद्यार्थी परिषद के सदस्यों ने प्रो. वी. एस. श्रीधर पर नक्सलियों के प्रति सहानुभूति रखने का आरोप लगाते हुए उनके साथ निर्दयता का आचरण किया था।

हाल के दिनों में, पिछड़े वर्ग और अनुसूचित समुदाय के छात्रों ने भगवा ब्रिगेड का प्रतिरोध करना शुरू कर दिया है। आंबेडकर, पेरियार, नारायण गुरु, जोतिबा फुले जैसे समाज सुधारकों के कामों से प्रेरित होकर उन्होंने अनेक अभियान चलाए। स्वाभाविक है, इसने भगवा समर्थकों को नाराज कर दिया। पिछले साल, प्रतिष्ठित आईआईटी, मद्रास के छात्रों ने आंबेडकर पेरियार स्टडी सर्किल बनाया और सांप्रदायिकता तथा वैश्वीकरण के खिलाफ व्याख्यान आयोजित करने शुरू किए तो मानव संसाधन विकास मंत्री स्मृति ईरानी को एक गुमनाम पत्र लिखा गया। इसके तुरंत बाद इस स्टडी सर्किल को अमान्य कर दिया गया।

अब, हैदराबाद में मुक्त विश्वविद्यालय की बारी थी। पिछले साल जब याक़ूब मेमन को फांसी पर लटकाया गया तो आंबेडकर स्टूडेंट्स एसोसिएशन (एएसए), जिसका रोहित एक सक्रिय सदस्य था, ने विरोध किया था क्योंकि

वे मृत्यु दंड के खिलाफ थे। दिल्ली विश्वविद्यालय में जब एबीवीपी ने *मुजफ्फरनगर बाकी है* का प्रदर्शन जबरन रुकवा दिया तो एएसए ने इसका भी विरोध किया था। विश्वविद्यालय में एबीवीपी के अध्यक्ष सुशील कुमार ने एएसए की फेसबुक पर यह कहते हुए आलोचना की, "एएसए के गुंडे गुंडागर्दी के बारे में बात कर रहे हैं—हास्यास्पद महसूस कर रहा हूं।" एएसए के सदस्यों को लगा कि सुशील कुमार आंबेडकरवाद को गुंडा बता रहे हैं तो उन्होंने उनको आड़े हाथ लिया और माफी मांगने को कहा। शायद वह कम संख्या में थे, इसलिए एबीपीवी नेता ने अपना बयान वापस ले लिया।

उदार दलितों और सांप्रदायिक भगवाधारियों में टकराव यहीं पर खत्म नहीं हुआ। अगले दिन सुशील कुमार ने आरोप लगाया कि एएसए के सदस्यों ने उन पर हमला किया था। भाजपा के पार्षद रामचंद्र राव और आरएसएस तथा एबीवीपी के अनेक सदस्यों ने मुक्त विश्वविद्यालय के कुलपति पर दबाव बनाया। सिकंदराबाद के सांसद बंडारू दत्तात्रेय ने भी स्मृति ईरानी को पत्र लिखा और कहा कि चूंकि विश्वविद्यालय "जातिवादियों, चरमपंथियों और राष्ट्र विरोधी तत्वों का ठिकाना" बन गया है, इसलिए एएसए के सदस्यों के खिलाफ कार्रवाई की जानी चाहिए। एक जांच समिति का गठन हुआ। यद्यपि समिति ने कहा कि उसे इस बात का "कोई ठोस साक्ष्य नहीं" मिला है कि एएसए के सदस्यों ने सुशील कुमार पर हमला किया, इसके बावजूद उसने रोहित सहित पांच दलित छात्रों के निलंबन की सिफारिश कर दी।

इस तथ्य के बावजूद कि उसका शैक्षणिक जीवन समाप्त होने जा रहा है, रोहित ने तब अपनी फेसबुक पर टिप्पणी कीः "मेरे मित्र जिन्होंने सामाजिक विषमता और अंधविश्वास के खिलाफ मेरी आवाज दबाने का प्रयास किया है, मैं उनसे एक बात साफ साफ कहना चाहूंगाः प्यारे साथियों, कभी भी सूती दरी से चिन्गारी को बुझाने का प्रयास मत करो...अत्यधिक ज्वलनशील है...। गोपाराजू रामचंद्र राजू और नरेंद्र दाभोलकर जैसे महानुभावों द्वारा दिखाए गए रास्ते पर विशिष्ट वैचारिकता और अंधविश्वास के खिलाफ मेरी जंग जारी रहेगी।"

एएसए ने जब साक्ष्यों के अभाव के बावजूद इन छात्रों के निलंबन पर आपत्ति की तो कुलपति ने निलंबन वापस ले लिया और नए सिरे से

जांच के लिए एक नई समिति बनाने के लिए सहमत हो गए। कुछ सप्ताह बाद, मोदी सरकार ने पोडिले अप्पाराव को विश्वविद्यालय का नया कुलपति नियुक्त कर दिया। किसी को भी, निश्चित ही एएसए के सदस्यों को, यह नहीं मालूम कि अप्पाराव ने नई समिति गठित की या नहीं। सभी को यह पता था कि 20 दिसंबर को एएसए के पांच सदस्यों को अपमानजनक तरीके से उनके छात्रावास के कमरों से बाहर निकाल दिया गया था और उनसे कहा गया था कि वे परिसर में दूसरी कॉमन जगहों में भी प्रवेश नहीं करें। हकीकत में उन्हें विश्वविद्यालय ने 'अछूत' बना दिया था।

इसी तरह के सामाजिक बहिष्कार के खिलाफ रोहित वेमुला जैसे युवा संघर्ष करते रहे हैं। यद्यपि रोहित ने अपनी पहले की पोस्ट में कहा था कि "मैं जो लड़ाई लड़ रहा हूं उसके परिमाण को जानता था।" शिक्षा की सीढ़ी तक पहुंचने के लिए संघर्ष करने वाले रोहित को बाहर किया जाना थका देने वाला रहा होगा।

हम चाहें जितना जाति के मुद्दे को दबाना चाहें, हमें यह मानना ही पड़ेगा कि रोहित की मौत जातीय राजनीति का ही नतीजा थी। यदि हम इस तथ्य को स्वीकार नहीं करेंगे तो और अधिक रोहित वेमुला समता के लिए अपनी लड़ाई में थकते जाएंगे।

19 जनवरी, 2016 *बैंगलोर मिरर*

राष्ट्रवाद से ऊपर है मानवतावाद

कन्हैया कुमार और उमर खालिद को ही है राष्ट्र की सच्ची परवाह

जवाहरलाल नेहरू विश्वविद्यालय में 9 फरवरी, 2016 को कन्हैया कुमार के छू लेनेवाले भाषण ने मेरे मन में उसके प्रति एक जगह बना दी। मैंने सोचा कि इस युवक का दिल और दिमाग सही स्थान पर है। क्योंकि उसके प्रत्येक शब्द ने मुझे यह स्मरण कराया कि हमारे देश को क्या होना चाहिए।

डेढ महीने बाद, आज सवेरे जब मैंने उमर खालिद को उसी परिसर में अपने विचार रखते देखा, तो मुझे रबींद्रनाथ टैगोर की कविता याद आ गई, "जहां मस्तिष्क निर्भय है।" इस कविता में उस स्थिति की कल्पना की गई है जिसमें भारत एक ऐसा देश बन रहा है जहां ज्ञान पूरी तरह मुक्त है, जहां समाज जाति, समुदाय, लिंग के आधार पर खंडित नहीं है, जहां लोग निपुणता के लिए प्रयत्नशील हैं और जहां हर व्यक्ति का सिर ऊंचा है। स्पष्ट है, उमर, टैगोर की कल्पना वाले भारत का सदस्य है।

मैं सोचती हूं कि कन्हैया और उमर जो हैं वैसे ही बनने के लिए हमारे शेष युवकों को प्रयास करना चाहिए। कन्हैया एक छोटे गांव में रहने वाले गरीब परिवार से आता है। उसने अपने स्कूल और कॉलेज के दिनों में आर्थिक परेशानियों का सामना किया। फिर भी, वह इतना मेधावी था कि उसे जेएनयू में दाखिला मिल गया जो प्रवेश के लिए देश भर से हर साल आने वाले हजारों छात्रों को लौटा देता है।

उमर एक रूढ़िवादी परिवार से आता है परंतु उसने भी अपनी धार्मिक बेड़ियों को तोड़ने के लिए संघर्ष किया है। उसने एक अमेरिकी विश्वविद्यालय की छात्रवृत्ति ठुकरा दी ताकि वह अपने ही देश में आदिवासियों की दुर्दशा की स्थिति का अध्ययन कर सके। वह जानता है कि इसमें उसकी जान

के लिए खतरा है, फिर भी उसकी हिम्मत थी कि वह परिसर में लौटे और यह घोषणा करे कि वह डर के साथ नहीं जिएगा और वह खामोश नहीं रहेगा।

दोनों ने ही स्वीकार किया कि वे नास्तिक हैं और वामपंथी यूनियनों के सदस्य हैं। इसके बाद भी, एबीवीपी, भाजपा के सांसद महेश गिरि, जेएनयू के कुलपति जगदीश कुमार, दिल्ली के पुलिस आयुक्त बी. एस. बस्सी और टेलीविजन चैनलों के कुछ प्रस्तोताओं ने उस छेड़छाड़ किए गए वीडियो क्लिप पर भरोसा किया जिसमें 'अल्लाहु अकबर' और 'इंशा अल्ला' जैसे नारे सुनाई पड़ रहे थे।

उन लोगों के लिए इन छात्रों को राष्ट्र विरोधी बताने और यह राय बनाने के लिए इतना ही पर्याप्त था कि जेएनयू खतरनाक तत्वों के पनपने का अड्डा बन रहा है। सही सोच वाला कोई भी व्यक्ति यह सोचने के लिए मजबूर होता, "क्या? वामपंथियों के विरोध प्रदर्शन में अल्लाहु अकबर और इंशा अल्लाह के नारे?" यदि उन्होंने इतना धैर्य दिखाया होता तो वह इस तरह की हास्यास्पद स्थिति से बच जाते जिसका वे अब सामना कर रहे हैं।

कन्हैया और उमर के खिलाफ राष्ट्र द्रोह के आरोप ताश के पत्तों की तरह बिखर जाने के बाद शर्मसार भाजपा राष्ट्रीय ध्वज की आड़ लेने का हथकंडा अपनाने लगी। मानव संसाधन विकास मंत्री स्मृति ईरानी ने सभी केंद्रीय विश्वविद्यालयों को अपने परिसरों में राष्ट्रीय ध्वज फहराने का आदेश दिया। यह बहुत ही अजीब था कि इसी जेएनयू, जिस पर राष्ट्र विरोधी तत्वों के पनपने का आरोप भगवा ब्रिगेड लगा रही थी, में कई सालों से राष्ट्रीय ध्वज लहरा रहा है।

परंतु दुर्भाग्य की बात यह है कि अराजकता और सांप्रदायिक गतिविधियों पर पर्दा डालने के लिए अब इस तिरंगे का इस्तेमाल किया जा रहा है। मसलन, कुछ वकीलों ने उच्चतम न्यायालय की अनदेखी करते हुए अदालत परिसर में ही लोगों से मारपीट की। और जब उनकी निंदा की गई, तो उन्होंने राष्ट्रीय ध्वज हाथ में लेकर विरोध जुलूस निकाला। आरएसएस ने, जिसने 50 साल से भी अधिक समय तक नागपुर स्थित अपने मुख्यालय में राष्ट्रीय ध्वज फहराने से इन्कार किया, कहा कि मुस्लिम समुदाय की देशभक्ति साबित करने के लिए देश की सभी मस्जिदों पर राष्ट्रीय ध्वज फहराया जाना चाहिए। हालांकि हुबली में कोई भी मंदिर राष्ट्रीय ध्वज नहीं फहराता, भाजपा ने कुछ

दशक पहले ईदगाह मैदान में जबर्दस्ती राष्ट्रीय ध्वज फराने के लिए राष्ट्रव्यापी अभियान चलाया था।

कन्हैया और उमर जैसे लोगों के लिए राष्ट्रभक्ति राष्ट्रीय ध्वज लहराने में नहीं रहती है। इसकी बजाए, राष्ट्रभक्ति का सरोकार हाशिए पर पड़े लोग, शोषित और दबे कुचले लोग तथा अपनी बेहतरी के लिए काम करने वालों के प्रति है। यह "भारत माता की जय" का नारा नहीं लगाने वालों की मां, बहनों से बलात्कार की धमकी देने से नहीं बल्कि महिलाओं के प्रति सम्मान रखने से है। यह हर व्यक्ति पर हिंदुत्व थोपती नहीं है बल्कि भारत में धार्मिक, भाषाई, सांस्कृतिक, पारंपरिक और अन्य विविधताओं को संरक्षण प्रदान करती है। यह आरएसएस के एजेंडे पर नहीं चल रही है बल्कि गांधी, आंबेडकर, जोतिबा फुले, पेरियार और अन्य महानुभावों के आदर्शों को अभिव्यक्त करती है। मेरे दृष्टिकोण से कन्हैया और उमर सच्चे देशभक्त हैं जो वास्तव में इस देश के लोगों की चिंता करते हैं। वैसे भी, आखिर राष्ट्र भक्ति क्या है यदि आप उन लोगों की चिंता नहीं करें जिनका प्रतिनिधित्व राष्ट्रीय ध्वज करता है। जेएनयू के छात्रों के खिलाफ जब आरएसएस प्रायोजित नाटक चल रहा था, तो बस्सी, जिन्होंने यह साबित कर दिया कि वह सत्ता के विदूषक और कठपुतली दोनों ही हैं, ने आज कहा है कि अपनी बेगुनाही साबित करने की जिम्मेदारी छात्रों की है। क्या वह यह भूल गए कि हमारे देश के कानून के मुताबिक एक व्यक्ति को उस समय तक निर्दोष माना जाता है जब तक कि वह दोषी साबित नहीं हो जाए? सिर्फ इसलिए कि बस्सी यह साबित करने में विफल हो गए कि छात्र राष्ट्रविरोधी थे, क्या अब उन्हें यह साबित करना होगा कि वे राष्ट्र भक्त भारतीय हैं?

मुझे टैगोर के ही एक अन्य उद्धरण के साथ इसे समाप्त करने दीजिएः "राष्ट्रभक्ति हमारा अंतिम आध्यात्मिक आश्रय नहीं हो सकता, मेरा आश्रय तो मानवता है। मैं हीरे की कीमत पर शीशा नहीं खरीदूंगा, और मैं मानवता के ऊपर राष्ट्र भक्ति को अपने जीते जी जीतने नहीं दूंगा।"

22 फरवरी, 2016, *बैंगलोर मिरर*

गौरी लंकेश इस निबंध की शुरुआत में संभवतः कन्हैया कुमार के 11 फरवरी 2016 के भाषण का जिक्र कर रही हैं और उमर खालिद का भाषण इसके डेढ़ महीने के बजाए डेढ़ हफ्ते बाद दिया गया था।

जब अपने ही देश में होता है ईश्वर का निधन

अयप्पा मंदिर में भगदड़ में हुई मौतों के लिए राज्य जिम्मेदार

केरल, जो स्वयं को 'ईश्वर' के अपने देश के रूप में पेश करता है, ईश्वर के नाम पर होने वाली अनेक मौतों को गवाह बन चुका है। सबरीमाला, जो भारत के सर्वाधिक लोकप्रिय मंदिरों में से एक है, ने अभी तक रेकॉर्ड में दर्ज कम से कम तीन त्रासदियां देखी हैं। 1952 में 66 तीर्थयात्रियों की उस समय मृत्यु हो गई थी जब आतिशबाजी का प्रदर्शन एक हादसे में तब्दील हो गया था, 10 अप्रैल, 2016 को पुत्तीन्गल के हादसे की तरह। एक बार फिर, 1999 में 'मकर ज्योति'[1] के दर्शन के बाद हुई भगदड़ में 52 तीर्थयात्री मारे गए थे। इन दो हादसों ने 2011 में हुई भगदड़ को भी नहीं रोका जिसमे 106 तीर्थयात्रियों की जान चली गई थी।

ठीक उसी तरह जैसे पुत्तीन्गल देवी मंदिर की यह आस्था है कि पटाखे दगाने से दुष्ट दूर रहेंगे, सबरीमाला स्थित अयप्पा के श्रद्धालुओं का मानना है कि मकर ज्योति का दर्शन उनकी आत्मा को शुद्ध करेगा और उन पर दैवीय आशीष बरसेगा। परंतु यह भी एक तथ्य है कि पुत्तीन्गल में पटाखे दागने का कार्यक्रम विभिन्न जातियों और राजनीतिक दलों के नेताओं के बीच श्रेष्ठ बनने का होता है और इन पटाखों को 6000 करोड़ रुपए से अधिक का सालाना कारोबार करने वाला एक उद्योग बनाता है। इसी तरह, दिव्य मकर ज्योति एक छलावा है जिसे केरल विद्युत बोर्ड और ट्रावनकोर

---

1. पोन्नमबलेन्दु की पहाड़ी पर मानव निर्मित ज्वाला, जिसे आस्था रखने वालों ने दैवीय घटना मानने लगे, सूर्य के तारामंड़ल में मकर राशि में प्रवेश का सूचक है।

देवास्वम बोर्ड के सदस्य, जो सबरीमाला में अयप्पा मंदिर का प्रशासन देखते हैं, अंजाम देते हैं। फिर भी, 'दुष्टात्मा' और 'दिव्य आशीर्वाद' जैसा अंधविश्वास सालों से पनप रहा है? चूंकि यह अंधविश्वास है न कि तर्कसंगत सोच, जो इस आस्था उद्योग को तेजी से फलने फूलने में मदद करता है।

हमारी सरकार की भूमिका के बारे में क्या जो हमारे संविधान के अंतर्गत धार्मिक अविश्वसनीयता को प्रोत्साहन देने के बजाए वैज्ञानिक मनःस्थिति का विस्तार करने के लिए बाध्य है? इस सवाल का जवाब खोजने के लिए आइए अयप्पा मंदिर के आसपास की अर्थव्यवस्था को समझते हैं। हर साल, एक अनुमान के अनुसार दो से ढाई करोड़ तीर्थयात्री के सबरीमाला आते हैं। तीर्थयात्रियों पर लगाए जाने वाले भांति भांति के करों से राज्य को दस हजार करोड़ रुपए से अधिक का राजस्व मिलता है। ट्रावनकोर देवास्वम बोर्ड को भी इन श्रद्धालुओं से दान के रूप में दो सौ करोड़ रुपए से अधिक राशि मिलती है। अयप्पा मौसम (नवंबर से जनवरी) के दौरान होटलों, रेस्तरां, दुकानों और तमाम दूसरे व्यावसाय भी हर साल अच्छी कमाई करते हैं। यहां हर कोई कुछ न कुछ हासिल करने के लिए खड़ा है और सिर्फ तीर्थयात्री ही यहां अपना विवेक और अपनी जिंदगी दोनों ही खोने के लिए खड़े हैं, किसी की भी दिलचस्पी तर्कसंगत सोच को बढ़ावा देने में नहीं है। चाहें यह कथित रूप से कांग्रेस के नेतृत्व वाली सरकार हो अथवा नास्तिक कम्युनिस्ट के नेतृत्व वाला मोर्चा केरल में सत्ता में हो, अयप्पा की ख्याति निरंतर बढ़ती रहती है। यह ईसाई और मुस्लिम आस्था वाले धार्मिक स्थानों सहित दूसरे स्थानों में भी देखा जा सकता है।

जिस तरह से वर्तमान मुख्यमंत्री और कांग्रेस के नेता ओमान चांडी ने पुत्तीन्गल हादसे की न्यायिक जांच का आदेश दिया है, 1999 में तत्कालीन मुख्यमंत्री और कम्युनिस्ट नेता ई. के. नयनार ने भी सबरीमाला में हुई भगदड़ की न्यायिक जांच का आदेश दिया था। इसके बाद क्या हुआ? यद्यपि न्यायमूर्ति चंद्रशेखर मेनन की अध्यक्षता वाले जांच आयोग ने "देश के विभिन्न हिस्सों से आने वाले तीर्थयात्रियों की सुरक्षा सुनिश्चित करने के प्रति लापरवाही" के लिए राज्य सरकार को दोषी ठहराया था, केरल सरकार ने तीर्थयात्रियों की जिंदगी की सुरक्षा के लिए कोई कदम नहीं उठाया था। पुत्तीन्गल हादसे की जाच का भी यही हश्र होने के बारे में भविष्यवाणी करने

के लिए किसी दैवीय शक्ति की आवश्यकता नहीं है। और फिर जब एक अन्य हादसा होता है, तो एक और जांच आयोग गठति कर दिया जाएगा, अतः यह सिलसिला ऐसे ही चलता है।

अब इस बात पर आते हैं कि लोगों की आस्था के साथ राजनीतिक किस तरह का खेल खेलते हैं। चार दशक पहले तक, अयप्पा सिंड्रोम सिर्फ केरल तक ही सीमित था। 1970 के प्रारंभ में मकर ज्योति की काल्पनिक कथा के अनुयायी राज्य के बाहर बढ़ने लगे। इस कथा से प्रेरित होकर अमिताभ बच्चन, रजनीकांत और कर्नाटक के अपने डॉ. राजकुमार जैसे 'स्टार' श्रद्धालुओं और उनके पुत्रों ने 'अयप्पा माला' का ठीक उसी तरह प्रचार किया जैसे वे कार या शेविंग क्रीम का प्रचार करते हैं। शीघ्र ही अयप्पा की प्रसिद्धि विशेषकर देश के उत्तरी राज्यों में फैल गई। केरल के तर्कवादी इस रुझान के प्रति चौकन्ने हो गए। 1980 के दौर में तर्कवादियों के एक समूह ने मकर ज्योति को एक छलावा साबित करने के लिए एक अध्ययन करके साक्ष्य एकत्र किए। इसके बावजूद राज्य सरकार और मंदिर प्रबंधकों ने ठोस साक्ष्यों के बाद भी बारे में चुप्पी लगाए रखी। हम परिस्थितियों ने उन्हें इस सच्चाई को स्वीकार करने पर मजबूर किया तो उन्होंने 2008 में ऐसा किया। इसका मतलब यह हुआ कि इतने सालों तक दोनों ही जानते थे कि भोले भाले लोग अपनी जान जोखिम में डालकर ऐसा कुछ देखना चाहते थे जिसे वे 'दैवीय' समझते थे और दोनों ने ही इसे लाभप्रद पाते हुए लोगों को इसमें विश्वास बनाए रखने दिया।

पुत्तीन्गल मंदिर मामले में, यद्यपि स्थानीय प्रशासन ने आतिशबाजी के प्रदर्शन की अनुमति देने से इन्कार कर दिया था, राजनीतिकों ने पहले प्रशासन पर दबाव डालने के लिए 'सांप्रदायिक' कार्ड चला, फिर उन्होंने 'धार्मिक आस्था और परंपरा' का दांव चला और अंत में उन्होंने, 'हम कानून की परवाह नहीं करते' का सहारा लिया। क्यों? क्योंकि यह सब आगामी चुनावों में उन्हें वोट दिलाएगा।

जब मतदाताओं का साथ हासिल करने के लिए अंधविश्वास को प्रोत्साहन देना लोगों की जिंदगी से अधिक महत्वपूर्ण हो जाता है तो अपने ही देश में ईश्वर बार बार मरता रहेगा।

11 अप्रैल, 2016, *बैंगलोर मिरर*

वृद्धावस्था में नखलिस्तान की मृगतृष्णा

अपने पीएफ पर सरकार की लालची निगाहों को महिला कामगारों ने किया नाकाम

हाल ही में बोम्मनहल्ली में भाजपा के एक पार्षद द्वारा प्रायोजित बड़ा बैनर लगाया गया था जिसमें 10 फरवरी, 2016 का विवादास्पद भविष्य निधि संशोधन केंद्र द्वारा वापस लेने के प्रयास के लिए संसदीय कार्य मंत्री अनंत कुमार और सांख्यिकी एवं कार्यक्रम क्रियान्वयन मंत्री सदानंद गौड़ के प्रति आभार व्यक्त किया गया था। अच्छा ऐसा है? एक व्यक्ति यह सोच सकता था कि यह धन्यवाद तो परिधान फैक्टरियों में काम करने वाली उन हजारों महिलाओं के प्रति है, जिन्होंने भविष्य निधि के नए नियमों को रोकने :यदि वापस नहीं होता है: लेने के लिए मोदी सरकार पर दबाव बनाते हुए इसके विरोध में दो महीने आंदोलन किया और पुलिस की लाठियां खाईं। अच्छा सच? यह कोई पहला अवसर नहीं है जब भाजपा के नेतृत्व वाली केंद्र सरकार ने भविष्य निधि नियमों के साथ छेड़छाड़ का प्रयास किया और पहली बार ऐसा नहीं हुआ है कि बेंगलूरू में सिले सिलाए कपड़ों के उसी उद्योग में काम करने वाली महिलाओं ने विरोध प्रकट किया। दिलचस्प यह है कि भाजपा की एक के बाद एक सरकारें भविष्य निधि कोष पर क्यों नजरें गड़ाए हुए हैं।

उदारीकरण के दौर से पहले, हमारे देश का कामकार वर्ग सेवानिवृत्ति के समय कुछ भत्तों पर निर्भर रह सकता था। सरकारी कर्मचारियों को तो पेंशन के रूप में हर महीने अच्छी खासी रकम मिलती थी जिसका भुगतान सरकारी खजाने से ही किया जाता है। इसी तरह, जो लोग निजी क्षेत्र में

काम करते हैं वे अपने नियोक्ताओं से ग्रेच्युइटी के रूप में अच्छी खासी रकम मिलने की उम्मीद लगा सकते थे। और दोनों को ही उनकी भविष्य निधि राशि मिलेगी जिसमें कर्मचारियों के सेवाकाल के दौरान सालों तक कर्मचारी और नियोक्ता दोनों ने ही योगदान किया होता है।

धीरे धीरे, जब सेवानिवृत्त कर्मचारियों की संख्या उनके जीवन काल में वृद्धि के साथ बढ़ने लगी तो सरकार ने अपने पेंशन नियमों में संशोधन कर दिया। 1986 से केंद्र और राज्य सरकारें लोगों को एक समझौते पर हस्ताक्षर करने के बाद ही नौकरी में रख रही हैं। इस समझौते में कहा गया है कि उन्हें सेवानिवृत्त होने पर कोई पेंशन नहीं मिलेगी। इसी तरह, निजी क्षेत्र ग्रेच्युइटी नियमों से छुटकारा पाने के इरादे से लोगों की नियुक्तियां करने की बजाए उनके साथ करार करने का विकल्प चुना है।

हमारे देश में कामगारों की आबादी का एक बड़ा हिस्सा असंगठित क्षेत्र में है जो किसी पेंशन या बचत योजना के दायरे में नहीं आता है। एक बड़ा वर्ग या तो स्व रोजगार कर रहा है या फिर कैजुअल मजदूरी करते हैं जहां वृद्धावस्था के लिए कोई समाजिक सुरक्षा व्यवस्था नहीं है। 1997 के आंकड़ों के अनुसार हमारे देश की पूरे कार्यबल काकरीब 15 प्रतिशत ही भविष्य निधि के दायरे में आता है। यद्यपि विजय माल्या जैसे कुछ नियोक्ताओं ने बहुत ही शर्मिंदगी वाला काम किया और भविष्य निधि में अपना हिस्सा ही नहीं बल्कि भविष्य निधि के लिए कर्मचारियों के अपने योगदान की राशि (जो मूल वेतन का 10-12 प्रतिशत होता है) भी जमा ही नहीं कराई। एक अनुमान के अनुसार भविष्य निधि कोष में इस समय 8,50,000 करोड़ रुपए की राशि है।

1980 में अमेरिका ने कर से छूट देने वाली सेवानिवृत्ति योजना 401 (के) लागू की। इस योजना के अंतर्गत कर्मचारियों की बजत को शेयर बाजार में निवेश किया जा सकता था। सबसे महत्वपूर्ण बात यह थीं कि इस योजना में बचत की गई धनराशि के लिए सरकार का कोई बीमा नहीं था। चूंकि अमेरिकी सरकार अपनी बीमा कंपनियों के लिए बाजार का विस्तार करना चाहती थी, इसलिए उसने 401 (के) जैसी ही योजना लागू करने के लिए दूसरी सरकारों को भी बाध्य किया। 1990 के दौर में, तत्कालीन भाजपा

प्रधानमंत्री अटल बिहारी वाजपेयी ने नई भविष्य निधि उपायों की सिफारिश के लिए एस. ए. दवे की अध्यक्षता में उच्च स्तरीय समिति गठित की। दवे समिति ने 2000 में अपनी रिपोर्ट सरकार को सौंपी जिसका नाम था ओएसिस (वृद्धावस्था सामाजिक और आमदनी सुरक्षा)। देश में सेवानिवृत्त कर्मचारियों की बढ़ती संख्या और इस वजह से सरकार पर बढ़ते बोझ के मद्देनजर समिति ने खेद व्यक्त किया कि इसके बाद 'विकास' के लिए छुटपुट संसाधन ही बचेंगे। इस समस्या से निकलने के लिए, समिति ने सुझाव दिया कि कर्मचारियों को हर महीने अपनी जेब से कुछ पैसा देने के लिए कहा जाए (इसमें सरकार और नियोक्ता अपनी जेब से एक भी पैसा नहीं देंगे) जिसे उनके सेवानिवृत्ति की उम्र पर पहुंचने पर लौटा दिया जाएगा। समिति ने यहां तक सुझाव दिया कि लोगों को अक्सर भविष्य निधि से धन नहीं निकालने देना चाहिए। सबसे खतरनाक तो यह था कि समिति ने भविष्य निधि के प्रबंधकों के पद की नीलामी की जानी चाहिए और ये प्रबंधक ही फैसला करेगे कि किस म्यूचुअल फंड में भविष्य निधि का पैसा निवेश किया जाए।

स्पष्ट था कि ये सिफारिशें कर्मचारियों के हितों के खिलाफ और निवेशकों के हित में थीं जो सार्वजनिक धन की सहजता से उपलब्धि की तलाश में थे। आलोचकों ने ओएसिस को मृग तृष्णा बताते हुए इसकी आलोचना की। उस साल जब ओएसिस को लेकर बहस चल रही थी तभी बेंगलुरू में यह अफवाह फैली कि गार्मेंट फैक्टरी के कर्मचारी 45 साल की उम्र होने तक भविष्य निधि से धन नहीं निकाल सकेंगे। इसके बाद, 24 जुलाई, 2000 को हजारों महिला कामगारों ने जबर्दस्त हड़ताल कर दी। इसी दिन कर्नाटक राज्य सड़क परिवहन की बसों और पुलिस के वाहनों को आग लगा दी गई। एक सौ से अधिक व्यक्ति गिरफ्तार किए गए। महिलाओं की अचानक ही हुई इस हड़ताल ने वाजपेयी को ओएसिस योजना त्यागने के लिए मजबूर कर दिया। फिर भी, अगले दो साल तक, वाजपेयी ने भविष्य निधि को निजी निवेशकों के लिए खोलने के दो प्रयास किए।

निश्चित ही, इसके बाद से ही विभिन्न सरकारें भविष्य निधि की संरचना के साथ छेड़छाड़ कर रही हैं। परंतु मौजूदा वित्त मंत्री अरुण जेटली जैसा साहसी कोई नहीं था। जेटली ने अपने हालिया बजट में, भविष्य निधि खातों

से धन निकालने पर 60 प्रतिशत कर लगाने का प्रस्ताव किया। यह गरीब श्रमिकों के लिए बहुत बड़ा धक्का होता जिनकी भविष्य निधि धन ही बीमारी या दूसरे संकट के समय एकमात्र सहारा है। विपक्षी दलों ने जब इसका विरोध किया तो वह खामोश रहने के लिए मजबूर हो गए परंतु जंगल बुक के 'का' की तरह जेटली का गिद्ध दृष्टि भविष्य निधि पर लगी हुई थी। अतः अंततः वह फुफकारे, ''एक कर्मचारी को नियोक्ता के योगदान के हिस्से के धन को निकालने के लिए 58 साल की आयु तक इंतजार करना होगा।''

बेंगलुरू की हजारों महिलाएं, इनमें अधिकांश गरीब और निरक्षक थीं, एक बार फिर सड़कों पर उतरीं। अपने कार्यस्थल की नारकीय स्थिति, अपनी जरूरतों को पूरा करने का संघर्ष, न्यूनतम मजदूरी से भी कम पैसे में घंटों पसीना बहाना और अपनी ही गाढ़ी कमाई के भविष्य को लेकर उनकी बेचैनी ने ऐसा प्रतिरोध करने के लिए बाध्य किया जो बहुत ही कम नजर आता है। देश के करोड़ों कामगारों की ओर से इन महिलाओं ने मोदी सरकार को पीछे हटने के लिए मजबूर कर दिया।

कोई संदेह नहीं, ''मुझे अपने शहर की इन 'रानी चेन्नामाज'! पर गर्व है।[1]

25 अप्रैल, 2016, *बैंगलोर मिरर*

---

1. कित्तूर की रानी, जिसने अंग्रेज़ ईस्ट इंडिया कंपनी के खिलाफ 1824 में सशस्त्र विद्रोह का नेतृत्व किया था।

सीख रहे हैं कि असहमति राजद्रोह नहीं है

हिंदुत्व गिरोह सार्वजनिक अभिव्यक्ति पर पाबंदियां लगा रहे हैं, कांग्रेस देख रही है

इससे कोई भी आश्चर्यचकित नहीं हुआ जब दिल्ली के पुलिस आयुक्त बी. एस. बस्सी और उनके भाजपा हुक्मरानों ने 12 फरवरी, 2016 को जेएनयू के कुछ छात्रों पर राजद्रोह का आरोप मढ़ दिया। लेकिन कर्नाटक में अनेक लोग इस बात से स्तब्ध रह गए कि हालांकि यहां कांग्रेस सत्ता में है, पुलिस ने हाल ही में कुछ लोगों के खिलाफ राजद्रोह के झूठे मामले दायर कर दिए।

एक ऐसी घटना जिसका आमतौर पर संज्ञान नहीं लिया गया, ऑल इंडिया स्टूडेन्ट्स फेडरेशन के दो छात्रों पर हमला हुआ था। तुमकुर विश्वविद्यालय के निकट 30 मार्च को ज्योति के. और वी. चिनप्पा पर्चे बांट रहे थे। इन पर्चों में शिक्षा के भगवाकरण और राष्ट्रीय स्वयंसेवक संघ की आलोचना और जवाहरलाल नेहरू विश्वविद्यालय छात्र संघ के अध्यक्ष कन्हैया कुमार का समर्थन करते हुए दलित छात्र रोहित वेमुला, जिसने इस साल के शुरू में हैदराबाद केंद्रीय विश्वविद्यालय के प्राधिकारियों के उत्पीड़न की वजह से आत्महत्या कर ली थी, के लिए न्याय की मांग की गई थी। इस पर्चे के विवरण में एबीवीपी के सदस्यों को आक्रोशित कर दिया था। एबीवीपी के करीब 80 लोगों के समूह ने इन दो वामपंथी छात्रों की बुरी तरह पिटाई की। इसके तुरंत बाद ही ज्योति और चिनप्पा ने एबीवीपी के सदस्यों द्वारा किए गए इस हमले के बारे में पुलिस में शिकायत की। इसके जवाब में, एबीवीपी ने ये झूठे आरोप लगाए कि इन दोनों ने 'पाकिस्तान जिंदबाद'

के नारे लगाए थे और उन्होंने यहां से सटे हुए तुमकुरू सिद्धगंगा मठ के श्री शिवकुमार स्वामी का अपमान किया था।

तत्काल ही राज्य के गृह मंत्री परमेश्वरम को इस घटना से अवगत कराया गया। सभी को यह उम्मीद थी कि कांग्रेस सरकार शीघ्र ही एबीवीपी के गुंडों को पकड़ कर भगवा तत्वों को यह संदेश दिया जाएगा कि यहां उनकी गुंडागर्दी बर्दाश्त नहीं की जाएगी। लेकिन जो कुछ हुआ वह अपेक्षाओं के एकदम विपरीत था। स्थानीय पुलिस ने ज्योति और चिनप्पा के खिलाफ राजद्रोह का मामला दर्ज करने के साथ ही एबीवीपी के सिर्फ सदस्यों के खिलाफ प्राथमिकी दर्ज कर ली। जब राजद्रोह के बारे में पूछा गया तो पुलिस ने बताया कि इसके लिए भाजपा के स्थानीय नेताओं की ओर से ऐसा करने का दबाव था। अपने ही जिले की पुलिस के इस जवाब से परमेश्वरम भौंचक्के रहे गए।

दो सप्ताह बाद ऐसा ही कुछ शिवमोगा जिले में भी हुआ। डॉ. बी. आर. आंबेडकर की 125वीं जयंती के अवसर पर सम्मानित भाषाविद प्रो. मल्लिकार्जुन मेती को सागर नगर में एक कार्यक्रम में शामिल होने के लिए आमंत्रित किया गया था। उपस्थित समूह को संबोधित करते हुए मेती ने पूछा, "लोकतांत्रिक शासन के 70 साल बाद भी आंबेडकर का सपना साकार नहीं हुआ है। जब हम सामाजिक न्याय हासिल नहीं कर सके, जब दलितों की जिंदगी दिन प्रति दिन बदतर हो रही है, तो भारत माता की जय के नारे लगाने का क्या लाभ है?" दक्षिणपंथियों के लिए इस कार्यक्रम में हंगामा करने के लिए इतना ही पर्याप्त था। उन्होंने मेती पर राष्ट्र विरोधी होने का आरोप लगाते हुए कहा कि उन्होंने देश का अपमान किया है। बाद में भाजपा के कुछ स्वयंभू नेताओं हिंदुत्व संगठनों ने मेती के खिलाफ राजद्रोह का मामला दर्ज करने की मांग को लेकर तीन दिन तक सागर और शिवमोगा में विरोध प्रदर्शन किया। उन्होंने चेतावनी दी, "यदि आप उन पर राजद्रोह का आरोप नहीं लगाएंगे तो हम खुद ही उनसे निबट लेंगे।" इन देश भक्तों के दबाव में पुलिस ने क्या किया? मेती के भाषण को सुनने और हिंदुत्व के गुंडों को भाड़ में जाओ कहने की बजाए वह उनके दबाव में आ गई और उसने अपने विधिक विभाग से इस मामले में राय मांगी। इस घटनाक्रम की जानकारी

मिलने पर मुख्यमंत्री सिद्धारमैया ने और कुछ नहीं किया बल्कि हताशा में अपने हाथ ही मलते रहे।

इस घटना के कुछ दिन बाद, 11 अप्रैल को बेंगलुरू में रवींद्र कलाक्षेत्र के पास खाली मैदान में कन्नड़ नाटक *अच्छे दिन एल्ली?* का मंचन हो रहा था। शशीकांत यादाहल्ली द्वारा लिखे और निर्देशित *अच्छे दिन एल्ली?* नाटक नरेंद्र मोदी द्वारा किए गए वायदों को पूरा नहीं करने और उनके अनेक चुनावी जुमलों के बारे में था। तत्काल ही, इसे देखने वाले कुछ लोग चिल्लाए, "अपना यह बकवास नाटक बंद करो" और उन्होंने इस नाटक के मंचन को रोकने का प्रयास किया इस नाटक को देखने वाले अधिकांश वामपंथी दर्शकों ने यह सुनिश्चित किया कि उन्हें इस परिसर से बाहर भेज दिया जाए। परंतु इसने उन्हें रोका नहीं। नाटक खत्म होने के बाद वे वापस आए और यादाहल्ली को चेतावनी दीः "तुम दुबारा इस नाटक का मंचन करने का दुस्साहस मत करना वरना...।" बेशक, कानून व्यवस्था बनाए रखने के लिए पुलिस वहां दूर दूर तक नहीं थी। हालांकि राज्य में भाजपा अब सत्ता में नहीं है, परंतु इसके अनेक हिंदू संगठनों का अभी भी वहां शासन चलता है। यही वजह है कि वे अभी भी अपने वैचारिक प्रतिद्वंद्वियों पर चीखते चिल्लाते हैं या उनसे मारपीट करते हैं और फिर बच निकलते हैं।

इन तीन घटनाओं और इनके प्रति सरकार की प्रतिक्रिया ने स्वाभाविक ही राज्य के प्रमुख बुद्धिजीवियों और कार्यकर्ताओं को चिंतित किया। 40 से अधिक व्यक्तियों ने अपने हस्ताक्षरों के साथ राज्य सरकार को भेजे गए खुले पत्र में कहा था, "हम सांस्कृतिक आतंकवाद की निंदा करते है जो हाल के समय में बढ़ रहा है...बुद्धिजीवियों को हिंसा के जरिए खामोश रहने के लिए बाध्य किया जा रहा है जो एक असमान और अन्यायपूर्ण समाज में यथास्थिति बनाए रखने का छलावा भर है।" राज्य सरकार से उन लोगों के खिलाफ कार्रवाई करने का अनुरोध किया गया था जो प्रगतिशील लोगों की आवाज जबर्दस्ती बंद करना चाहते हैं। इस पत्र पर हस्ताक्षर करने वालों में स्वतंत्रता सेनानी एच. एस. दोरेस्वाम, वरिष्ठ आलोचल के मुरलीसिदप्पा और सेवानिवृत्त न्यायाधीश ए. जे. सदाशिव भी शामिल थे। पत्र का समापन यह कहते हुए किया गया था, "चूंकि हम सभी इसमें विश्वास करते हैं कि

असहमति, चर्चा, और आलोचना लोकतंत्र को सुदृढ़ करेगी, हम सभी विचारकों से अनुरोध करते हैं कि वे निर्भय होकर समाज के बारे में अपना आकलन और आलोचनात्मक विश्लेषण जारी रखें।" बसवण्णा, शिशुनाल शरीफ और कुवेंपु की धरती पर सतत संघर्ष जारी रखने का उनका आह्वान निश्चित ही व्यर्थ नहीं जाएगा।

फिर भीः क्या कांग्रेस सरकार जागेगी और पुलिस को हिदायत देगी कि असहमति का मतलब राजद्रोह नहीं होता है?

2 मई, 2016 *बैंगलोर मिरर*

धर्म, राजनीति और नग्न सच्चाई

हमारा धर्मनिरपेक्ष संविधान और एक साधु

जैन मुनि तरुण सागर द्वारा 26 अगस्त, 2016 को नग्न अवस्था में हरियाणा राज्य विधान सभा को संबोधित करने पर बहुत कुछ कहा गया है। मैं महसूस करती हूं कि लोगों को अपमानजनक और अप्रासंगिक तरीके से उनकी नग्न अवस्था के बारे में टीका टिप्पणी नहीं करनी चाहिए। वह अपने धर्म के नियमों का पालन कर रहे हैं, यह एक सांविधानिक अधिकार है जिसका वह उपयोग कर रहे हैं। हालांकि दो बिदुओं पर मेरी असहमति है: पहली तो मुनि तरुण सागर के भाषण की विषय वस्तु और दूसरी यह कि धर्म को संविधान के ऊपर कैसे रखा जा रहा है।

मुनि तरुण सागर ने अपने 'कड़वे प्रवचन' में कन्या भ्रूण हत्या रोकने के लिए पेश फार्मूला और लिंग आधारित भेदभाव के बारे में उनका दृष्टिकोण दोनों ही सराहनीय थे। परंतु कन्या भ्रूण नष्ट करने के बारे में जो कारण उन्होंने दिए उनसे पितृ सत्ता की बू आती है। मुनि महाराज, पूरे सम्मान के साथ मैं कहना चाहती हूं कि बलात्कार स्त्री-पुरुष के अनुपात में असंतुलन के कारण नहीं होते हैं। इस घृणित अपराध की जड़ें कहीं और हैं।

मुनि तरुण सागर ने यह भी कहा, "राजनीति के ऊपर धर्म का नियंत्रण जरूरी है। धर्म पति है और राजनीति पत्नी। प्रत्येक पति का यह कर्तव्य है कि अपनी पत्नी का संरक्षण करे। अपने पति के अनुशासन को मानना प्रत्येक पत्नी का यह कर्तव्य है। यदि राजनीति के ऊपर धर्म का कोई नियंत्रण नहीं होगा तो यह अनियंत्रित हाथी जैसी हो जाएगी।" मुनि जी, दुर्भाग्य से इसमें भी लिंग भेदभाव की बू आती है जिसके बारे में आपने स्वयं ही

कहा कि आपको ऐसा लगता है कि "मानो हम 14वीं सदी में रह रहे हैं।"

ऐसी खबर आई कि मुनिजी का आसन मुख्यमंत्री और हरियाणा विधान सभा के अध्यक्ष के आसन से ऊंचा था। यहां तक कि राज्यपाल का आसन भी उनके आसन से नीचे था। यद्यपि यह मुनिजी के इस विचार को परिलक्षित करता है कि 'पति' धर्म को 'पत्नी' राजनीति को नियंत्रित करना चाहिए, परंतु इससे यह भी पता चलता है कि दलगत राजनीति से परे हटकर हरियाणा के राजनीतिज्ञ भी यही सोचते हैं कि हमारे धर्म निरपेक्ष संविधान के ऊपर धर्म होना चाहिए।

ऐसी स्थिति में भाजपा को, जो हरियाणा में सत्ता में है, संविधान के प्रति असम्मान दर्शाने के लिए दोषी ठहराने की कोई वजह नहीं है। यह पूर्वाग्रह 69 साल पहले हमारे देश के अस्तित्व में आने के समय से ही रहे हैं।

जैसा कि सर्वविदित है, 1951 में, डॉ. राजेंद्र प्रसाद के भारत का राष्ट्रपति चुने जाने के बाद उन्होंने पूरी श्रद्धा के साथ बनारस में 201 ब्राह्मणों के पांव पखार कर उस जल को ग्रहण किया। ऐसा करके, देश के प्रथम राष्ट्राध्यक्ष ने यह दिखाया कि वह समझते हैं कि संविधान का दर्जा ब्राह्मणों से नीचे हैं।

एक बात जो अधिकांश लोग नहीं जानते हैं कि संस्कृत के एक प्रखर विद्वान और कन्नड़ लेखक, जिन्होंने *महा ब्राह्मण* (विश्वामित्र के जीवन पर आधारित) उपन्यास लिखा, उस दिन बनारस में मौजूद थे। जब उन्हें यह पता चला कि इस तरह से उनका भी सम्मान होना है तो उन्होंने प्रजातंत्र के राष्ट्रपति का अवमूल्यन करने की बजाए इससे दूर रहना पसंद किया। वह कोई और नहीं बल्कि देवुदू नरसिम्हा शास्त्री थे। परंतु देवुदू के विरोध का आयोजकों पर कोई असर नहीं हुआ और उन्होंने उनके स्थान पर एक स्थानीय ब्राह्मण को शामिल कर लिया।

जब तेज तर्रार समाजवादी राम मनोहर लोहिया को इस घटना की जानकारी मिली तो उन्होंने देवुदू के बारे में कहा, "मैं इस संस्कृत के शिक्षक ही सराहना करता हूं।" इसके अतिरिक्त, जाति और लिंग भेदभाव पर एक लेख में लोहिया ने लिखा, "भारतीय जनतंत्र के राष्ट्रपति ने पवित्र शहर बनारस में सार्वजनिक रूप से दो ब्राह्मणों के पांव पखारे। सार्वजनिक रूप

से दूसरों के पांव पखारना अशिष्टता है।''

बी. आर. आंबेडकर ने भी, जो जाति खत्म करना चाहते थे, राजेंद्र प्रसाद की आलोचना की। इसीलिए उन्होंने कहा, ''भारतीय आज दो अलग अलग विचारों से शासित होते हैं: उनके राजनीतिक सिद्धांत संविधान की प्रस्तावना में जीवन की सुरक्षा, समता और भाईचारा समाहित हैं। उनके धर्म में समाहित सामाजिक सिद्धांत उन्हें इससे वंचित करते हैं।''

इस तरह की तीखी आलोचनाओं ने राजेंद्र प्रसाद को विचलित नहीं किया। इसके एक साल बाद, वह और गृह मंत्री वल्लभाई पटेल ने जीर्णोद्धार किए गए सोमनाथ मंदिर के उद्‌घाटन कार्यक्रम में हिस्सा लिया। सौराष्ट्र ने इस मंदिर के जीर्णोद्धार के लिए 25 लाख रुपए आबंटित किए थे जो उन दिनों के हिसाब से बहुत बड़ी रकम थी। ध्यान रखिए कि नया नया आजाद हुआ भारत उन दिनों अपने पांव पर खड़े होने के लिए संघर्ष कर रहा था।

'कट्टर धर्मनिरपेक्ष' जवाहरलाल नेहरू का क्या हाल था? ऑक्सफोर्ड विश्वविद्यालय में शोधार्थी इंद्रजीत राय का एक लेख में नेहरू के बारे में यह कहना था, ''स्वयंभू प्रगतिशील कुलीन वर्ग के चहेते, इंग्लैंड में पढ़े लिखे जवाहरलाल नेहरू को जब धार्मिक विद्वानों द्वारा प्रयुक्त 'पंडित' की उपाधि से सम्मानित किया गया तो उन्हें शर्म नहीं आई। *भारत एक खोज* में वह बहुत ही मुश्किल से अपनी इस प्रशंसा को छिपा सके जिसे वह कहते हैं 'ब्राह्मण जाति का सार्वजनिक भलाई के लिए जन सेवा और निजी त्याग' का रेकॉर्ड (पृष्ठ 87)। उनके सामने ही स्वतंत्र भारत ने शंख ध्वनि के बीच अपनी 'किस्मत के साथ एक वादा' किया, यह पहले के जमाने में राजाओं के राज्याभिषेक के समय पुरोहितों द्वारा संपन्न हिंदू अनुष्ठान की पुनरावृत्ति थी।''

हमारा धर्मनिरपेक्ष संविधान कठोरता के साथ धर्म को राजनीति से अलग करता है। परंतु, आचरण में, राजनीति के सभी खेलों में धर्म केंद्रीय भूमिका निभाता है। सदन के सत्र की शुरुआत से पहले 'शुभ मुहूर्त' का पता लगाना, सरकारी भवन की आधारशिला रखने से पहले यंत्रवत तरीके से निर्देशों का पालन करना, जहाज के जलावतरण से पहले नारियल फोड़ना, बांधों के जलाशयों को 'बागिना' अर्पित करना और सरकारी कार्यक्रमों के

दौरान पृष्ठभूमि में धार्मिक मंत्रोच्चारण बजाना आदि का क्या मतलब है। यहां तक हमारी अदालतों, जिनसे संविधान के पालन और किसी भी धर्म से कोई संबंध नहीं रखने की अपेक्षा की जाती है, के परिसरों में सर्वदा एक मंदिर होता है।

यह सब यह सोचने पर मजबूर करता है कि कब राजनीति 'पत्नी' धार्मिक 'पति' द्वारा थोपी गई बेड़ियों को सफलतापूर्वक तोड़ेगी और भारत को सही मायने में एक धर्मनिरपेक्ष राष्ट्र में तब्दील करेगी।

29 अगस्त 2016 *बैंगलोर मिरर*

प्रेस की आज़ादी पर हमले का कर्नाटक का इतिहास

कानून बनाने वालों को पत्रकारों के बारे में फैसला सुनाने की ज़रूरत नहीं है

कर्नाटक के विधायकों में काफी पहले से अपने कीमती 'संसदीय विशेषाधिकारों' के कथित हनन के लिए पत्रकारों को कठघरे में खड़ा करने की प्रवृत्ति रही है। इसका हालिया निशाना बनने वालों में दो स्थानीय समाचार पत्रों के संपादक रवि बेलागरे और अनिल राजू बने। विधान सभा अध्यक्ष और सदन की विशेषाधिकार समिति के अध्यक्ष के. बी. कोलीवाड़ ने विधायकों-कांग्रेस के बी. एम. नागराज, भारतीय जनता पार्टी के एस. आर. विश्वनाथ और स्वयं कोलीवाड़ के बारे में कथित रूप से मानहानि करने वाले लेख प्रकाशित करने और इस तरह से उनके 'दिखावटी तौर पर नैतिक' विशेषाधिकारों का हनन करने के कारण दोनों संपादकों को एक एक साल की कैद की सजा सुनाने के साथ ही उन पर दस-दस हजार रुपए का जुर्माना भी किया था।

यहां पर यह सवाल नहीं है कि दोनों संपादकों ने अपने अखबार में क्या प्रकाशित किया क्योंकि जैसा कि कानूनविदों ने बताया कि उन्होंने जो प्रकाशित किया था वह मानहानिकारक हो सकता है परंतु विशेषाधिकार का हनन नहीं। यहां सवाल निर्वाचित प्रतिनिधि द्वारा भोगे जा रहे औपनिवेशिक विरासत के 'संसदीय विशेषाधिकारों' का है। ऐसा पुराना कानून, जो विधि निर्माताओं को न्यायाधीश बनने और पत्रकारों को जेल भेजने की इजाजत देता है, लोकतंत्र में होना ही नहीं चाहिए।

1980 तक, कर्नाटक में पत्रकारिता को एक शांत और गंभीर काम माना जाता था। यहां तक कि सत्तारूढ़ कुलीन वर्ग की आलोचना में भी

बहुत ही संयमित भाषा का इस्तेमाल होता था। परंतु तभी *लंकेश पत्रिके* अपनी पूरी अनादर वाली भाषा और बुरे को बुरा कहने वाले रुख के साथ प्रकाशित हुई। अपने पाठकों को खुश करते हुए पत्रिका के संपादक पी. लंकेश ने तत्कालीन मुख्यमंत्री आर. गुंडू राव को 'गम' और वरिष्ठ मंत्री एस. बंगारप्पा को 'बम' के रूप में पेश किया।

उसी समय के आसपास, 1980 के दशक में ही राज्य भर के किसान आंदोलित थे, दलित आंदोलन गोकक आंदोलन (जिसने राज्य सरकार द्वारा संचालित स्कूलों में कन्नड़ भाषा को प्रमुखता देने की मांग की थी) की तरह ही जोर पकड़ रहा था। कांग्रेस सरकार के विरुद्ध अंदर ही अंदर जबर्दस्त आक्रोश पनप रहा था। *पत्रिके* सभी मुद्दों की आवाज बन गया। *पत्रिके* के तीखे हमले से राव इतने अधिक क्रुद्ध हो गए कि 1981 में उन्होंने एक सार्वजनिक समारोह में यह घोषणा कर दीः "सभी पत्रकारों को अरब सागर में फेंक दिया जाना चाहिए।"

यह राव के उत्तराधिकारी राम कृष्ण हेगड़े थे, जिन्होंने विधायकों के विशेषाधिकारों के नाम पर प्रेस की आजादी का गला दबाने का वास्तव में प्रयास किया। हालांकि उन्हें मुख्यधारा की मीडिया 'असली मिस्टर क्लीन', 'प्रधानमंत्री बनने की तैयारी में' आदि नामों के साथ पेश कर रही थी, परंतु एक बार फिर *पत्रिके* ही थी जिसने रेवाजीतू आवासीय घोटाला (1988), नन रेज़ीडेंट इंडियंस हाउसिंग एसोसिएशन भूमि घोटाला (1989) और अरक बाटलिंग ठेकों के आवंटन में अनियमितताओं (1984) को उजागर किया।

प्रेस की आजादी को संहिताबद्ध करने की आड़ में, हेगड़े ने कर्नाटक विधानमंडल (शक्तियां, विशेषाधिकार और छूट) विधेयक 1988 लाने का प्रयास किया। चूंकि इस विधेयक में पत्रकारों को ज्यादा दंड देने की अनुमति देता था, इसलिए जनता में जबर्दस्त आक्रोश हुआ। कुछ महीने बाद, हेगड़े को अपनी सरकार द्वारा टेलीफोन टैपिंग के आरोपों के कारण इस्तीफा देने के लिए मजबूर कर दिया गया। उनके उत्तराधिकारी एस. आर. बोम्मई ने इस विधेयक को ठंडे बस्ते में डाल दिया।

परंतु जनता पार्टी के ही एक अन्य मुख्यमंत्री जे. एच. पटेल का मामला ऐसा नहीं था। 1997 में *पत्रिके* ने अपने मुखपृष्ठ के लेख में महिला विधायकों

द्वारा अपने कर्तव्यों का ठीक से पालन नहीं करने के लिए उनकी आलोचना की थी। (निश्चित ही ये लेख सुरुचिपूण नहीं था) महिला विधायकों ने दलगत से ऊपर उठते हुए सदन में आंसू बहाए और लंकेश से स्पष्टीकरण लेने की मांग की। मुख्यमंत्री पटेल और अन्य मंत्री तथा विधायकों ने, जिन्होंने *पत्रिके* की आलोचनाओं का दंश झेला था, विशेषाधिकार नोटिस का समर्थन किया।

इसका एकमात्र अपवाद निर्दलीय विधायक वाताल नागराज थे, जिन्होंने 1980 में उनके खिलाफ एक लेख प्रकाशित करने पर लंकेश पर हमला किया था। नागराज अब यह तर्क देते हैं कि हालांकि लेख हो सकता है कि मानहानिकारक रहा हो परंतु यह विधायकों के विशेषाधिकारों के अंतर्गत नहीं आता है। यद्यपि इस मुद्दे ने कुछ दिन विधान सभा में हंगामे की स्थिति पैदा कर रखी थी, तत्कालीन अध्यक्ष रमेश कुमार ने विवाद थमने का इंतजार किया और बाद में इस मामले को खामोशी से खत्म होने दिया।

यह सिर्फ लंकेश और उनका प्रकाशन ही नहीं था जिन पर विधायकों ने हमला किया। यहां तक कि टी. जे. एस. जार्ज जैसे सम्मानित पत्रकारों पर भी सदन से अभद्र भाषा में निशाना बनाया गया। इसके बाद के वर्षों में प्रमुख दैनिक समाचार पत्रों और साप्ताहिक प्रकाशनों के संपादकों और लेखकों को नियमित रूप से विशेषाधिकार समिति के समक्ष बुलाया जाता रहा है। ऐसा लगता है कि समिति का यह दृढ़ मत है कि विधायकों का हवाला जिक्र करना, सदन के बाहर की उनकी कारगुजारियों या उनके द्वारा सत्ता का दुरूपयोग करने की घटनाओं का पर्दाफाश करना पत्रकारों के दायरे से बाहर है क्योंकि वे 'निर्वाचित प्रतिनिधि' हैं और इसलिए वे दूसरों से अलग हैं। अधिकांश शिकायतों का प्रताड़ना या क्षमा याचना के प्रकाशन से निस्तारण कर दिया गया परंतु प्रेस को आंखें दिखाने की बढ़ती प्रवृत्ति असंदिग्ध है।

2012 में, जब भारतीय जनता पार्टी के जगदीश शेट्टर राज्य के मुख्यमंत्री थे, दो विधायकों ने यह सुनिश्चित किया कि एक संपादक विधान सभा से माफी मांगे। भाजपा के अभय पाटिल और कांग्रेस के श्याम बी. जार्ज का आरोप था कि बेलगावी से प्रकाशित होने वाले मराठी दैनिक *तरुण*

भारत ने उनके खिलाफ एक निराधार खबर प्रकाशित की है। विधान सभा के तत्कालीन अध्यक्ष के. जी. बोपैया ने उनकी शिकायतें विशेषाधिकार समिति के पास भेज दी थी जिसने *तरुण भारत* के संपादक किरण ठाकुर को दोषी पाया। ठाकुर को सदन में विशेष रूप से बनाए गए कठघरे खड़ा होकर यह कहने के लिए बाध्य किया गया, "मैं क्षमा चाहता हूं। मेरे समाचार पत्र ने इस सदन की गरिमा और प्रमुखता को कम आंकने जैसा कोई सामग्री कभी भी प्रकाशित नहीं की है।" हालांकि अपने एक सहयोगी को सार्वजनिक रूप से इस तरह अपमानित होना पड़ा परंतु अजीब बात यह थी कि कर्नाटक में पूरी मीडिया बिरादरी इस पर खामोश रही।

कन्नड़ में 24 घंटे चलने वाले न्यूज चैनलों की संख्या बढ़ने के साथ ही स्थिति और अधिक चिंताजनक हो रही है। यह कहना अनावश्यक है कि अर्णब गोस्वामी जैसे स्थानीय नमूनों की कोई कमी नहीं है। वे चर्चा में भाग लेने वालों को उनके दृष्टिकोण से इतर राय रखने वाले प्रतिभागियों को चीख कर खामोश करते हैं, वे स्वयंभू राष्ट्रवादियों से कहीं अधिक देशभक्त हैं और दिन में हर क्षण ब्रेकिंग न्यूज में तथ्यों को बढ़ा चढ़ा कर पेश करने के आदी हैं।

इस साल मार्च के महीने में कांग्रेस, भाजपा और जनता दल (सेक्यूलर) के अनेक विधायकों ने उनके बारे में 'गलत तरीके से तस्वीर पेश करने', 'तथ्यों को तोड़ने मरोड़ने' और 'गलत खबरें देने' पर टीवी चैनलों की निंदा के लिए एकजुट हुए। भाजपा के सुरेश गौड़ा, जिन्हें एक टोल बूथ पर एक कर्मचारी की पिटाई करते सीसीटीवी कैमरे ने कैद किया था, सदन में शिकायत की कि एक टीवी चैनल ने उन्हें 'राउडी सुरेश गौड़ा' बताया। उन्होंने कहा, "उन्होंने गुंडा और सड़कछाप जैसे शब्दों का इस्तेमाल किया। उन्होंने जन प्रतिनिधियों के खिलाफ इनका इस्तेमाल किया।"

अंततः कोलीवाड़ ने घोषणा की कि सभी दलों के सदस्यों वाली एक सदन की समिति मीडिया के लिए दिशानिर्देश और नियम बनाएगी। इसकी स्वाभाविक रूप से मीडिया बिरादरी में तीखी प्रतिक्रिया हुई। सबसे दिलचस्प बात तो यह हुई कि हालांकि भाजपा के अनेक विधायकों ने मीडिया के लिए दिशा निर्देश बनाने पर पहले जोर दिया था परंतु बाद में उन्होंने इस

समिति में शामिल होने से यह कहते हुए इन्कार कर दिया कि वे मीडिया की आजादी पर अंकुश लगाने के पक्ष में नहीं है। जबर्दस्त प्रतिवाद की वजह से ऐसा लगता है कि यह समिति पर सुप्त अवस्था में आ गई है।

बेलागेरे और राजू को सुनाई गई सजा की वजह से यह मुद्दा एक बार फिर सुर्खियों में है। बेलागेरे की पत्रकारिता की शैली निश्चित ही हर कोई पसंद नहीं करता है। ऐसा लगता है कि लोगों को राजू या उसके प्रकाशन *एलहंका वायस* के बारे में अधिक जानकारी नहीं हैं। फिर भी, महत्वपूर्ण यह है कि विधायकों को पत्रकारों के मामले में फैसला सुनाने का कोई हक नहीं है। यही सही समय है कि उन्हें उनके विशेष विशेषाधिकारों से वंचित किया जाए। यदि उन्हें लगता है कि उनकी मानहानि हुई है तो उन्हें भी आम नागरिकों की तरह ही दंड प्रक्रिया संहिता की विभिन्न धाराओं के अंतर्गत कानूनी तरीका अपनाना चाहिए। एक पुराने कानून के माध्यम से आलोचकों को सजा देने की बजाए उनके लिए संवैधानिक दृष्टि से यह अधिक बेहतर तरीका होगा।

16 जून, 2017 *बैंगलूर मिरर*

गौरी के बारे में

मेरी बेटी

इंदिरा लंकेश

मैंने 29 जनवरी को सवेरे 6.55 पर बेबी को जन्म दिया।[1] यह लड़की थी और उसका वज़न नौ पाउंड था। मैंने सोचा कि मैंने इससे पहले उसके जैसा सुंदर बच्चा कभी नहीं देखा। उसका चेहरा देखते ही मेरे जहन से मेरी सारी पीड़ा दूर हो गई। मुझे निःशुल्क ही स्पेशल वार्ड में शिफ्ट कर दिया गया क्योंकि उस समय लंकेश सरकारी कॉलेज में काम करते थे। जब वह उसे देखने आए, चेन्नम्माजी ने बच्चे को एक कपड़े में अच्छी तरह लपेटा और उसे उन्हें दे दिया। वह वहीं पर बैठकर काफी देर तक उसे देखते रहे। मैं उस खुशी को कभी भूल नहीं सकती जो उस दिन मैंने उनकी आंखों में देखी थी।

वह एक दुकान से उसके लिए फ्रॉक, जब्बा और दूसरे कपड़े लाए थे और चाहते थे कि वे बच्चे को पहनाए जाएं। मेरी अज्जी चेन्नम्मा ने कहा, "हम नवजात शिशु को नए कपड़े नहीं पहना सकते। यह दूसरे बच्चे द्वारा पहने गए पुराने कपड़े होने चाहिए।" लेकिन वह तो यह सब सुनने के लिए तैयार ही नहीं थे। उन्होंने ज़ोर देकर कहा, "ये उसे पहना दीजिए। मैं अपनी बेटी को इनमें देखना चाहता हूं।" कोई अन्य चारा नहीं देख चेन्नम्माजी ने अस्पताल परिसर में ही घूम रही एक गाय पर पहले नए कपड़े रखे और फिर मेरी पुत्री को पहनाए।

---

1. *हलिमावु मद्दू नानु* (खट्टा आम और मैं), इंदिरा लंकेश से, लंकेश प्रकाशन, 2013

मैं एक सप्ताह अस्पताल में रही। लंकेश रोज़ सवेरे और शाम को आते और बेटी को अपनी गोद में बिठाकर उसे निहारते रहते।

हमने इस बच्ची का नाम गौरी रखा। यह मेरी मां का नाम था। मैं करीब ढाई महीने बाद शिवमोगा स्थित अपने घर लौटी। लंकेश ने हरे रंग का नया पालना खरीदा था और अपनी बेटी के लिए उसे बिस्तर और तकिए के साथ तैयार रखा था। मेरे सभी बच्चों के लिए उसी पालने का इस्तेमाल किया गया।

*

एक दिन, गौरी ने घर लौटते समय साउथ एंड सर्किल के पास पानी-पूरी खा ली थी। उस रात उसे बहुत तेज बुखार था। उसका शरीर बुरी तरह तप रहा था। वह अजीब तरह से बड़बड़ाने लगी और वह जो कुछ भी बोल रही थी उसे हम समझ ही नहीं पा रहे थे। हमने महसूस किया कि यह कोई सामान्य बुखार नहीं है और उसे रात में करीब 11 बजे पांडु नर्सिंग होम ले गए।

गौरी उस समय अचेत थी। वह बीच-बीच में आंख खोलती और अनाप-शनाप बोलती। डॉक्टर ने कहा, "आपने अपनी बेटी की ठीक से परवरिश नहीं की है। मैं उसे बाद में देखूंगा।" यह कहकर वह चला गया। वह मध्य रात्रि तक नहीं लौटा। हमने जब नर्स से पूछा तो उसने बताया कि डॉक्टर अब अगली सुबह ही आएंगे।

लंकेश इससे बहुत नाराज़ थे। उन्होंने गौरी को उठाया और वहां से जाने के लिए तैयार हो गए। नर्स ने उन्हें रोकने का प्रयास करते हुए कहा, "आप डॉक्टर की अनुमति के बगैर मरीज को नहीं ले जा सकते।" लंकेश ने कहा, "मैं आपके अस्पताल के सारे शीशे तोड़ दूंगा। यहां मेरी बेटी को तेज बुखार है और आपके डॉक्टर कहते हैं कि हमने अपनी बेटी की ठीक से देखभाल नहीं की। आपको तो मैं बाद में देखूंगा।"

हम एक ऑटो में गौरी को मार्थाज अस्पताल ले गए। उस रात बहुत तेज बारिश हो रही थी। उस समय तक लंकेश ने मारूलसिदप्पा को बुला लिया था और वह भी पहुंच गए थे। गौरी की हालत देखते हुए वहां डॉक्टरों

ने उसे तुरंत भर्ती कर लिया।

वहां जांच में पता चला कि गौरी को मस्तिष्क ज्वर है और उन्होंने उसका उपचार शुरू किया। डॉक्टरों ने कहा कि उन्हें उसके मेरूदंड से सैंपल लेना होगा। गौरी अचेतावस्था में थी और उसे नहीं मालूम था कि वह कहां है और उसके साथ क्या हो रहा है, लेकिन वह लगातार चीख-चिल्ला रही थी और जो कोई भी उसे पकड़ने की कोशिश करता उससे बचने की कोशिश कर रही थी। अंततः चार लोगों ने उसे कसकर पकड़ा तब कहीं सिरिंज से मेरूदंड से सैंपल लिया जा सका।

गहन परीक्षण के बाद डॉक्टरों ने कहा, "आपकी बेटी की चेतना 42 घंटे के भीतर लौटना ज़रूरी है। यदि ऐसा नहीं हुआ तो हम उसके जीवन की गारंटी नहीं दे सकते। यदि वह जीवित बच भी गई तो जिंदगी भर के लिए दृष्टिहीन भी हो सकती है।" हम दोनों हतप्रभ थे। मेरी बेटी की आंखें अपने पिता की तरह ही खूबसूरत थीं। मैं बहुत गर्व से कहा करती थी कि हेमा मालिनी की आंखों की भी मेरी बेटी की आंखों से कोई तुलना नहीं है।

कठिनाई भरे दिन शुरू हो गए थे। मेरा दिमाग शून्य की अवस्था में पहुंच गया था और वह काम ही नहीं कर रहा था। मैं वहीं बैठी अपनी बेटी को निहार रही थी। मैं हर पांच मिनट पर अपनी घड़ी देखती और यही उम्मीद करती कि उसे जल्दी ही होश आ जाएगा। गौरी अचेत अवस्था में लेटी थी और उसके शरीर में किसी प्रकार की हलचल का संकेत नहीं था। करीब छत्तीस घंटे बाद उसके अंगों में थोड़ी हरकत हुई लेकिन उसकी आंखें अभी भी बंद थीं। उसके चेतना शून्य होने के अड़तीस घंटे बाद उसने अंततः अपनी आंखे खोलीं।

ऐसा लगा कि मेरे बेजान शरीर में जान लौट आई। वह देख सकती थी। लेकिन उसके शरीर के अंगों में बहुत कमज़ोरी थी जिसकी वजह से वह खड़ी भी नहीं हो पा रही थी। जब भी हम उसे खड़ा करने की कोशिश करते तो वह गिर पड़ती थी। उसे कुछ दिन सघन चिकित्सा कक्ष में रखा गया।

उन दिनों लंकेश का एक छात्र हरिहरप्रिय नियमित रूप से हमारे घर आया करता था। अस्पताल में हम बारी-बारी से गौरी के पास बैठते थे।

कुछ दिन बाद उन्होंने गौरी को वार्ड में भेज दिया परंतु उसे पूरी तरह स्वस्थ होने में काफी लंबा समय लगा। यदि हम उसे मार्थाज अस्पताल नहीं ले गए होते तो निश्चित ही वह बचती नहीं।

*

गौरी जब प्री-यूनिवर्सिटी कॉलेज में थी तो मेरी मित्र रानी ने मुझसे कहा कि वह उसी लड़के साथ ही घूमती है। यह लड़का, जो गौरी से कॉलेज में दो साल सीनियर था, चिदानंद राजगट्टा था। गौरी ने एक बार उसे मुझसे मिलाया था जब वह गांधी बाजार में गणेश बेकरी पर आया था। वह लंबा सांवला और दुबला पतला था। मै आश्चर्यचकित थी कि मेरी बेटी, जो मोरनी जैसी मनमोहक है, कैसे ऐसे लड़के को पसंद कर सकती है जो कौए जैसा लगता है।

इससे अधिक तो यह था कि वो अभी बहुत ही छोटे थे, इस उम्र में उन्हें जमकर पढ़ाई करनी चाहिए। मैंने लंकेश को इस बारे में बताया। उन्होंने कहा, "लड़के को घर बुलाओ। मैं उससे बात करूंगा।" जब वह घर आया तो लंकेश ने उसे सलाह दी कि उसके जीवन के मुकाम पर शिक्षा को प्राथमिकता दी जानी चाहिए। उसने चुपचाप सुना और चला गया। गौरी ने भी अपनी पढ़ाई पर ध्यान देने और उस लड़के से अब कभी नहीं मिलने का वायदा किया। मैं इसके बाद खामोश हो गई। एक साल बाद रानी ने उसे फिर पकड़ लिया जब वह अपनी क्लास छोड़ कर चिदानंद के साथ सिनेमा देखने गई थी।

इस बीच, गौरी के विवाह के लिए दो प्रस्ताव आए और दोनों ही डॉक्टर थे। दोनों ही परिवार हमारे परिचित थे। वास्तव में एक परिवार तो बगैर किसी सूचना के लिए हमारे घर आ गया था। कुछ दिन बाद वह ब्यूटी पार्लर गई और उसने कमर तक लंबे बालों को बॉब कट करा लिया। उसका तर्क था कि लड़के का रूढ़िवादी परिवार ऐसी लड़की पसंद नहीं करेगा जिसके बाल छोटे हों। और वह सही थी। मेरा भाई शिवु गौरी का यह नया अवतार देखकर भौंचक्का रह गया था और उसने उसे दो तमाचे लगाए। वह खामोश रही।

दूसरे डॉक्टर लड़के को स्वर्ण पदक मिला हुआ था। वह भी एक बार अपने पिता के साथ हमारे घर आया। गौरी इतनी ज़्यादा आगबबूला हो गई कि वह घर में पहने जाने वाले पुराने कपड़ों में ही उनके सामने बैठ गई।

इस लड़के का कद छोटा था और उसकी छोटी सी तोंद थी। उसने गौरी के निर्णय के बारे में जानने के लिए दो पत्र लिखे थे।

उसने जिद्दी भरे लहजे में कहा, "मैं अभी शादी नहीं करना चाहती। मैं पढ़ना चाहती हूं।" लंकेश उस समय *एलिनडलो बांडवारू* फिल्म की शूटिंग में व्यस्त थे और उन्होंने इस सब के बारे में अधिक परवाह नहीं की। उन्होंने उसे सिर्फ एक पत्र लिखकर कहा कि अपना व्यवहार इस तरह का रखो जिससे तुम्हारी मां आहत नहीं हो।

गौरी ने जब नेशनल कॉलेज से अपनी प्री-यूनिवर्सिटी पाठ्यक्रम की पढ़ाई पूरी की और उसी समय बेंगलोर विश्वविद्यालय में शुरू हुए पत्रकारिता के पाठ्यक्रम में बीए आनर्स में प्रवेश लिया तो उस समय तक हम गांधी बाज़ार स्थित अपने मकान में ही रहते थे। उस समय तक चिदानंद राजगट्टा ने डिक्री की पढ़ाई पूरी कर ली थी और पोस्ट ग्रेज्युएट पाठ्यक्रम में दाखिला ले लिया था। उनकी दोस्ती अभी भी जारी थी। इस बात से आश्वस्त होकर कि गौरी और चिदू एक दूसरे के बगैर नहीं रह सकते, मैंने चुप रहने का फैसला किया। चिदू मेरे पति का नजदीकी था। लंकेश, अजीत और चिदू ने श्वेत-श्याम टीवी के सामने उस समय कई दिन बिताए जब टेनिस या क्रिकेट टेस्ट मैच होता था।

गौरी भारतीय जन संचार संस्थान में पत्रकारिता के पोस्ट ग्रेज्युएट पाठ्यक्रम के लिए अकेले ही दिल्ली गई। यह पहला अवसर था जब हमारे घर का कोई बच्चा अकेले ही इतनी दूर जा रहा था। जब हमने बेंगलोर स्टेशन से उसे ट्रेन में विदा किया तो मेरी आंखें डबडबा रही थीं। लंकेश भी उत्सुक थे। वह उसके लिए उस वक्त इतना चिंतित नहीं होते थे जब वह घर पर थी लेकिन अब उन्होंने खबरें सुनते वक्त दिल्ली के मौसम की भी जानकारी रखना शुरू कर दिया था। वह नहीं चाहते थे कि गौरी दिल्ली की कड़ाके की सर्दी या गर्मी में परेशान हो।

*

दिल्ली में अपना पाठ्यक्रम पूरा करके एक साल बाद बेंगलोर लौटकर गौरी ने *टाइम्स ऑफ इंडिया* में संवाददाता के रूप में काम शुरू किया। उस समय तक चिदू का भी नाम होने लगा था। मैंने जोर देकर कहा, "तुम दोनों को इस तरह से एक साथ घूमते हुए काफी वक्त हो गया है। तुम दोनों शादी कर लो या फिर इस तरह से दिखाई देना बंद करो।" अब मेरी बेटी की पढ़ाई पूरी हो गई थी और मुझे विश्वास था कि वह सारी चीज़ों को संभाल सकती है और अपने पांव पर खड़ी हो सकती है।

एक दिन जब लंकेश हम सभी को एमजी रोड पर एक रेस्तरां में ले गए थे तो गौरी ने घोषणा की, "चिदू और मैं अगले महीने शादी कर रहे हैं। हमने रजिस्ट्रार के कार्यालय में अपना नाम पंजीकृत कराया है।" मैंने पूछा, "यह किस तरह की शादी है?!" लेकिन लंकेश बहुत खुश लग रहे थे कि उसने बहुत ही साधारण तरीके से बगैर किसी रस्मो-रिवाज के ही शादी करने का फैसला किया है। उनके चेहरे पर उस समय एक चमक सी आ गई जब उसने कहा, "मेरी शादी पर सिर्फ पंद्रह रुपए और पचास पैसे खर्च होंगे।" वह खुद भी इसी तरह की साधारण शादी में विश्वास करते थे और उन्होंने उन्हें प्रोत्साहित किया।

एक दिन ऑफिस से लौटने के बाद गौरी ने हमें सूचित किया, "हम कल सवेरे 11 बजे शादी कर रहे हैं।" चूंकि उसके पिता उस समय घर पर नहीं तो उसने उन्हें फोन पर यह जानकारी दी।

अगली सुबह, साड़ी की अपनी दुकान खोलने के बाद मैंने शांता से ध्यान रखने के लिए कहा और लंकेश के साथ रजिस्ट्रार कार्यालय चली गई। चिदू और गौरी पहले से ही वहां मौजूद थे। कुछ समय बाद ही उसके पिता डॉ. राजन्ना और मां उमा भी पहुंच गए। उनमें से कोई भी इस सिविल शादी के पक्ष में नहीं था। वे विशेषकर उत्सुक थे क्योंकि हमारी बेटी की तरह चिदु ने उन्हें इसके बारे में पहले नहीं बताया था और उसी दिन सवेरे यह खबर उन्हें दी थी।

हम जब रजिस्ट्रार कार्यालय से बाहर निकले तो उसकी मां उमा ने दृढ़ता से कहा, "यह किस तरह की शादी है? हमें पारंपरिक शादी भी करनी

होगी और अपने रिश्तेदारों तथा दोस्तों को आमंत्रित करना होगा।" गौरी इसके लिए राजी नहीं थी। उसने कहा, "लड़के के माता पिता परंपराओं के नाम पर लड़की के माता पिता को बहुत अधिक खर्च करने के लिए बाध्य करेंगे। मैं यह सब नहीं चाहती। मेरी अम्मा और अप्पा ने मुझे शिक्षित किया है, यही पर्याप्त है।" लंकेश वहीं चुपचाप खड़े सिगरेट पी रहे थे।

अंत में मैंने उसे शांत करने का प्रयास किया और कहा, "चलो हम अपने घर पर साधारण आयोजन करेंगे और दोनों पक्षों से 20-25 लोगों को आमंत्रित कर लेंगे।" लंकेश भी इसके लिए राजी हो गए क्योंकि यह साधारण ही लग रहा था। गौरी के पास अब कोई अन्य चारा नहीं था।

चार-पांच दिन बाद हमने घर पर एक साधारण का कार्यक्रम आयोजित किया। मैंने जल्दी में सारी तैयारियां पूरी कीं। अप्पया, शिवू और विमाला शिवमोगा से आए, लंकेश के भाई शिवरूद्रप्पा और उनके बच्चे आए। चिदु की ओर से करीब 50 लोग थे। परंतु चिदू और गौरी ने अपने किसी मित्र को आंमंत्रित नहीं किया और पारंपरिक रिवाज से शादी के खिलाफ अपना विद्रोही रवैया जारी रखा। मेरे भाई शिवू ने विवाह में कन्या दान की रस्म निभाई।

हमारे भोजन कक्ष में विवाह की रस्में संपन्न हो रही थीं और लंकेश यह सब अपने अध्ययन कक्ष से देख रहे थे। इसी बीच किसी ने उन्हें आवाज लगाई, "आओ, दंपती के माथे पर अक्षत लगाकर उन्हें आशीर्वाद दो।" उन्होंने कहा, "इस सबकी ज़रूरत नहीं है। मेरा आशीर्वाद वैसे भी हमेशा मेरी बेटी के साथ है।" लेकिन जब सभी ने जोर दिया तो वह नीचे उतर कर आए और दंपती को आशीर्वाद दिया।

बागेश्री एस द्वारा अनूदित

एक वनफूल

रहमत तारिकेरे

मैं, पी. लंकेश के साहित्यिक और पत्रकारिता के कार्यों का सक्रिय पाठक था परंतु उनके बच्चों के बारे में कुछ नहीं जानता था। गौरी के बारे में पहली बार मैंने उनके पिता के निधन और उनकी पत्रिका के संपादक का कार्यभार ग्रहण करने पर ही सुना। एक दिन मुझे *लंकेश पत्रिके* से एक पत्र मिला जिसमें एक पुस्तक की समीक्षा का अनुरोध किया गया था। यह पत्र अंग्रेज़ी में था। मैं लिखने के लिए तैयार हो गया हालांकि इसमें एक पंक्ति में लिखा था, "हमने आपको चुना है।"

परंतु इस पत्रिका के साथ मेरा संबंध लिखने का काम शुरू होने से पहले ही टूटना था। इसकी वजह लेखक भानु मुश्ताक से जुड़ी एक घटना था। मुस्लिम समुदाय के कुछ कट्टरपंथियों ने मस्जिद में महिलाओं के नमाज पढ़ने के अधिकार की हिमायत करने के कारण उसका बहिष्कार करने की धमकी दी थी। *पत्रिके* के एक संवाददाता ने इस मुद्दे पर मेरी प्रतिक्रिया ली थी। मैंने इस विवाद के बारे में पूरी जानकारी के बगैर तत्काल कोई भी टिप्पणी करने से इन्कार कर दिया। भानु भी मेरी तरह लेखक है। उसने और मैंने रमजान डर्गा, सारा अबूबकर और फकीर मोहम्मद कटपड के साथ मिलकर शाह बानो विवाद के दौरान मुस्लिम प्रगतिशील लेखक फोरम का गठन किया था। मैं इस विषय पर उसके साथ चर्चा के बाद ही प्रतिक्रिया देना चाहता था। गौरी ने मेरे इस संकोच को पसंद नहीं किया, जो चाहती थी कि मैं तत्काल इस घटना की निंदा करूं। मुझे एक कट्टरपंथी बताते

हुए साप्ताहिक में एक लेख प्रकाशित हुआ।

बाद में, गौरी ने अपनी साप्ताहिक पत्रिका शुरू कर दी। उस समय तक बाबाबूदनगिरि धर्म स्थल के कब्जे को लेकर हिंदुओं का विरोध शुरू हो चुका था। हमें इस मामले में जत्थों में एक साथ रहने, तथ्यों का पता लगाने वाली टीम, कार्यक्रमों और यहां तक कि जेल में भी साथ रहने के कई अवसर मिले थे। मैंने नजदीक से उसके मुंहफट और जल्दबाजी वाले स्वभाव के साथ उसकी सरलता, मानवीय दृष्टिकोण और सामाजिक विषयों को लेकर प्रतिबद्धता देखी। इसके बाद से अनेक राजनीतिक और सांप्रदायिक घटनाओं ने उसकी सोच, लेखन और उसके एक्टिविज़्म को एक आकार दिया। गौरी में लगातार बदलाव आता गया। परिवर्तन की इस प्रक्रिया का एक ऐतिहासिक महत्व था।

*

गौरी का, जिसने अंग्रेजी माध्यम के स्कूल में बेंगलुरू में शिक्षा प्राप्त की थी और लंबे समय तक दिल्ली में रही थी, कन्नड़ या कर्नाटक के साथ कोई आत्मीय संपर्क नहीं था। यहां तक कि वह कन्नड़ में लिखती भी नहीं थी। साप्ताहिक पत्रिका की संपादक बनने के बाद उसने अपने पिता के कुछ पुराने लेखों को फिर से प्रकाशित करना शुरू किया। लोग उसका परिहास करते हुए कहते थे कि जिन बच्चों ने कभी अपने पिता के लेखों को पढ़ा नहीं, वे अब खुद उनका फिर से प्रकाशन कर रहे हैं। लेकिन गौरी ने स्थानीय मुद्दों पर ज़वाब देना, कन्नड़ में सोचना और कन्नड़ में लिखना सीखना शुरू कर दिया था। उसने कन्नड़ भाषा का इतना ज्ञान प्राप्त कर लिया था जिससे वह पाठकों तक अपने विचार और भावनाओं को पहुंचा सके। उसके पत्रकारिता के लेख उसके राजनीतिक विचारक के रूप में उद्‌भव को दर्शाते हैं।

अपने पिता की तरह, गौरी बहुत अच्छी सार्वजनिक वक्ता नहीं थीं। वह टूटी-फूटी कन्नड़ भाषा में बोलती थी और उसके भाषण मुश्किल से पांच या छह मिनट के ही होते थे। मुझे याद है कि देवनागरे में सांप्रदायिकता विरोधी एक कार्यक्रम आयोजित हुआ था जिसमें वह इस तरह से बोल रही थीं कि मानो लोगों की क्लास ले रही हो। इस तरह के भाषण ने वहां उपस्थित

कुछ लोगों को नाराज भी किया और उन्होंने उसे तंग करना भी शुरू कर दिया था। गौरी को अपना भाषण छोटा करना पड़ा था। लंकेश ने भी लोगों की आलोचना की थी। परंतु उनकी आलोचना का एक स्तर था, जो किसी भी परिपक्व और बुद्धिमत्ता वाले व्यक्ति को सही रास्ते पर ला सकती थी। उनके लेख 'जीवन पवित्र है, शिलाएं नहीं' पर गौर करें जो भारत में सांप्रदायिक तनाव के चरम के दौरान प्रकाशित हुआ था। इस लेख में सिर्फ उन लोगों की ही बुरी तरह आलोचना नहीं की गई थी जो अयोध्या में मंदिर निर्माण के पक्ष में दलीलें दे रहे थे बल्कि बुद्धिमत्तापूर्ण तरीके से हमें भी यह समझा रहे थे कि किसी भी मंदिर से कहीं अधिक महत्वपूर्ण जिंदगी, रोजाना का संघर्ष और आसपास के सामान्य लोगों के साथ अपने संबंध हैं। इस लेख ने सिर्फ उन भोलेभाले लोगों को ही गहराई से प्रभावित नहीं किया जो सांप्रदायिक राजनीति के गहरे निहितार्थ को समझे बगैर ही उसमें शामिल हो गए थे बल्कि संक्षेप में उन लोगों के लिए भी पर्याप्त था जो सोच समझकर इसके साथ थे। यदि गौरी ने यह लेख लिखा होता तो इसका शीर्षक होता 'डाउन विद दोज हू कॉल ब्रिक्स सैक्रेड! (पत्थरों को पवित्र कहने वालों का नाश हो)' उसका स्वभाव कुछ इस तरह का था जो अपने प्रतिपक्षी को मुकाबला करने के लिए ललकारती थी। आधुनिक सोच और पाश्चात्य संवेदनशीलता रखने वाली गौरी यदि किसी चीज को बुराई समझती थी तो वह सीधे उसकी निदा करती थी।

मुझे उसका वह तरीका पसंद नहीं आया था जब उसने हिंदू आस्था और हिंदुत्वकी राजनीति की आलोचना की। मेरी आपत्ति के जवाब में वह कहती थी कि हिंदुत्व ब्रिगेड सिर्फ यही भाषा समझती है। उदाहरण के लिए, मेरा यह मत था कि हमे भैरप्पा के बेकार और विद्वेष वाले उपन्यास *आवरण* की आलोचना करके उसे अनावश्यक प्रचार नहीं देना चाहिए।[1] लेकिन वह इससे सहमत नहीं हुई और इस बारे में हम सभी से लेख लिखवाकर पुस्तक प्रकाशित कर दी। उसने हमेशा अपने वैचारिक विरोधियों को ऐसे लिया कि मानो वह लड़ाई के मैदान में है। वह ज़िद्दी थी और लोकप्रियता को

1. 'आवरण' येम्बा वि-कृति (आवरण नामक एक विकृति), लंकेश पब्लिकेशंस, 2007

पीछे छोड़ इस स्वप्न को पूरा करने के लिए अकेले ही संघर्ष करती थी। उसके विरोधियों की बात छोड़ो, यहां तक कि उसके कुछ सहयोगी भी यह समझने में असफल रहते थे।

अपने पिता के लिए गौरी के मन में बेशुमार प्रशंसा थी। एक बार जब मैंने एक सार्वजनिक समारोह में उनकी आलोचना की तो मुझे बाद में पता चला कि उसने इसे पसंद नहीं किया था। उसने हमेशा ही अपने पिता की कुरसी को अपनी बगल में खाली रखा। मैं उसको छेड़ा करता था कि यह तो सिंहासन पर राम की खड़ाऊं रखकर भारत द्वारा राज्य चलाना है। गौरी, जो हमेशा ही लंकेश की बौद्धिक उत्तराधिकारी होने की आकांक्षा रखती थी, हमेशा यह अच्छी तरह जानती थी कि उसकी डगर बहुत कठिन है। साहित्यिक उपलब्धियों के मामले में गौरी की उसके पिता के साथ कोई तुलना नहीं हो सकती। लेकिन उसकी सामाजिक प्रतिबद्धताओं और राजनीतिक संघर्ष के बारे में उसमें कहीं अधिक वैचारिक स्पष्टता थी। लंकेश यह कह सकते थे कि भाजपा में 'अच्छे लोग' चुनाव जीत सकते हैं। जब गोलापकृष्ण आदिग जनसंघ के उम्मीदवार बने तो यू. आर. अनंतमूर्ति ने इसका विरोध किया लेकिन लंकेश उनका प्रचार करने के लिए गए। गौरी ने कभी भी इस तरह की चूक नहीं की। इसकी एक वजह उस पर वाम राजनीति का प्रभाव होना था और यह भी एक तथ्य था कि उसने पत्रकारिता और एक्टिविज़्म में उस दौर में प्रवेश किया जब दक्षिणपंथी राजनीति फासीवादी स्वरूप अख्तियार कर रही थी।

जटिलताओं और विविधताओं से भरपूर हमारे जैसे देश में जब लोगों की धार्मिक आस्था को सांस्कृतिक परपंराओं के साथ मिला दिया गया हो तो उन लोगों के लिए, जो धर्म को राजनीतिक हथियार के रूप में इस्तेमाल करते हैं, स्वयं को धर्म के ठेकेदार के रूप में पेश करना और एक समुदाय की भावनाओं से छेड़छाड़ कर तथा वैचारिक विरोधियों को धर्म विरोधी तत्वों के रूप में पेश करना आसान हो जाता है। ऐसे तत्वों के खिलाफ बौद्धिक संघर्ष करना तलवार की धार पर चलने जैसा होता है। उन्हें इस तरह की भाषा का सामना करना पड़ता है जिससे एक ही साथ वे अपने विरोधियों को निरुत्तर कर दें और धार्मिक लोगों का विश्वास हासिल कर लें। उनमें

धर्म की विकृतियों से धर्म को अलग करने की संवेदनशीलता की आवश्यकता है।

गौरी ने संघ परिवार के खिलाफ आंदोलन में महत्वपूर्ण भूमिका निभाई थी, जिसने बाबाबूदनगिरि को दक्षिण की अयोध्या में परिवर्तित करने की घोषणा की थी।

लेकिन बाद के दिनों में उसने अपने सांप्रदायिकता विरोधियों और दलितों, महिलाओं, गरीब मुसलमानों, आदिवासियों और दूसरे उपेक्षित लोगों के प्रति अपनी चिंता के बीच संपर्क निर्मित करना शुरू किया। मोदी के प्रधानमंत्री बनने के बाद गौरी के लिए भारत में तेज़ी से उभर रही फासीवादी ताकतों को चुनौती देने के लिए वामपंथियों और आंबेडकरी विचारधारा वालों को साथ लाने का विकल्प खोजना जरूरी हो गया था। वह प्रतिरोध और प्रेम को एकसाथ लाने की दिशा में धीरे धीरे परिपक्व हो रही थी। गौरी ने, जिसका कोई हमसफर और बच्चा नहीं था, राजनीतिक आंदोलनों में अपने दोस्तों के बीच ही साथी देखने लगी थी। उसने आंदोलन में शामिल नौजवान लड़के-लड़कियों को अपने बच्चों की तरह देखना शुरू कर दिया। उनके लिए कपड़े खरीदने और उन्हें खाना खिलाने में उसे खुशी होती थी। उनके सान्निध्य में उसमें नई ऊर्जा का संचार होता था। उसने हजारों नौजवान लड़के लड़कियों का नेटवर्क तैयार किया जो एक नए समाज की रचना करने का सपना देखते थे। जिग्नेश मेवाणी, जो गौरी द्वारा खरीदी नीले रंग की शर्ट पहने हुए थे, के कंधे से लग कर खड़ी गौरी की तस्वीर इसका प्रतीक थी।

*

एक हठी, संघर्ष करने वाली गौरी पिछले कुछ सालों में ऐसे व्यक्ति के रूप में परिपक्त हो रही थी जो जनमत तैयार करने के लिए धैर्यपूर्वक काम कर सकती थी। सांप्रदायिकता का जहर घोलने वाले अक्सर उसे ट्रोल करते हुए उसके प्रति बहुत ही निंदनीय भाषा का प्रयोग करते थे। वह उन सभी को ऐसे बच्चों के रूप में देखती थी जो मार्ग से भटक गए हैं और कई बार देर रात तक उन्हें ऑनलाइन चर्चा में व्यस्त रखती थी। वह अपनी वैचारिकता या राजनीतिक प्रतिद्वंद्वियों के बारे में हर चीज का आंख मूद कर विरोध

नहीं करती थी। जब किसी ने मोदी की खराब अंग्रेजी की नकल बनाई तो उसने कहा कि अंग्रेज़ी सत्ता पाने और ब्रिटिश हुकूमत द्वारा देश में पक्षपात करने का हथियार थी और इसलिए वैचारिक प्रतिद्वंद्वी की नकल बनाने के लिए इसका प्रयोग करना गलत है। गौरी ने, जिसने भैरप्पा के उपन्यासों *आवरण* और *कावलू* की पुरजोर आलोचना की थी, यह भी निश्चय कर रखा था कि जहां कहीं भी वह जाती वहां यह जरूर कहती कि *उत्तर कांड* क्यों एक अच्छा उपन्यास है।

गौरी हमेशा ही मेरे सभी लेखों के साथ मेरी एक पुरानी तस्वीर का इस्तेमाल करती थी। मैंने इस पर आपत्ति की थी। मैंने कहा था, ‘‘मैं इस तस्वीर से कहीं ज्यादा अच्छा नज़र आता हूं। एक अच्छी तस्वीर का इस्तेमाल करो।’’ उसने तस्वीर बदल दी। हर बार मेरा लेख प्रकाशित होने पर वह मुझे फोन करके चिढ़ाती, ‘‘तारिकेरे, मैंने एक तस्वीर लगाई है जिसमें तुम जैसे दिखाई पड़ते हो वो उससे भी अच्छी है।’’ एक बार गौरी ने मुझे अपने पिता के जन्मदिन के सम्मान में आयोजित एक कार्यक्रम के उद्‌घाटन के लिए आमंत्रित किया। वह सबसे बड़ा पुरस्कार था जो मुझे मिला। मुझे उनकी तस्वीर पर फूल बरसाते हुए आयोजन का उद्‌घाटन करना था।

मैं संकोच कर रहा था। मैंने इससे पहले केन्याई लेखक न्गुगी वा थ्योंग’ओ की *डिकोलोनाइज़िंग द माइंड* का अनुवाद किया था और लंकेश ने पुस्तक की समीक्षा में मेरी बुरी तरह आलोचना की थी। मैंने नाटकीय तरीके से गौरी से कहा, ‘‘तुम्हे मेरी रक्षा करनी होगी अगर लंकेश तस्वीर से बाहर निकल कर एक बार फिर मेरी मरम्मत करने का निर्णय लेते हैं।’’ उसने कहा, ‘‘इसकी चिंता मत करो, अप्पा इतनी छोटी छोटी बातों को याद नहीं रखते हैं। हिम्मत से काम लो और चले आओ।’’ गौरी, जो गले तक राजनीतिक संघर्ष में डूबी हुई थी, कभी भी हंसने और दूसरे लोगों को हंसाने का अवसर नहीं गंवाती थी। यदि मैं उसके हंपी आगमन पर उसे घर पर भोजन पर आमंत्रित करता तो वह हमेशा मुझे आगाह करती, ‘‘मैं एक मुसलमान के घर आ रही हूं। तुम मुझे सिर्फ मिठाई खिलाने का साहस मत करना...बिरयानी, बिरयानी!’’

यह साप्ताहिक, जिसने उसे एक पहचान थी, उसके लिए एक मील

का पत्थर भी थी। नोटबंदी इस साप्ताहिक के प्रसार में भी कमी लाई थी। वह अपने कार्मिकों को हर महीने पैसा देने के लिए संघर्ष कर रही थी। काम की अधिकता और आर्थिक दबाव उसके शरीर पर प्रभाव डाल रहे थे। उसने एक बार अपने सभी निकट मित्रों को इस साप्ताहिक की वित्तीय स्थिति से अवगत कराने के लिए बैठक बुलाई थी। मैं उस बैठक में शामिल नहीं हो सका था। एक सप्ताह बाद, मुझे एक पत्र का मसौदा मिला जो वह अपनी साप्ताहिक के. जी. राजशेखर और फणिराज सहित सभी मित्रों को आर्थिक मदद के अनुरोध के साथ भेजना चाहती थी। इसके तुरंत बाद ही मुझे उसकी हत्या किए जाने की सूचना मिली।

शैव पुराण में गौरी दक्ष की पुत्री है। उसके नाम का मतलब 'गोरा रंग है।' उसने विवाह के लिए काले रंग वाले शिव का चयन किया था। दक्ष ने इस जोड़े को मंजूरी नहीं दी थी। गौरी अपने पति के अपमान के विरोध में यज्ञ कुंड में कूद गई थीं। पार्वती के रूप में पुनर्जन्म हुआ, उन्होंने घोर तपस्या की और शिव को प्रसन्न कर लिया। परंतु हमारी गौरी ने अपने नाम के साथ पिता का नाम जोड़ लिया ओर उनके रास्ते पर चलने का प्रयास किया। पौराणिक गौरी की तरह ही वह भी परिवर्तन के दौर से गुज़री।

एक वनफूल होता है जिसकी पंखुड़ियां लपटों जैसी होती हैं, कन्नड़ में उसे गौरी हूवु कहते हैं। हमारी गौरी आग जैसी ही तेज हो सकती थी परंतु उसका दृढ़ विश्वास था कि हथियारों के साथ कोई भी क्रांति संभव नहीं है। यह भी विडंबना ही है कि एक हथियार ने ही उसकी जिंदगी ले ली। सिर्फ किराए के हत्यारों की बर्बरता ही इतना अधिक परेशान करने वाली नहीं है बल्कि नए भारत का निर्माण करने की चाहत रखने वाली एक युवा पीढ़ी का यह दृढ़ विश्वास भी परेशान करने वाला है कि विपरीत विचारधारा रखने वाले पर वे जब चाहें हमला कर सकते हैं और यहां तक कि उसकी हत्या भी कर सकते हैं। युवा मस्तिष्क में इस तरह का ज़हर भरने वाले किस तरह के समाज का निर्माण करना चाहते हैं? गौरी की हत्या ने हमारे सामने अनेक सवाल पैदा किए हैं। उसकी हत्या के बाद जो प्रतिक्रिया मिली है वह भी इस सवाल का जवाब देती हैं। आगे सिर्फ एक ही रास्ता है कि समान सोच वाले लोग एकजुट हों।

*

मैंने एक वीडियो देखा है जिसमें गौरी, जो छोटे कद की थी, एक सार्वजनिक कार्यक्रम में झुककर और धैर्यपूर्वक अपने कद के अनुरूप माइक ठीक करते दिखाई दे रही है। यह कर्नाटक की जटिल परिस्थितियों के अनुरूप खुद को ढालने के उसके प्रयासों को प्रतिबिंबित करती लगती है। गौरी की परिवर्तन की यह प्रक्रिया पूरी होने या खुद को बदल कर कर्नाटक में बदलाव का केंद्र बनाने से पहले ही हत्या कर दी गई।

गौरी ने अपने पिता के अंतिम संस्कार के बारे में एक लेख लिखा था। उसकी एक पंक्ति है, ''एक व्यक्ति को इस दुनिया से कैसे विदा किया जाता है यह सवाल उतना ही महत्वपूर्ण है जितना यह कि एक व्यक्ति इस दुनिया में किस तरह जीया।'' गौरी को कर्नाटक की विदाई से लगता है कि उसके व्यक्तित्व, विचारधारा और अपेक्षाओं के प्रभाव को अधिक व्यापक बना दिया है।

बागेश्री एस द्वारा अनूदित

अक्का का कायाकल्प

के. फणिराज

गौरी उतनी ही व्यक्तिगत मित्र थी जितनी की वह उन आंदोलनों की प्रिय कॉमरेड थी जिनमें हम शामिल थे। वह शायद हमारी इतनी आत्मीयता वाली मित्रता नहीं होती यदि हमने समान सामाजिक सरोकार और इसके परिणाम स्वरूप जन आंदोलनों को साथ रहते हुए वक्त साझा नहीं किया होता। सामाजिक आंदोलन के प्रति हमारे दृष्टिकोण में असहमति होने के बावजूद हमारे बीच मित्रता की गर्मजोशी बनी रहती क्योंकि हम एक व्यापक संवेदनशीलता साझा करते थे। वह ऐसे मानवीय रिश्ते बनाना चाहती थी जिसमें जाति, धर्म, वर्ण, लिंग, राष्ट्रीयता और दृढ़ वैचारिकता का मतलब नहीं हो। कर्नाटक में गौरी के करीब 15 साल के प्रयोग अधूरे ही रह गए।

चूंकि वह मुझसे कुछ साल बड़ी थी, इसलिए मैं व्यक्तिगत और सार्वजनिक रूप से उसे अक्का (बड़ी बहन) बुलाता था। वह भी निजी बातचीत में मुझे 'तम्मा' (छोटा भाई) और सार्वजनिक रूप से 'सहोदर' बुलाती थी। एक बार मैंने यह बात उसके सामने रखी तो उसने कहा कि तम्मा में निजी संवाद की गर्मजोशी होती है, जबकि सहोदर से रिश्तेदारी की ध्वनि निकलती है। वह कहती, "यह बारीकी तुम जैसे नहीं समझोगे!"

हम दोनों के व्यक्तित्व में जबर्दस्त अंतर था। वह बेंगलोर को अपना घर जैसा महसूस करती थी जो छोटे शहर से आए मेरे जैसे व्यक्ति के लिए दुःस्वप्न जैसा ही था, उसकी अंग्रेज़ी बहुत अच्छी थी और उसका बोलने का लहजा 'कॉन्वेंट स्कूल' वाला था, जबकि मैं अंग्रेज़ी में बमुश्किल दो वाक्य

बोल पाता था, वह दुनिया के विभिन्न देशों में रह चुकी थी और मैंने कर्नाटक से बाहर भी पैर नहीं रखा था। वह किसी भी वामपंथी आंदोलन से जुड़ी नहीं थी जबकि मैंने अपनी जिंदगी का दो दशक से भी अधिक समय इसमें गुजारा था।

वर्ष 2000 कर्नाटक के सामाजिक-आर्थिक जीवन का एक महत्वपूर्ण मोड़ था। राज्य की आर्थिक प्राथमिकताओं में बदलाव—अब आईटी-बीटी से ग्रस्त—होने के अलावा जनता के दिलों में बड़े पैमाने पर हिंदुत्व की राजनीति करने वाली ताकतें अपने पांव जमा रहीं थीं। इस घटनाक्रम के प्रति मुख्यधारा की प्रतिक्रिया महज औपचारिकता थी और उसमें किसी भी प्रकार का सक्रिय प्रतिरोध शामिल नहीं था। राज्य में तेजी से उभर रही दक्षिणपंथी तानाशाही के खिलाफ एक केंद्रित आंदोलन शक्ल ले रहा था परंतु इसमें दूर दराज तक के इलाकों तक संदेश पहुंचाने के लिए किसी भी प्रकार के सामंजस्य का अभाव था।

दो दशकों का जोशपूर्ण सामाजिक आंदोलन शिथिल पड़ने लगा था जबकि हिंदुत्व की छाया तेजी से पांव पसार रही थी। यह वह समय था जब करीब तीस वर्षीय जोशीली गौरी का कनार्टक में महत्वपूर्ण घटनाओं से परिपूर्ण जीवन की पारी के लिए इसमें पदार्पण हुआ।

वर्ष 2000 में, आधुनिक कन्नड़ साहित्य के मूर्तिभंजक सितारे पी. लंकेश का निधन हो गया। उन्होंने अपनी नई साप्ताहिक पत्रिका से सांस्कृतिक नेतृत्व प्रदान किया था। इस पत्रिका की टैगलाइन थी, 'बुद्धिमान कन्नड़ पुरुषों और महिलाओं की *पत्रिके*।' दूसरे पाठकों की तरह ही मुझे भी 'बुद्धिमान पुरुषों और महिलाओं' पसंद आया और सोचा कि यह एक युग की शुरुआत है। इस विश्वास का समर्थन करने की अनेक वजहें थीं। कन्नड़ भाषा में दक्ष लंकेश प्रत्येक संस्करण में पांच से छह कॉलम लिखते थे। इसकी चमत्कृत भाषाई पहुंच नाना प्रकार की संवेदनाओं को प्रेरित करती थी। वह उस वक्त के जोशीले वाम आंदोलन के प्रति उस सीमा तक सशंकित थे जिसमें इसे 'छद्म विद्रोहियों' का तमगा दिया जा रहा था। उन्होंने कम्युनिस्टों के बारे में एक निश्चित राय बना रखी थी और उनके साथ दूर दूर तक सहानुभूति रखने वाले लेखकों को प्रकाशित करने से इन्कार कर दिया था। परंतु सरकार

के खिलाफ असहमति के स्वर उठाने की अपनी शैली के अनुरूप काफी सक्षम थे। वामपंथी आंदोलन से जुड़े हमारे जैसे लोग इसके बावजूद पत्रिका को सिर्फ इसलिए देखते थे क्योंकि इस साप्ताहिक में बोलचाल की कन्नड़ भाषा का बेहतरीन प्रयोग करके असहमति के स्वर पैदा करने की अपनी ताकत थी। एक संस्थान की तरह ही इस साप्ताहिक ने महिलाओं और युवा लेखकों का एक समूह तैयार किया। लंकेश बहुत ही समझदार संपादक थे जिन्होंने अपनी पत्रिका के प्रकाशन के लिए पर्याप्त धन की व्यवस्था की और विज्ञापनों के प्रलोभन में पड़े बगैर ही खुद ऐसी जिंदगी जी जिससे ईर्ष्या हो। वह उन पहले व्यक्तियों में थे जिन्होंने 1990 के दशक के प्रारंभ में हिंदुत्व की राजनीति के पनपने को भांप लिया था। उन्होंने इस विघटनकारी राजनीति के खतरे को भांपा और अपने ही तरीके से तीखे आलोचक का स्वरूप प्रदान किया। उनकी अपनी व्यक्तिगत बौद्धिक क्षमता ही उनकी साप्ताहिक की सफलता की नींव का पत्थर थी। यह कहना उचित ही होगा कि उनका उत्तराधिकारी मिलना बहुत आसान नहीं होता।

एक पाठक के रूप में, मुझे उनकी अंग्रेज़ी पत्रकारिता में पगी बेटी गौरी के बारे में रंच मात्र भी जानकारी नहीं थी, जो उनके निधन के बाद साप्ताहिक की बागडोर संभाल रही थी और इसका स्वरूप बदल रही थी। लेकिन ऐसा हुआ और पत्रिका का प्रकाशन निर्बाध रूप से जारी रहा, हालांकि लंकेश के प्रतिभाशाली लेखकों के दायरे ने खुद को इससे दूर कर लिया।

गौरी द्वारा *पत्रिके* के संपादक का कार्य संभालने के तुरंत बाद उसने उडुपी में 'आठ माधव मठों' के संस्थागत लेन देन के बारे में रिपोर्ट प्रकाशित की। चूंकि इन आठ में से एक मठ का ताकतवर मठाधीश विहिप की धर्म संसद का प्रमुख सदस्य था, विहिप और बजरंग दल के कार्यकर्ताओं ने समाचार पत्रों के सारे स्टॉलों की घेराबंदी करके *लंकेश पत्रिके* की प्रतियां जबर्दस्ती अपने कब्जे में लेकर सार्वजनिक रूप से उन्हें जला दिया। इसके बाद, उन्होंने आठ मठों की ओर जाने वाले एक चौराहे पर स्थित पार्क में प्रतिशोधात्मक आम सभा की। मठों को आतंकवादी हमले के खतरे के नाम पर उडुपी नगरपालिका ने हाल ही में इस पार्क में 'धार्मिक समागमन' के अलावा अन्य तरह की सार्वजनिक सभाओं के आयोजन पर प्रतिबंध लगा दिया था। *लंकेश*

पत्रिके के खिलाफ राजनीतिक विद्वेष को छुपाने के प्रयास के बगैर ही प्रदर्शन किया गया जिसे विषवमन करने वाले बजरंग दल के राष्ट्रीय अध्यक्ष, विहिप के स्थानीय नेताओं और ताकतवर मठाधीशों ने संबोधित किया। पुलिस मौजूदगी में *पत्रिके* की संपादक और लेखकों को गंभीर अंजाम भुगतने की चेतावनी दी गई। *पत्रिके* के साथ हुई गुंडागर्दी के खिलाफ कोई कार्रवाई शुरू नहीं की गई।

मैंने इस बारे में एक विस्तृत खबर लिखी और *पत्रिके* के पास भेजी। यह लेख मिलने के बाद, नई संपादक ने, जिसे मैं व्यक्तिगत रूप से नहीं जानता, मुझे फोन करके घोषणा की, "कितनी खौफनाक जगह है! आप लोग यहां कैसे रहते हैं! बहरहाल, मैं इस रिपोर्ट को जस का जस प्रकाशित करूंगी। *पत्रिके* के लिए लिखते रहिए।" इस साप्ताहिक के 1980 में प्रारंभ होने के समय से ही, इसके संपादक की हैसियत से पी. लंकेश रिपोर्टर या लेखक से सारे विवरण की पुष्टि करने के बाद, अपराध करने वाले व्यक्तियों और उसके संगठन का नाम प्रकाशित किया करते थे। मुख्यधारा के अखबार आरोपी या एक संगठन कह कर जिन चीजों को साफ सुथरे शब्दों में छिपाते थे, लंकेश जानते थे कि इसकी वजह सत्ता है और वह ताकतवर लोगों को खुश करने के लिए तैयार नहीं थे। गौरी ने भी कोई समझौता नहीं करने की संपादकीय नीति का अनुसरण किया जिसने हमारे जैसे कई लोगों को तटीय कर्नाटक में निर्बाध तरीके से हो रही हिंदुत्व राजनीति की हिंसा के बारे में नियमित रूप से लिखने के लिए प्रोत्साहित किया। जब कभी भी रिपोर्टिंग की रफ्तार कम हुई तो गौरी फोन करके पूछती, "ईश्वर का शुक्र है! यह शांति है या युद्ध विराम?"

पत्रिका के लिए इस तरह की एक्टिविस्ट रिपोर्टिंग कोई नई चीज नहीं थी। 1980 के दशक से ही समाजवादी दायरे के अनेक दलित और महिला कार्यकर्ता इसके रिपोर्टर थे। लंकेश खुद इनका चयन करते थे, लेकिन ज़मीन पर काम करने वाले कार्यकर्ताओं से मिलने वाली रपट को आमतौर पर दूर ही रखा जाता था। गौरी के संपादन कार्यकाल के दौर में इसमें बदलाव आया। अब यह देखा जा सकता था कि ज़मीन पर काम करने वाले कार्यकर्ता आंदोलनों के बारे में लगातार लिख रहे थे। उन दिनों गौरी को कर्नाटक

में सक्रिय तमाम तरह के संगठनों और उनके वैचारिक आधारों के बारे में जानकारी नहीं थी। जब कभी भी इस तरह की रपट प्रकाशन के लिए आती तो वह दशकों से आंदोलन से जुड़े रहे हममें से ही कुछ लोगों से स्पष्टीकरण मांगती। कई बार तो इन समूहों की वैचारिक भिन्नताओं के बारे में बताने के दौरान वह कहती, "आप लोगों में इस तरह के मतभेद क्यों हैं! क्या यह बेहतर नहीं होगा कि लोग एक व्यापक एकता बनाए रखें? फिर भी, मैं आप में से किसी के साथ ही इस मामले में उलझना नहीं चाहती!" परंतु वह बगैर किसी बाधा के लेखों को प्रकाशित करती थी। ऐसा लगता है कि इसी तरह से उसने कर्नाटक की सामाजिक वास्तविकताओं और उनके निहितार्थों के बारे में खुद को शिक्षित किया था। इसी तरह से उसे चिकमंगलूर जिले में बाबाबूदनगिरि में पारस्परिक सौहार्द वाली दरगाह को नष्ट करने के संघ परिवार के अभियान के खिलाफ उसके आने से तीन साल पहले शुरू हुए बाबाबूदनगिरि सद्भाव फोरम के बारे में जानकारी प्राप्त हुई।

*

2002 में, भाजपा नेताओं ने खुलेआम घोषणा की कि वे "कर्नाटक को गुजरात में तब्दील कर देंगे और बाबाबूदनगिरि को एक और अयोध्या बना देंगे।" इसके समर्थन में, बाबाबूदनगिरि सद्भाव फोरम ने कर्नाटक में सभी हिंदुत्व विरोधी वर्गों को एक मंच पर बुलाया और कर्नाटक कोमू सौहार्द वेदिके का गठन किया और चिकमंगलूर में ऐतिहासिक रैली और जनसभा का आयोजन किया और इस तरह से दक्षिणपंथ की बढ़ती गतिविधियों का सक्रिय तरीके से प्रतिरोध करने के लिए एक पहल शुरू की। गौरी इससे प्रभावित हुई और उसने इस मंच की गतिविधियों में खुद भी शामिल होना शुरू कर दिया। जनता के संगठन और इच्छुक व्यक्तियों का एक मंच होने की वजह से कर्नाटक कोमू सौहार्द वेदिके (केकेएसवी) का संगठनात्मक ढांचा लचीला था। इस संगठन का लचीलापन गौरी को पसंद आ रहा था क्योंकि अपने उदार दृष्टिकोण की वजह से वह किसी भी संगठन की बेड़ियों में बंधने के मामले में असहज महसूस करती थी। केकेएसवी कर्नाटक के सिर्फ लेखकों और बुद्धिजीवियों को ही एकसाथ लाने में ही नहीं बल्कि तीस्ता सीतलवाड़, मेधा

पाटकर और अरुंधति रॉय जैसी राष्ट्रीय स्तर पर अपनी पहचान बनाने वाली हस्तियों को भी इस आंदोलन से जोड़ने में सफल रहा। *पत्रिके* इस आंदोलन की आवाज बन गई क्योंकि इसकी संपादक इसमें सक्रिय रूप से हिस्सा ले रही थी।

इसके बाद के वर्षों में केकेएसवी और संघ परिवार के बीच लड़ाई इतनी तेज हो गई कि कर्नाटक सरकार ने चिकमंगलूर में बाहरी लोगों के किसी भी जमावड़े पर निषेधाज्ञा लगा दी। यह दिसंबर, 2003 में सूफी धर्मस्थल पर 'दत्ता जयंती' मनाने के नाम पर दरगाह पर संघ परिवार के लोगों के एकत्र होने की पूर्व संध्या थी। केकेएसवी ने इस रणनीति का मुकाबला करने के लिए काफी आक्रामक रुख अपनाया और चिकमंगलूर में मार्च निकालने के लिए कार्यकर्ताओं और बुद्धिजीवियों को एकजुट किया। इस आंदोलन को लेकर गौरी में इतना अधिक जोश था कि जब पुलिस ने बुद्धिजीवियों को हिरासत में लेकर उन्हें चिकमंगलूर पहुंचने से रोक दिया तो वह सैकड़ों कार्यकर्ताओं के साथ गुपचुप तरीके से निर्धारित समय पर जनसभा में जा पहुंची और गिरफ्तारी दी। उसने जेल के भीतर से भी अपनी पत्रिका के संस्करण का समय से प्रकाशन भी सुनिश्चित किया। उसका संपादकीय इस नए समाजसेवी काम से उपजे आत्मविश्वास से लबरेज था। केकेएसवी का प्रमुख चेहरा बनने के बाद वह तीस्ता सीतलवाड़ के नेतृत्व वाले गैर सरकारी संगठन सिटीजंस फॉर जस्टिस एंड पीस के सहयोग से इस धार्मिक स्थल के लिए न्याय की लड़ाई लड़ती रही। एक खुले विचार वाली पत्रकार जो अपने अंतिम समय तक किसी भी संगठन की पहचान से इतर स्वतंत्र रहना चाहती थी, वह हिंदुत्व के राजनीतिक मंसूबे का मुकाबला करने के लिए एक आंदोलन का स्वेच्छा से चेहरा बन गई। केकेएसवी आंदोलन में सक्रिय रहे हमारे जैसे सभी लोगों के लिए उसका इस तरह से प्रमुखता के साथ उभरना शानदार तरीके से हैरान करने वाला था परंतु सामाजिक एक्टिविज़्म के दबावों ने हमें दो साल के भीतर उसका इस तरह से कायाकल्प होने के बारे में विश्लेषण करने का मौका नहीं दिया।

केकेएसवी के आंदोलन में गौरी के शामिल होने की वजह से उसका ध्यान समाज़ में चल रहे विभिन्न प्रकार के संघर्षों की ओर गया। मानव

अधिकार कार्यकर्ताओं ने इसी दौरान नक्सलवाद के विचारों से उसे अवगत कराया। इस समय तक सीपीआई-एमएल (माओवादी) के छापामार पश्चिमी घाट के जंगलों में प्रवेश कर चुके थे और वे कर्नाटक में अपनी पार्टी मजबूत बनाने के लिए संगठित हो रहे थे। जून, 2004 में पार्टी के नेता साकेत राजन ने कर्नाटक के पत्रकारों को अपनी पार्टी के उद्देश्यों और सिद्धांतों की जानकारी देने के लिए एक प्रेस कॉन्फ्रेंस बुलाई। साकेत राजन बेंगलोर विश्वविद्यालय और फिर भारतीय जनसंचार संस्थान, नई दिल्ली में गौरी का सीनियर था। *पत्रिके* में प्रकाशित उसके संपादकीय से स्पष्ट था कि गौरी इस संगठन के उद्देश्यों और सिद्धांतों से काफी प्रभावित थी परंतु इन्हें प्राप्त करने के लिए अपनाए गए तरीकों के खिलाफ थी। उसी साल अपने मानव अधिकार कार्यकर्ताओं से विचार विमार्श के माध्यम से ही गौरी को सशस्त्र संघर्ष को लेकर माओवादी पार्टी के भीतर मतभेदों और एक गुट द्वारा छापामार युद्ध का रास्ता छोड़ने की इच्छा के बारे में पता चला।

वह सिटीजंस इनीशिएटिव फॉर पीस का हिस्सा बन गई। यह संगठन माओवादी पार्टी के एक गुट के मुख्य धारा में शांतिपूर्ण तरीके से प्रवेश के लिए कर्नाटक सरकार के साथ सक्रिय होकर मध्यस्थता कर रहा था। लेकिन फरवरी, 2005 में साकेत के एक एन्काउंटर में मारे जाने की घटना ने सारी प्रक्रिया को रोक दिया। अभी भी, गौरी ने नक्सली उद्देश्यों के बारे में सक्रिय होकर लिखा क्योंकि वह इन्हें उचित समझती थी, और इसीलिए सीआईपी में उसकी संलिप्तता तर्कसंगत लगती थी। इस तरह के मसले के लिए *पत्रिके* को मंच बनाने को लेकर संपादक के ऐसे उत्साह को उसके छोटे भाई इंद्रजीत ने पसंद नहीं किया, जो *पत्रिके* का कानूनी रूप से मालिक और प्रकाशक था। गौरी ने संपादक का पद छोड़ने का फैसला किया और शांति प्रयासों के अपने समर्थकों और उससे सहानुभूति रखने वालों की सलाह पर उसने अपनी *गौरी लंकेश पत्रिके* शुरू कर दी।

भाजपा के 2007 में कर्नाटक में सत्ता में आने और इसके परिणामस्वरूप संघ परिवार के तेज होते सांप्रदायिक हमलों की वजह से उसकी पत्रिका ने दक्षिणपंथी ताकतों के खिलाफ प्रतिरोध करने वाले मंच की सक्रिय भूमिका अपना ली। वर्ष 2010 तक उसने दलितों, महिलाओं और कर्नाटक में वाम

आंदोलन की मुखर आवाज के रूप में खुद को तब्दील कर लिया और इसके साथ ही सार्वजनिक जीवन में उसका कद काफी बढ़ गया। वर्ष 2011 में सिद्धारमैया के नेतृत्व में कांग्रेस के सत्ता में आने के साथ ही सीआईपी की सक्रियता फिर से बढ़ी और इस प्रक्रिया की परिणति दो माओवादी नेताओं के मुख्य धारा में लौटने के साथ हुई। इसने गौरी की सार्वजनिक छवि को और बढ़ा दिया। वर्ष 2016 खत्म होने तक 'गौरी मैडम' को हर तरह के आंदोलनों में युवा कार्यकर्ताओं से घिरे हुए देखा जा सकता था।

वर्ष 2000 में वह एक पत्रकार के रूप में कर्नाटक से रू-ब-रू हुई थी और 2003 तक वह एक पत्रकार-कार्यकर्ता हो गई और 2015 तक वह एक्टिविस्ट पत्रकार बन चुकी थी। हमारे जैसे लोग, जो इस दौरान गौरी के साथ चले, वे उसके व्यक्तित्व में हो रहे जबर्दस्त बदलाव का अकालन करने के लिए भी नहीं रुके।

*

गौरी ने तमाम अन्य व्यस्तताओं के होते हुए भी एक नियमित मध्यम वर्ग के पत्रकार के रूप में काम करने के साथ जीवन शुरू किया था। इस काम में हिम्मत और निस्वार्थ भाव जरूरी था ताकि समय की आवश्यकता के अनुसार काम पूरा किया जा सके। वर्ष 2000 से पहले की उसकी जिंदगी पर सरसरी निगाह डालना ही यह दर्शाने के लिए पर्याप्त है कि वह असाधारण इच्छाशक्ति वाली एक महिला थी जो पितृसत्ता को चुनौती देने से नहीं डरती थी और उसमें एकल महिला की जिंदगी जीने की हिम्मत थी। हमें यह जानना चाहिए कि यह करना आसान नहीं है, हम जो सामाजिक संस्थाओं से मिलने वाली सुरक्षा के बदले में उन संस्थाओं के प्रति अपने असंतोष को दबा देते हैं, गौरी ने यह नहीं किया। अपनी व्यक्तिगत स्वतंत्रता को अखंड बनाए रखने के गौरी के संकल्प के बारे में वे सब जानते थे जो उसके साथ चल रहे थे। उसने स्वेच्छा से आंदोलनों में हिस्सा लिया परंतु एक संगठनात्मक संचरना के अंतर्गत आने से इन्कार कर दिया था। वह दूसरों की स्वतंत्रता का सम्मान करती थी लेकिन उसने अपनी स्वतंत्रता पर भी किसी प्रकार की बंदिश की अनुमति नहीं दी। वह अपने संबंधों को लेकर जिद्दी हो

सकती थी परंतु तानाशाह कभी नहीं थी।

वह केकेएसवी आंदोलन का हिस्सा बनीं क्योंकि वह हिंदू राष्ट्रवाद, विशेषकर इसके पितृसत्ता के पहलू और व्यक्तिगत आजादी के दमन के प्रति उसका अपना दृढ़ विरोध था। गौरी के *पत्रिके* के संपादन का कार्यभार संभालने के पहले से ही व्यावहारिक समझ के आधार पर हिंदुत्व की राजनीति के व्यक्तिगत आलोचकों के लिए एक मंच के रूप में इसकी सशक्त परंपरा थी। उसके पिता उन चुनिंदा कन्नड़ लेखकों में से एक थे जो 1990 के पहले भी हिंदुत्व ताकतों का मुकाबला करने के लिए तैयार थे और गौरी को इस परंपरा पर गर्व था। गौरी ने अपने पिता की वैदिक आधिपत्य और शोषण वाली जाति प्रथा की बौद्धिक आलोचना के स्वभाव को सहज ही आत्मसात कर लिया था। अतः उसका केकेएसवी आंदोलन का पक्ष लेना आकस्मिक या वेदिक़े की ओर से किसी प्रकार के वैचारिक प्रलोभन का परिणाम नहीं था। यह एक व्यक्ति की अपनी समझ और सामाजिक आंदोलन के बीच काम करने की एक प्रक्रिया थी।

जहां तक सीआईपी के साथ गौरी के कार्यक्रमों का संबंध है तो प्रारंभ में ही यह बाद स्पष्ट करनी होगी कि कर्नाटक में 1990 के दशक से जो कोई भी हिंदू दक्षिणपंथी प्रकोष्ठ का विरोध करता उसे कम्युनिस्ट या नक्सली या फिर नक्सली से सहानुभूति रखने वाला घोषित कर दिया जाता। यह सिर्फ संघ परिवार की कार्य प्रणाली नहीं है बल्कि इसे उन लोगों की मौन सहमति भी होती है, जो दक्षिणपंथी हिंदू राजनीति को लेकर चुप्पी साधे रहते हैं। ऐसे माहौल में गौरी को नक्सलियों से सहानुभूति रखने वाले समूह का नेता बताबता कर बदनाम किया ही जाना था। लेकिन वह एक ऐसी लोकतांत्रिक व्यक्ति के अलावा और कुछ नहीं थी जो चाहती थी कि नक्सली राजनीतिक जीवन की मुख्यधारा में लौट आएं।

अतः, मैं आश्वस्त हूं कि सीआईपी के लिए उसकी सक्रियता न तो किसी वैचारिक समानता से निर्देशित थी और न ही उसके पास उन लोगों को प्रस्तावित करने का कोई निर्देश था जिन्हें वह लोकतांत्रिक मुख्यधारा में लाना चाहती थी। खासकर, सीआईपी के साथ अपनी दूसरी पारी के दौरान उसके सहयोगी वयोवृद्ध स्वतंत्रता सेनानी एच. एस. दोरईस्वामी और कर्नाटक

की राजनीति के बेपरवाह असंतुष्ट ए.के. सुबैया जैसे लोग थे। ये तीनों अपने वैचारिक बंधनों के बावजूद जनता की भलाई के किसी भी संघर्ष में शामिल होने के लिए तैयार थे।

कर्नाटक में वामपंथ में संसाधनों और जनता में साख का जबर्दस्त अभाव था। सत्ता प्रतिष्ठान तो गौरी, दोरैस्वामी या समाज के हाशिए से इक्का-दुक्का सिने अभिनेताओं जैसों के प्रतिरोधात्मक आंदोलन का ही संज्ञान लेता था या कुछ भय खाता था। अपने सीमित संसाधनों से होने वाले इन प्रतिरोधात्मक आंदोलन को हमेशा प्रभावशाली बुद्धिजीवियों का समर्थन नहीं मिलता है।

गौरी अंग्रेज़ी की एक बेहतरीन पत्रकार थी। अगर उसने हाशिए के लोगों के तमाम मुद्‌दों को उठाने के बजाए, मुख्यधारा के प्रतिष्ठित प्रकाशनों के लिए अपने स्तंभ लिखने में अपनी ऊर्जा लगाई होती थी और विनम्रता के साथ वर्चस्वशाली दबावों के साथ तालमेल बिठाया होता तो उसे इसका एक अच्छा सामाजिक और आर्थिक लाभ मिल सकता था। हां, उसने आंदोलनों में सक्रिय भागीदारी से अपनी सामाजिक जागरूकता का दायरा बढ़ाया था, किंतु उसमें इस तरह से मिले बौद्धिक ज्ञान का उपयोग सामाजिक आंदोलनों के प्रति जनता को संवेदनशील बनाने के लिए करने की क्षमता भी थी। यही वह सम्मान है जो उसने आंदोलनों को दिया, जिनसे उसे जागरूकता हासिल हुई थी, जबकि उसके योगदान से ताकत प्राप्त करने वाले आंदोलन उसे जिस तरह से श्रद्धांजलि दे रहे हैं उससे लेखनी का इस्तेमाल करने वाले भी दंग हैं। हम किसी व्यक्ति विशेष के समाज के प्रति योगदान का स्मरण करने और स्तुतिगान करने के अभ्यस्त हैं परंतु हम इस तरह के योगदान का आभार प्रकट करने के लिए जनता के शानदार तरीकों का सम्मान नहीं करते हैं। ठीक उसी तरह जैसे जनता उसकी हिमायतों से लाभान्वित हुई उसी भांति उनके साथ विमर्श करने और उनकी ओर से अभियान चलाने के अनुभवों से उसने भी जीवन में काफी सीखा। गौरी, जो मुश्किल से पांच फुट कुछ इंच की थी, अपनी वैयक्तिक उदारता के बावजूद शायद प्रभावहीन नजर आती होगी परंतु कर्नाटक में उसके प्रवास और उसके साथ काम करते हुए समय की मार झेलने वाले लोगों में उसकी उपस्थिति अभूतपूर्व थी।

*

मुझे गौरी के एकांकी जीवन से हमेशा ही जलन होती थी। मेरी पारिवारिक जिम्मेदारियां मुझे उस तरह के साहसिक काम नहीं करने देती थीं जैसे गौरी ने किए। लेकिन उसके ऊपर सामाजिक आंदोलनों को लेकर प्रतिबद्धता और संपादक के रूप में उसके खिलाफ अदालतों में दायर अनेक मुकदमों को लेकर भी बहुत अधिक दबाव रहता था। वह इस बात का रंज करती थी कि उसके पास परिवार या अपने शौक पूरे करने के लिए समय ही नहीं है। अक्सर सप्ताहांत में इस तरह के कामों के लिए मेरी यात्राओं को देखते हुए एक बार उसने मुझसे पूछा, "क्या आपकी पत्नी और बच्चे इस तरह आपकी अनुपस्थिति पर आपत्ति नहीं करते?" मैंने कहा, "हां, मैंने फैज़ अहमद फैज़ की तरह मध्यम वर्ग के परिवार और इस सक्रियता के बीच खुद को बांट रखा है और सब कुछ आधा अधूरा होता है।" इस वह दिल खोलकर हंसी और बोली, "लेकिन आप झूठ बोल रहे हैं! आप अपने इस विस्तारित परिवार का आनंद ले रहे हैं! अपनी पत्नी और बेटी को आप वंचित कर रहे हैं।" हां, यह सही है कि सामाजिक आंदोलन आपको विस्तारित परिवार की अनुभूति देते हैं और अकेले होने की वजह से वह उन लोगों से मिलने वाले प्यार का आनंद लेती थी। एक व्यक्ति जो कभी भी अपना प्रिय टीवी धारावाहिक देखते हुए किसी जरूरी फोन का भी जवाब नहीं देती थी वह आज अपनी सभी अपनाई गई बहनों, भाइयों, बेटियों और बेटों के फोन का जवाब दे रही है। वह जिन लड़के लड़कियों से बहुत ही प्यार से 'मारी' (यह लिंग निरपेक्ष शब्द है जिसका कन्नड़ में छोटे बच्चों के लिए इस्तेमाल किया जाता है) की तरह दोस्ती करती थी, आखिर में उनकी संख्या विस्मित करने वाली थी। मैं, वर्ष 2015 से ही प्रत्येक बैठक में गौरी को युवाओं से घिरा देखता था जो उसे 'अम्मा' बुलाते थे। उसका इन सभी के साथ स्नेहपूर्ण व्यवहार था। इनमें से अधिकांश नियमित कार्यकर्ता नहीं थे। अनेक अधेड़ उम्र के कार्यकर्ताओं के लिए वह 'गौरी मैडम' थी।

छह सितंबर, 2017 को, बेंगलुरू में गौरी की हत्या के एक दिन बाद, प्रदेश की राजधानी से करीब 600 किलोमीटर दूर तेलेगुप्पा नाम के गांव में पूर्णिमा नाम की अकेली महिला ने अपना रोष प्रकट करने के लिए एक

प्रोस्टर बनाया जिस लेकर एक घंटे तक गांव के बाज़ार में खड़ी रही और फिर नजदीक के तालुका कस्बे सागर तक 21 किलोमीटर मार्च किया और अकेले ही विरोध प्रदर्शन किया। उसने चित्रकारी सीखी थी और अपने छोटे से खेत में रहती थी। वह कभी भी गौरी से नहीं मिली थी। उसकी इस दृढ़ता ने मुझे हैरान कर दिया। मैं गौरी को जानता था परंतु पूर्णिमा मुझसे भी कहीं अधिक अच्छी तरह उसे जानती थी।

मैं कभी मंगलोर नहीं जा सका

राजदीप सरदेसाई

अगस्त महीने के शुरू में गौरी लंकेश ने मुझे एक विशेष अनुरोध के साथ फोन किया: "मैं मंगलोर में प्रगतिशील मुस्लिम लेखकों के लिए एक आयोजन में मदद कर रही हूं। मैं चाहती हूं कि आप इसमें शामिल हों।" मैं उससे इस समूह और यह सिर्फ मुस्लिम लेखकों तक ही क्यों सीमित है, इसके बारे में थोड़ी जानकारी मांगी। उसने जवाब दिया, "मुझ पर विश्वास करो राजदीप, यह सही मायने में ज़मीन से जुड़े बुद्धिजीवी हैं जिन्हें सुनना तुम्हें अच्छा लगेगा और मैं आश्वस्त हूं कि वे भी तुम्हें सुनना चाहेंगे।" उसने कहा कि इस सम्मेलन का उद्देश्य एक पुल का निर्माण करना और शांति तथा सहिष्णुता के सिद्धांतों को आगे बढ़ाने के उपाय खोजना है। गौरी बहुत अधिक प्रेरक हो सकती थी, अतः कुछ सप्ताह बाद उसने मुझे एक बार फिर व्हाट्सऐप किया: "मेरे अनुरोध को याद रखना, हम मंगलोर में कब मिलेंगे?" मैंने उससे वायदा किया कि एक सप्ताह के भीतर मैं इसकी पुष्टि कर दूंगा। अफसोस है कि वह सप्ताह कभी नहीं आएगा।

कुछ दिन बाद, मैं रात नौ बजे की खबरों के लिए तैयारी कर रहा था। उस शाम मेरे दिमाग में रोहिंग्या मुद्दा सबसे ऊपर था और मैंने पहले से ही एक चर्चा कराने और महिलाओं और बच्चों सहित हजारों रोहिंग्या मुसलमानों को वापस भेजने की सरकार की नीति पर सवाल करने का मन बना रखा था। जैसे ही मैं स्टूडियो में पहुंचा तो अचानक ही मैं हिल गया। स्क्रीन पर ब्रेकिंग न्यूज़ आ रही थी, "गौरी लंकेश की गोली मार कर हत्या।"

कुछ क्षण, जब मैं अपना माइक और जैकेट ठीक करके हेडलाइन पढ़ने के लिए तैयार हो रहा था, मैं पूरी तरह से संवेदनशून्य अवस्था में था। मैंने एकदम सदमे की स्थिति में हेडलाइंस पढ़ीं तभी मेरे कान में प्रोड्यूसर के फुसफुसाने की आवाज़ सुनाई पड़ी, ''सर, सीधे ब्रेकिंग न्यूज़ पर चलते हैं, पत्रकार गौरी की गोली मार कर हत्या कर दी गई है।''

न्यूज़ पत्रकार 24 घंटे टेलीविज़न के चक्कर में रहते हैं जहां इस पल की भूकंप, अचानक आई बाढ़, आतंक और आपदा जैसी खबरें अगले घंटे का इतिहास हो जाती हैं। इसके बावजूद, जब एक न्यूज फ्लैश यह बताता है कि एक ऐसे व्यक्ति की गोली मार कर हत्या कर दी गई है, जिसे आप जानते हैं तो दिमाग सन्न रह जाता है और हाथ कांपने लगते हैं। हमने अविश्वास, दुख और हां क्रोध के बीच उस शाम का न्यूज़ कार्यक्रम खत्म किया। मैंने खुद से कहा, ''शिट, मुझसे यह मत कहो कि दक्षिणपंथी हमलवारों ने उसकी हत्या कर दी है, जिनके खिलाफ गौरी ने मोर्चा खोल रखा था।'' मैंने अपने कार्यक्रम में कर्नाटक भाजपा के एक स्थानीय नेता से इस बारे में सवाल किया, यह ऐसा सवाल था जिसने संभवतः उसे उद्वेलित कर दिया, और शायद वाजिब ही, क्योंकि एक हत्या होने के चंद मिनटों में ही कोई हत्यारे या हत्या की मंशा के बारे में किसी निष्कर्ष पर कैसे पहुंच सकता है।

फिर भी, गौरी की हत्या प्रो. कलबुर्गी, डॉ. नरेंद्र दाभोलकर, गोविंद पानसरे की हत्या करने के तरीके में एकदम फिट बैठती थी। ये सभी घोर तर्कवादी थे और उन्हें अज्ञात हत्यारों ने गोली मार दी थी, उनके हत्यारे अभी तक पकड़े नहीं गए या सज़ा नहीं पा सके हैं। गौरी की तरह ही इन सभी ने सांप्रदायिकता की राजनीति के खिलाफ आवाज उठाई थी। क्या गौरी भी नफरत फैलाने वाले इन तत्वों का शिकार हुई है क्योंकि उसने पीछे हटने से इन्कार कर दिया था और इसकी बजाए उसने ऐसे तत्वों का मुकाबला करने का रास्ता अपनाया था? या फिर उसकी हत्या के पीछे कोई और वजह है जो तत्काल सामने नहीं है? इस मामले की जांच अभी चल रही है, इसलिए कोई भी अटकल लगाना गलत होगा। हम निश्चित नहीं थे कि किसने गौरी की हत्या की थी परंतु हम जानते थे कि उसकी मौत पर कौन खुश है और जश्न मनाने जैसी अवस्था में है। सोशल मीडिया पर विशेष रूप से उसके

खिलाफ हो रहे विष वमन में प्रयुक्त शब्दों ने, उसे मरना ही था क्योंकि वह 'राष्ट्रविरोधी', 'वामपंथी', 'नक्सलियों से सहानुभूति रखने वाली' थी, मुझे स्तब्ध कर दिया था। एक 'नागरिक' समाज के रूप में क्या हम यहां तक पहुंच गए हैं, समाज में इतना अधिक धुव्रीकरण हो गया कि हम गरिमा के साथ मृत्यु पर शोक भी नहीं कर सकते? और क्यों हमारे देश के प्रधानमंत्री इतनी गंदी आवाज़ों को ट्विटर पर फॉलो करने का फैसला करते हैं?

मैं गौरी को अच्छी तरह से जानने का दावा नहीं कर सकता लेकिन उसे हमेशा ही पत्रकारों की व्यापक बिरादरी के अभिन्न अंग के रूप में ही देखता था। हां, एक समय था जब पत्रकार स्वयं को दूसरे से आगे निकलने का प्रयास कर रहे 'प्रतिद्वंद्वी' की नजर से नहीं बल्कि एक समुदाय के हिस्से के रूप में देखते थे। गौरी और मैंने दोनों ने ही लगभग एक ही समय में *टाइम्स ऑफ इंडिया* से पत्रकारिता शुरू की। वह *संडे* पत्रिका में चली गई और बाद में कन्नड़ पत्रिका *लंकेश पत्रिके* की मुख्य ताकत बन गई थी, जो उसके पिता ने शुरू की थी। जब गौरी वापस अपनी जड़ों की ओर जाना चाहती थी तो मैंने प्रिंट मीडिया से हटकर ग्लैमर वाले टेलीविज़न की दुनिया में जाने का रास्ता चुना। मैं एक 'सेलेब्रिटी' एंकर के रूप में हमेशा जनता की निगाहों में रहता था, इसके बावजूद मैं गौरी के उस साहस की हमेशा प्रशंसा करता था जिसमें उसने 'मुख्यधारा' की हाई प्रोफाइल मीडिया को छोड़कर क्षेत्रीय और अंग्रेज़ी पत्रकारिता के बीच लगातार बढ़ रही दूरी को कम करने के लिए एक संस्था का निर्माण करने का प्रयास किया। जब हम विशिष्ट वर्ग के लिए आरक्षित नेशनल न्यूज़ टीवी स्टूडियो में बहुरूपिए थे, गौरी निश्चित ही हमसे कहीं अधिक प्रमाणिक हकीकतों के संपर्क में रहती थी। जब कभी भी मुझे बेंगलुरू के किसी मुद्दे पर क्रोधित आवाज़ की आवश्यकता होती या यह दिखाना चाहता कि बेंगलुरू में कहां सांप्रदायिक राजनीति पर चर्चा हो रही है तो मैं एक सुस्पष्ट राय के लिए गौरी की ओर ही देखता था। जब कभी भी किसी चर्चा से वह नाराज़ होती तो वह एसएमएस या व्हाट्सऐप करके नाराजगी भरा जवाब भेजती।

मैंने गौरी को हमेशा ही एक ऊर्जावान शख्सियत के रूप में पाया जो ईमानदारी से परिवर्तन की इच्छा रखने वाली, राजनीतिक सुधार को लेकर

अधीर, और बेहतर सर्वधर्म समभाव वाले समाज की चाह रखती थी। हो सकता है कि मैं उसके सभी विचारों से सहमत नहीं होऊं परंतु हमेशा ही उसके दृढ़ निश्चय के साहस का सम्मान किया। वह सनकी नहीं थी बल्कि एक आदर्शवादी थी जो अधिक न्यायोचित समाज और राजनीतिक व्यवस्था के लिए प्रयत्नशील थी। मैं कभी भी उसके क्रांतिकारी जोश का मुकाबला नहीं कर सकताः उसने मानव अधिकारों की हिमायत के लिए निर्भीक भावना से काम करने वाली जिंदगी जी, जिसमें उन लोगों तक पहुंचने के लिए किसी प्रकार का समझौता नहीं करने का जज्बा था जिनके बारे में वह महसूस करती थी कि उनका शोषण हो रहा है। शायद यही वजह थी कि वह मुझ पर मंगलोर में मुस्लिम लेखक फोरम में शामिल होने और हाशिए वाली आवाज को बस सुनने के लिए दबाव डाल रही थी। उसने सोचा होगा कि शायद मैं शोरशराबे वाले स्टूडियो में इसे कभी सुन नहीं सकूंगा। फिर भी मैं जल्द ही एक दिन मंगलोर जाने की कोशिश करूंगा। सिर्फ गौरी मेरे साथ नहीं होगी।

उसने मुख्तियार अली के लिए समय निकाला

ममता सागर

1990 के दशक की शुरुआत में किसी समय गौरी, कवि प्रतिभा नंदकुमार और मैंने हेग्गोडू जाने का फैसला किया। हम *पत्रिके* के कार्यालय में मिले। नीनासैम-नीलकंठेश्वर नाट्यसेवा संघ का लघु नाम, संगठन, जिसकी स्थापना 1949 में आलोचक और रंगमंच की प्रमुख हस्ती के. वी. सुबण्णा ने की थी-उस साल अपनी घुमंतू नाटक मंडली तिरूगटा के कार्यक्रम के तहत *मैकबेथ* का आोजन कर रहा था। जब हम जा रहे थे लंकेश ने टिप्पणी की कि तीन चुड़ैलें *मैकबेथ* देखने जा रही हैं। गौरी ने बेंगलूरू से करीब 400 किलोमीटर दूर हेग्गोडू तक खुद ही कार चलाई। वहां जाते समय रास्ते में हम शिवमोगा में उसके चाचा के घर गए और इसके बाद शाम को सीधे हेग्गोडू में निदेशक और नाटककार प्रसन्ना के पास पहुंच गए। घर पर मेहमानों की भीड़ थी और हमें पहली मंजिल पर टिकाया गया। आधी रात तक हम कन्नड़ पुरुष बुद्धिजीवी समुदाय और पितृसत्ता कायम करने में उनकी ख़ामियों को लेकर गपशप करते रहे। सवेरे जैसे ही हम उठे तो आलोचक डी. आर. नागराज, प्रसन्ना और समूची पुरुष बिरादरी ने, जिसके बारे में हम रात में चर्चा कर रहे थे, अपनी स्थिति के बारे में स्पष्टीकरण और हमारी 'शंकाओं' का जवाब देना शुरू कर दिया। तभी हमें इस बात का अहसास हुआ कि पहली मंजिल पर हमने जो कुछ भी बोला वह हमारे नीचे वाले तल पर स्पष्ट सुनाई दे रहा था। हम शर्मिंदा थे लेकिन साथ ही शरारती अंदाज में प्रसन्नता भी महसूस की और भरपूर आनंद उठाया।

गौरी बच्चों के बीच काफी लोकप्रिय थी। वह बहुत ध्यान रखने वाली थी और कभी भी उन्हें उसके लिए नहीं रोकती थी जिसके वह हकदार थे। हमारे बेटे के दिल में गौरी आंटी के लिए विशेष जगह थी। उसने अपनी छोटी सी मूर्तियां उसे भेंट कर दी थीं जिसे गौरी ने बहुत संजो कर रखा और अक्सर अपने दोस्तों को बड़े चाव से इनके बारे में बताती थी। जब भी हम हैदराबाद से उसके यहां आते तो वह एक पूरा दिन 'चुक्की' के लिए रखती थी। वह उसे अपने साथ बाहर घुमाने ले जाती और उसे जो भी पसंद होता, वह खरीदती। मुझे पूरा विश्वास है कि गौरी ने उससे भी पक्षपात से भरी इस जटिल दुनिया के मिले जुले संदेशों के बीच बड़े हो रहे लड़के के सरोकारों के बारे में भी पूछा होगा। ऐसी ही एक यात्रा के दौरान वे दोनों इंदिरा गांधी तारामंडल गए, जो उस समय आकर्षण का एक नया केंद्र था और शो शुरू होते ही उन्हें वातानुकूलित छविगृह में नींद आ गई। शो समाप्त होने पर सुरक्षाकर्मी को उन्हें जगाना पड़ा था। अपनी स्वच्छंदता के समय वह एक बच्चे जैसी ही बन जाती थी।

हम पंद्रह साल से भी अधिक समय तक हैदराबाद में रहे। गौरी कुछ दिन हमारे साथ बिताने के लिए हैदराबाद आई। हम दोनों तेलुगू फिल्म *अंतःपुरम* की शूटिंग देखने गए जिसमें हमारे मित्र प्रकाश राज अभिनय कर रहे थे। हमने प्रकाश राज के सामने आने पर सीटियां बजाईं और उसका हौसला बढ़ाया। हमने यहां तक कि एक फिल्म बिरादरी से एक कुवांरे मित्र का अपनी पड़ोसन से परिचय भी कराया। इस लड़की की मां को जब यह पता चला कि उसकी बेटी का भावी दोस्त सिने जगत से है तो वह मुझसे बेहद नाराज हुईं। इसने मामला और बिगड़ गया जब उसने हम दोनों को ड्रिंक करते, सिगरेट पीते और जोर से हंसते हुए देखा था। गौरी की प्रफुल्लता हमेशा ही उसके चेहरे की मुस्कान खिलने और फिर दिल खोल कर हंसने पर और फैल जाती थी।

गर्मी की छुट्टियों में हम जब भी बेंगलुरू में होते, वह हमेशा पार्टी देती थी। गौरी की पार्टी का मतलब पुराने और नए दोस्तों से मुकालात की जगह होती थी। ऐसी ही एक यात्रा के दौरान मेरे शिल्पकार पति शाम ने गौरी के घर के बरामदे में अपनी काष्ठ की मूर्तियों पर काम किया। बाद

में जब हम घर से बाहर गए हुए थे तो एक चोर ने शाम के औजारों की पेटी से एक कुल्हाड़ी लेकर गौरी के कमरों के ताले तोड़ दिए। उसने सिर्फ कीमती सामान ही नहीं चुराया बल्कि घर में सारा सामान बिखेर दिया। वह बोली, 'ईश्वर का शुक्रिया कि तुम्हें कुछ नहीं हुआ।''

मेरे पति और मैंने बेंगलुरू के बाद आर आर नगर में सिर्फ इसलिए अपना मकान बनाने का फैसला किया कि वहां पड़ोस में उसके जैसे मित्र थे। हम ''रा रा नागरा'' समुदाय के रूप में एक दूसरे के घरों पर संगीत, कंसर्ट, जन्म दिन की पार्टी या किन्हीं वजहों से आए दोस्तों और कई बार बगैर किसी आयोजन के ही मिलते थे। इस दौरान तीखी बहस, एक दूसरे की खिंचाई, गपशप, स्वीकारोक्ति और न जाने क्या क्या होता था। राजनीति, मौजूदा हालात, इस दुनिया में लोगों को प्रेम और स्नेह का महत्व समझाने के लिए प्यार करना जैसे विषय हमारी चर्चा का केंद्र होते थे।

हम मॉल में सिनेमा देखने की योजनाएं बनाते। गौरी व्यस्तता के कारण अक्सर इसमें शामिल नहीं होती थी। वह शिकायती अंदाज़ में कहती कि कैसे संवेदनहीन दुनिया ने उसे इतना व्यस्त कर रखा है। इस तरह की छोटी मोटी बातचीत उसे आराम देने वाली होती थी और वो इसका आनंद लेती थी। गौरी जिसे हम जानते थे, वह उससे एकदम अलग थी जिसे लोगों ने एक एक्टिविस्ट के रूप में सार्वजनिक सभाओं को संबोधित करते देखा था।

जब वह इस देश के लोगों से बात करती तो वह उन्हें ऐसे व्यक्तियों के रूप में देखती जो अपने समुदाय और जाति से संबद्ध होते थे। उसने कभी भी उनसे धर्म के संदर्भ में बात नहीं की क्योंकि यह उनकी विविधता और अनेकता को भंग करती थी। इसने हमारे आस पास के मसलों पर साफ तस्वीर प्राप्त करने में हमारी मदद की। यद्यपि वह हमेशा ही हमें और स्वयं को यह याद दिलाती रहती थी कि जाति एक ऐसा मुद्दा है जिस पर ध्यान देने की आवश्यकता है। उसके सभी जाति, वर्ग और लैंगिक पृष्ठभूमि वाले मित्र थे और वे सभी उसे पूरी शिद्दत से प्यार करते थे। वह उन लोगों से प्यार और उनका सम्मान करती थी जिन्होंने अपना स्थान बनाने के लिए जिंदगी में कड़ा संघर्ष किया।

जब कभी भी राजस्थान के लोक गायक मुख्तियार अली बेंगलुरू में

होते तो हम अपने यहां भी उनका एक कार्यक्रम रखते थे। गौरी किसी न किसी तरह से इसके लिए समय निकालती थी। वह हमेशा ही देर से आती लेकिन काफी देर रुकती थी। वह बहुत कम खाती थी और सबसे अंत में उस समय खाने वालों में होती थी जब सब कुछ या तो खत्म हो रहा होता था या फिर ठंडा हो चुका था।

जब वह पूरी तरह *गौरी लंकेश पत्रिके* में डूब गई तो उसके पास बमुश्किल खाली समय बचता था। कर्नाटक सांप्रदायिक सद्भाव फोरम में उसकी संलिप्तता और धर्म, जाति और लैंगिक आधार पर भेदभाव को लेकर उसके तीखे प्रतिवाद मानवता से जुड़े विषयों पर उसकी व्यस्तता को परिलक्षित करते थे। उसके चेहरे पर तनाव नजर आने लगा था क्योंकि उसके निजी और सार्वजनिक जीवन के बीच की लकीर धुंधली पड़ चुकी थी।

हालांकि, न्याय के प्रति उसकी सोच एक समान थी, उसका सरोकार अभी और यहां से जुड़ा था। नफरत के प्रति उसका विरोध वैयक्तिक रूप से उसकी करुणा, संवेदना और सामाजिक सरोकारों से आया था। उसने जिस निःस्वार्थता का पालन किया उसने हर चीज और हरेक को जगह दी।

यदि गौरी अपने हत्यारों को जानती होती तो निश्चित ही वह उनसे अपनी बड़ी सी मुस्कान और चमकीली आंखों के साथ मिलती और उन्हें जोरदार झप्पी देती और उनसे कहती कि बंदूक फेंक दो और उसके साथ एक ड्रिंक लो।

मौत से पहले ज़िंदगी

उमर खालिद

इस साल अगस्त के पहले सप्ताह में बुरी तरह परेशान गौरी लंकेश ने व्हाट्सऐप पर मुझे एक संदेश भेजा। इससे पहले दिन में छात्रों की एक रैली में शामिल कन्हैया कुमार पर दक्षिणपंथी गुंडों ने हमला किया था। हमारी थोड़ी बातचीत हुई, उन्होंने मुझसे कहा कि जब यात्रा कर रहे हों तो सावधान रहें और मुझे बेंगलुरू में अपने घर आने का निमंत्रण देने के साथ उन्होंने बातचीत खत्म की।

एक महीने बाद उनकी अपने ही घर के सामने गोली मार कर हत्या कर दी गई। इस घटना के अगले दिन गौरी की हत्या पर आक्रोश प्रकट करने के लिए पत्रकार, अकादमीशियन, आम नागरिक और छात्र दिल्ली में प्रेस क्लब ऑफ इंडिया के बाहर जमा हुए। मुझे भी बोलने के लिए बुलाया गया। सदमे और आक्रोश में अपने विचारों को संजोने में असफल मैं नहीं जानता था कि क्या बोलूं। मैंने अपने जेब से फोन निकाला और एक महीने पुराना उनका यह संदेश पढ़ दिया।

उन्होंने मुझसे कहा था, "मैं इसे बर्दाश्त नहीं कर सकूंगी, यदि तुम लोगों में से किसी को भी कुछ हो गया।" जब मैं यह पढ़ रहा था, गौरी मर चुकी थीं और मैं जिंदा था। एक दोस्त को इतनी बेरहमी से हमसे छीन लिया गया-इस नुकसान को बर्दाश्त करने की मुझसे किस प्रकार की उम्मीद की जाती है? मैं सिर्फ इतना ही जानता हूं कि उनके कातिल इस तरह की कायराना हरकत के जरिए उनके विचारों को हमसे छीनने के अपने मकसद

में सफल नहीं होंगे। इसका उल्टा प्रभाव पड़ा क्योंकि देश के विभिन्न हिस्सों में हजारों लोग "मैं गौरी हूं" के नारों के साथ विरोध स्वरूप सड़कों पर आ गए।

लेकिन सही मायने में गौरी कौन थीं? मैं तो उनकी हत्या से महज छह महीने पहले ही उन्हें जान पाया था। पहली बार मैं उनसे छात्रों के विरोध प्रदर्शन में मिला था जिसमें वे भी शामिल हुई थीं। उन्होंने मुझे एक तरफ बुलाया और मुझे अपना परिचय दिया और उसी सांस में कहा कि मैं भी "उनके अपनाए गए वैचारिक बेटों में से एक हूं।" इसके बाद जब भी हम मिलते, वे हमारे लिए उपहार लातीं जैसे कोई मां अपने लिए लाती है और इसके बीच की मुद्दत में हमेशा संपर्क में रहतीं।

उनकी हत्या के बाद ही मुझे इस बात पता चला कि उन्हें अपने काम और लिखी गई बातों के लिए लगातार धमकियां मिल रही थीं। इन सभी मौकों पर उन्होंने मुझे फोन करके मेरी सुरक्षा के बारे में जानकारी ली परंतु कभी भी अपने को मिल रही धमकियों का जिक्र नहीं किया।

गौरी वह सब थीं, जिससे संघ को नफरत है—एक निर्भीक और आज़ाद अकेली महिला, हिंदुत्व के खिलाफ एक अत्यधिक महत्वपूर्ण आवाज़ और एक ऐसी शख्स जिसने नियमित रूप से जाति प्रथा के खिलाफ लिखा। ऐसे समय में जब अनेक पत्रकारों ने खुद को सत्ता के साथ जोड़ लिया है, उन्होंने सत्ता के बारे में सच्चाई बताते हुए सही मायने में पत्रकारिता को जीवित रखा।

गौरी ने इन धमकियों को गंभीरता से नहीं लिया। यहां तक कि उस दिन भी जब उन्होंने मेरी सुरक्षा के बारे में मुझसे पूछताछ की। तब भी उनकी चिंता ने कभी भी मुझसे यह नहीं कहा कि मैं जो कुछ कर रहा हूं उसे छोड़ दूं या उसको थोड़ा हल्का कर दूं।

वो ब्रेष्ट की साहसी 'मदर' जैसी थीं, एक ऐसी साहसी मां जो ताकत और निडरता का प्रतीक थी। हमारे बीच उम्र का अंतर कभी आड़े नहीं आया और हम राजनीति से लेकर विभिन्न सामाजिक आंदोलनों और यहां तक कि रिश्तों जैसे विषयों पर एक दूसरे से बात कर सकते थे। बाद में, श्रद्धांजलियां आने लगीं तो मैंने पाया कि गौरी इसी तरह से अधिकांश लोगों के साथ जुड़ती थीं।

अनेक लोग पहले ही लिख चुके हैं कि किस तरह से उन्होंने कर्नाटक में विभिन्न लोकतांत्रिक संघर्षों में एक पुल की तरह काम किया। इस तरह का काम करने के लिए दिल्ली में ऐसी ताकतों के नहीं होने और विशेषकर जवाहरलाल नेहरू विश्वविद्यालय में वाम ताकतों और आंबेडकरी ताकतों के बीच बढ़ती दरार से वे बहुत अधिक परेशान थीं। उन्होंने कई बार इस संबंध में मुझसे बात की और इसे बहुत निराशाजनक और दुर्भाग्यपूर्ण बताया।

मैंने उनसे कहा कि दोनों में एक दूसरे के प्रति अविश्वास की परंपरा को देखते हुए इनकी एकता को हकीकत बनने में लंबा समय लगेगा। दूसरी ओर वे आरएसएस का मुकाबला करने के लिए बहुत जल्दी इस तरह की एकता की आवश्यकता देख रही थीं, जो एक दूसरे के प्रति अविश्वास कम करने का एक साझा मुद्दा था। अन्य बातों के अलावा, उनके शरीर में गोलियां दागने का मकसद एक ऐसे व्यक्ति को खत्म करना था जिसमें विभिन्न आंदोलनों, विशेषकर जाति विरोधी और वाम आंदोलनों के बीच एक पुल बनाने की क्षमता थी। अब गौरी हमारे बीच में नहीं हैं, मैं अब दोनों पक्षों पर यह छोड़ता हूं कि यह निश्चित करें कि क्या उन्हें उनके शब्दों का महत्व दिखाई पड़ता है।

मौत की गंध हम सभी के आसपास है—जंगल और खेतों में किसान आत्महत्या कर रहे हैं, हत्यारी भीड़ द्वारा मुसलमानों और दलितों को पीट पीट कर मारा जा रहा है, विश्वविद्यालयों में छात्र अपना जीवन समाप्त कर रहे हैं या अस्पतालों के सारी सुविधाओं से लैस नहीं होने के कारण बच्चों की दम घुटने से मौत हो रही है। इसमें सड़कों पर बहा खून भी शामिल है—असहमति की आवाज़ों को खामोश कर दिया जा रहा है।

गौरी की एक अलग तरह की आवाज थी। अभी भी कभी कभी, मैं अपने कानों में उनकी आवाज की गूंज सुन सकता हूं। मैं अभी भी उम्मीद करता हूं कि मेरे मोबाइल की घंटी बजेगी और मैं फिर से वही हंसी सुनूंगा। मैं जानता हूं कि अब ऐसा नहीं होगा। परंतु उनकी विरासत को सच्ची श्रद्धांजलि उनकी हंसी को जीवित रखने, जीवन को ही जीवित रखने में होगी और हमें यह नहीं भूलना होगा कि गौरी की मौत कैसे हुई, साथ ही यह याद रखना भी जारी रखें कि उन्होंने किस तरह की जिंदगी जी।

लेखक और अंग्रेज़ी अनुवादक

बागेश्री एस बेंगलुरू में *द हिंदू* में काम करती हैं। फैज़ अहमद फैज़ की कविताओं को प्रीति मट्टू क्रांति नाम से कन्नड़ में 2012 में गौरी लंकेश के लंकेश प्रकाशन ने प्रकाशित किया था।

उमर खालिद जवाहरलाल नेहरू विश्वविद्यालय में पीएचडी कर रहे हैं और भगत सिंह-आंबेडकर स्टूडेंट्स ऑर्गेनाइज़ेशन के एक कार्यकर्ता हैं।

सुधांशु मित्रा इक्विटेबल टूरिज़्म आप्शंस में प्रोग्राम एसोसिएट हैं। उनकी दिलचस्पी नारीवाद, साहित्य, समाजशास्त्र तथा भारतीय संगीत में है।

के.फणिराज मणिपाल स्थित मणिपाल प्रौद्योगिकी संस्थान में सिविल इंजीनियरिंग पढ़ाते हैं। कर्नाटक सांप्रदायिक सद्भाव फोरम की केंद्रीय समिति के सदस्य हैं और नियमित रूप से *गौरी लंकेश पत्रिके* के लिए लिखते थे।

एस. आर. रामकृष्ण बेंगलुरू में *डक्कन हेराल्ड* के सिटी संपादक हैं। उन्होंने कई समाचार पत्रों में काम किया है और तीन पुस्तकों का कन्नड़ से अंग्रेज़ी में अनुवाद किया है। उनकी यू. आर. अनंतमूर्ति की आत्मकथा *सुरगी* का रूपांतरण शीघ्र ही आने वाला है।

राजदीप सरदेसाई पत्रकार और लेखक हैं।

ममता सागर बेंगलुरू में सृष्टि कला, डिज़ाइन और प्रौद्योगिकी संस्थान में रचनात्मक लेखन पढ़ाती हैं। वह कन्नड़ कवियत्री, नाटककार और अनुवादक हैं।

रहमान तारिकेरे हंपी विश्वविद्यालय के कन्नड़ साहित्य विभाग में प्रोफेसर हैं। इसके अलावा कन्नड़ साहित्य की समालोचना के अतिरिक्त उन्होंने कर्नाटक के सूफी नाथ, तत्व और शक्ता परंपरा के बारे में विस्तार से लिखा है।

सुषमा वीरप्पा बेंगलुरू स्थित फिल्म निर्माता हैं। उन्होंने समाजसेवी-पत्रकार की राजनीति के प्रति एकजुटता में इस पुस्तक के लिए गौरी लंकेश के लेखों का अनुवाद किया है।

संपादक का आभार

कविता लंकेश ने मुश्किल दौर के बीच में इस पुस्तक को सहयोग दिया। इंदिरा लंकेश ने अपनी आत्मकथा *हुलिमावु मट्टू नानू* के अंशों को इस पुस्तक में शामिल करने की अनुमति प्रदान की।

बागेश्री एस, सुषमा वीरप्पा, एस. आर. रामकृष्ण, सुधांशु मित्रा ने अनुवाद पर काम किया। के. फणिराज, रहमत तारिकेरे, राजदीप सरदेसाई, ममता सागर और उमर खालिद ने अल्प सूचना पर अपने लेख लिखे। पॉल जकारिया ने दमदार प्रस्तावना लिखी। नवयाना की टीम ने अपना बहुमूल्य संपादकीय सहयोग दिया।

गौरी लंकेश कार्यालय में राजू और लक्ष्मणन ने सालों के गौरी लंकेश के संपादकीय मुझे उपलब्ध कराने में मदद की। कोलकाता में *आनंद बाजार पत्रिका* की लाइब्रेरी के मुख्य लाइब्रेरियन शक्तिदास राय ने *संडे* पत्रिका में प्रकाशित गौरी लंकेश के लेखों को साझा किया। जी. पी. बासवजराजू ने गौरी लंकेश द्वारा अपने पिता के बारे में लिखा एक लेख मेरे पास भेजा। फिल्म निर्माता दीपू (प्रदीप के पी) ने बहुमूल्य दृश्य सामग्री साझा की।

इस पुस्तक में गौरी लंकेश के चुने हुए वे लेख हैं जो *बेंगलोर मिरर, द वायर, तहलका, द न्यूयॉर्क टाइम्स, मयूर* में प्रकाशित हुए और *रेडिफडाटकाम* को दिया गया उनका इंटरव्यू है।

डीसी बुक्स के रवि डी सी और नवयाना के एस. आनंद सहयोगी प्रकाशक रहे।

मैं आप सभी का आभारी हूं।

लेखक

गौरी लंकेश (1962-2017) *गौरी लंकेश पत्रिके* की संपादक थीं। अंग्रेज़ी भाषा में प्रिंट पत्रकार के रूप में अपना करियर शुरू करते हुए उन्होंने *टाइम्स ऑफ इंडिया* और *संडे पत्रिका* के लिए काम किया और वह 1990 के दौर में नई दिल्ली में ईटीवी न्यूज़ की ब्यूरो प्रमुख थीं। 2000 में पिता पी लंकेश के निधन के बाद गौरी ने साप्ताहिक पत्रिका *लंकेश पत्रिके* का संपादकीय कार्य संभाला जिसे 1980 में उन्होंने शुरू किया था। 2003 में कर्नाटक सांप्रदायिक सद्भाव फोरम में शामिल होने के बाद वह कर्नाटक के सामाजिक आंदोलन का एक जाना माना चेहरा बन गई थीं। फोरम ने चिकमंगलूर के बाबा बूदनगिरि में दरगाह पर कब्जा करने के संघ परिवार के अभियान का मुकाबला किया। एक एक्टिविस्ट और पत्रकार के रूप में वह न्याय, समता और प्रेम के लिए अनेक संघर्षों में सबसे आगे खड़ी रहीं। पांच सितबर, 2017 को बेंगलुरू में कुछ अज्ञात बंदूकधारियों ने गौरी लंकेश की उनके घर के बाहर गोली मारकर हत्या कर दी।

संपादक

चंदन गौड़ा, बेंगलुरू में अजीम प्रेमजी विश्वविद्यालय में पढ़ाते हैं। उन्होंने यू. आर. अनंतमूर्ति की *बारा* का रूपांतरण और *थिएटर ऑफ डेमोक्रेसीः सेलेक्टेड एस्सेज़ ऑफ शिव विश्वनाथन* का संपादन किया है।

हिंदी अनुवादक

अनूप कुमार भटनागर ने अनेक किताबों का अनुवाद किया है।